Política e História
De Maquiavel a Marx

Louis Althusser, filósofo e escritor teórico marxista, nasceu em Biermandrais, Argélia, em 1918. Estudou em Argel e em Marselha, onde fundou uma seção da Juventude Estudantil Cristã. Na Segunda Guerra Mundial, ficou encerrado por cinco anos num campo de concentração. Em 1948, formou-se na École Normale Supérieure. Foi um dos filósofos marxistas mais influentes da Guerra Fria. Em 1980, vítima de uma psicose maníaco-depressiva, estrangulou a mulher e foi internado num hospital psiquiátrico. Morreu, em Paris, em 1990. Entre suas obras, estão *A favor de Marx* e *Ler O capital*.

Louis Althusser

Política e História

De Maquiavel a Marx

Curso ministrado na École Normale Supérieure
de 1955 a 1972

**Texto estabelecido, anotado e apresentado
por François Matheron**

Tradução
IVONE C. BENEDETTI

SÃO PAULO 2007

Esta obra foi publicada originalmente em francês com o título
POLITIQUE ET HISTOIRE, de Machiavel à Marx,
por Éditions du Seuil, Paris.

1ª edição 2007

Tradução
IVONE C. BENEDETTI

Acompanhamento editorial
Maria Fernanda Alvares
Revisões gráficas
Letícia Braun
Ana Maria de O. M. Barbosa
Dinarte Zorzanelli da Silva
Produção gráfica
Geraldo Alves
Paginação/Fotolitos
Studio 3 Desenvolvimento Editorial

Dados Internacionais de Catalogação na Publicação (CIP)
(Câmara Brasileira do Livro, SP, Brasil)

Althusser, Louis, 1918-1990.
Política e história, de Maquiavel a Marx : curso ministrado na École Normale Supérieure de 1955 a 1972 / Louis Althusser ; texto estabelecido, anotado e apresentado por François Matheron ; tradução Ivone C. Benedetti. – São Paulo : WMF Martins Fontes, 2007. – (Coleção tópicos)

Título original: Politique et histoire, de Machiavel à Marx
Bibliografia
ISBN 978-85-60156-56-6

1. Filosofia política 2. História – Filosofia 3. Política – Filosofia I. Matheron, François. II. Título. III. Série.

07-6844 CDD-901

Índices para catálogo sistemático:
1. Filosofia política : História 901
2. Política e história 901

Rua Conselheiro Ramalho, 330 01325-000 São Paulo SP Brasil
Tel. (11) 3241.3677 Fax (11) 3101.1042
e-mail: info@martinsfontes.com.br http://www.wmfmartinsfontes.com.br

ÍNDICE

MAQUIAVEL (1962)

ROUSSEAU E SEUS PREDECESSORES
FILOSOFIA POLÍTICA NOS SÉCULOS XVII E XVIII
(1965-1966)

HOBBES (1971-1972)

APRESENTAÇÃO

"Acredito não surpreender nem chocar ninguém se confessar que nunca escrevi nenhum destes textos, o pequeno *Montesquieu*, os artigos de *A favor de Marx*, nem os dois capítulos de *Ler O capital*, com o objetivo de defender uma tese. No entanto, há vinte e seis anos, em 1949-1950, entreguei nas mãos de Hyppolite e Jankélévitch os projetos de uma grande tese (como se dizia então) sobre 'Política e filosofia no século XVIII francês' e de uma pequena tese sobre o 'Segundo Discurso' de J.-J. Rousseau. No fundo, nunca abandonei aqueles projetos, como demonstra o meu ensaio sobre Montesquieu. Por que este lembrete? Porque tem relação com os textos que agora lhes submeto. Eu já era comunista e, em sendo, tentava ser também marxista, ou seja, procurava compreender, como podia, o que *quer dizer* marxismo. Desse modo, entendia esse trabalho sobre filosofia e política no século XVIII como uma propedêutica necessária à compreensão do pensamento de Marx. Para tanto, começava eu já a praticar a filosofia de certa maneira que nunca abandonei."[1]

---

1. Louis Althusser, "Soutenance d'Amiens", *in Positions*, Éditions sociales, 1976, p. 127 (retomado em *Solitude de Machiavel*, PUF, 1998, p. 201).

Como entender esse "no fundo", de aspecto um tanto retórico, da "Soutenance d'Amiens" [Defesa de Amiens]? Em 1975, quando Althusser defendeu sua tese *"sur travaux"**, seu livro sobre Montesquieu, citado, já era bem antigo. Além disso, ele nunca publicou texto algum sobre "Filosofia e política no século XVIII", afora seu artigo sobre Rousseau[2], que veio a lume em 1967 e não é exatamente dedicado ao *Discurso sobre a origem da desigualdade,* mas sim ao *Contrato social.* Esse trabalho, porém, foi feito de maneira *sui generis,* não em forma de tese ou de publicação, mas em forma de curso, um dos dispositivos essenciais do pensamento de Althusser. Quase sempre se trata de cursos preparatórios para o exame de *agrégation***, com as injunções específicas desse tipo de exercício, de cunho bem exteriorizado.

Uma carta de 24 de maio de 1957 à amiga Claire dá uma idéia da relação de Althusser com seu trabalho de orientador da *agrégation.* "A *agrégation* (o exame escrito) agora acabou. Vi meu pessoal sair esgotado de uma última prova cujo assunto era estúpido. Falaram-me sobre seus estudos, e eu dei um jeito de tranqüilizar seus temores... O papel que cabe à psicologia nessa preparação é enorme. Sou um treinador, assim como os do esporte, e às vésperas dos embates preciso orientá-los, ir além de suas dúvidas e ignorâncias, dizendo àquele que não sabe nada que ele tem as condições ideais por o sucesso, sugerindo àquele que sabe tudo que às vezes é bom esquecer sua ciência, àquele que tem medo, que seus receios são o melhor aguilhão, e daí por diante, sem cometer er-

---

* Tese que consiste numa síntese de estudos e pesquisas já realizadas. [N. da T.]

2. "Sur le 'Contrat Social'", *Cahiers pour l'analyse,* 8, 1969.

** Cargo de professor titular de nível superior. [N. da T.]

ros sobre os motivos de suas reações nem sobre os efeitos de minhas intervenções, sejam elas abertas ou silenciosas. Trata-se de uma ciência concreta e muito especial, que pressupõe o oposto da impaciência e a justa estimativa dos efeitos da expectativa, do amadurecimento e do futuro indiscernível que nasce das dificuldades do presente. Nisso eu punha muita paixão antigamente e vivia os acontecimentos da vida dos estudantes quase com a mesma intensidade que eles. Hoje em dia não tenho mais essa paixão e limito-me aos mesmos gestos, às mesmas palavras e aos mesmos silêncios, mas à distância, como se estivesse dirigindo um espetáculo sem me deixar enredar na verossimilhança do jogo. Que confidências!"

Embora essa carta só mencione os aspectos não conceituais dessa "ciência concreta e muito especial" que é a preparação para a *agrégation*, essa paixão ambígua, intensa e frustrante é também a paixão de Althusser pelo objeto de seus próprios cursos: história da filosofia. Se foi "grande professor", nunca se vivenciou como "especialista" de qualquer filósofo, falando freqüentemente de seus cursos – quando os menciona em cartas – como "pontos" com os quais está contente ou descontente, de acordo com o momento, demonstrando distanciamento em relação ao papel envolvido nesse linguajar escolar. Essa relação com o ensino e a história da filosofia tem múltiplas facetas. Tem uma face rotineira: isto não passa de curso de filosofia, e o verdadeiro pensamento está em outro lugar, naquilo que dará à filosofia "uma morte digna dela: uma morte filosófica"[3], que não poderia ser ad-

3. Cf. menção a esse estado de espírito no prefácio de *Pour Marx*, Maspero, 1965, p. 19.

ministrado num curso de *agrégation*, por mais brilhante que ele fosse. Tem uma face sombria, que não é – e está longe de ser – jogo agradável: "quanto mais avanço, mais me convenço – para minha grande tristeza, aliás – de que não sou *um* filósofo... Pena que a filosofia me interesse em idade tão avançada, tão tarde na vida, sem que nada haja de acumulado atrás de mim"[4]. Mas também tem outra dimensão, a da experiência intelectual de dominar e alcançar a altura do esforço de alguns "homens que empreenderam o maior esforço de lucidez que se conhece", como escreveu maravilhosamente Althusser em 1956, em outra carta a Claire. "Tenho trabalhado com regularidade. Trabalho curioso: pois consiste em redescobrir o que já escrevi. Em aprender o que já fiz! Uma massa de textos dos mais diversos. Um enorme curso sobre Platão, outro sobre Hobbes, outro sobre Malebranche, sobre os cínicos, Aristóteles, Santo Tomás, Hegel, Kant. Montes de textos sobre Rousseau, Helvétius e a teoria da história no século XVIII, além de Heidegger: nunca imaginei que tivesse tantos conhecimentos. E tudo precisará ser retomado – se disso eu quiser extrair alguma publicação –, completado, modificado, reformulado (eliminando-se o tom escolar do curso e criando um texto legível para as pessoas esclarecidas), matéria quase superabundante. Não há dúvida de que vou extrair alguma coisa, mas... não sei por onde começar! No momento, estou datilografando meu curso sobre Hobbes – pelo menos o que tem relação com a teoria política. Tenho um fraco por esse homem, que pertence a toda uma corrente cínico-pessimista do pensamento dos séculos XVII e

4. Cartas de julho-agosto de 1967, *in Lettres à Franca*, Stock/IMEC, 1998, pp. 750-1.

quivos: os dos cursos sobre Maquiavel de 1962 e 1972[11]. Essa ausência um tanto desnorteadora talvez se explique em parte pelo fato de que ele tinha o costume de emprestar textos de aulas a alunos ou amigos, que nem sempre os devolviam: como a difusão em massa da fotocópia é mais ou menos contemporânea da cessação definitiva dos cursos de Althusser, com freqüência o que circulava eram os exemplares originais. Não é inverossímil a esperança de que a publicação deste volume, despertando lembranças, desencadeie o retorno de alguns documentos ou provoque em algumas pessoas o desejo de remeter suas próprias anotações, feitas durante as aulas, mas no momento os arquivos de Althusser não possibilitam uma visão completa do conjunto de seus cursos. Ressaltaremos simplesmente que, por acaso, os conjuntos hoje publicáveis referem-se, por um lado, aos aspectos mais visíveis dos projetos "acadêmicos" de Althusser, ensejando cursos recorrentes (filosofia da história, filosofia política nos séculos XVII e XVIII) e, por outro, a seu trabalho subterrâneo, muito mais "íntimo", sobre Maquiavel, com dez anos de distância entre dois cursos substancialmente diferentes.

Na falta de registro sonoro, a reconstituição (de qualquer modo ilusória) de uma aula "tal como foi dada" é, evidentemente, impossível, mas a dificuldade é ainda maior quando o próprio suporte escrito é incompleto ou inexistente. A preparação deste volume, portanto, é produto de uma construção relativamente complexa, em grande parte decorrente do material disponível: por um

---

11. Em forma reelaborada por Althusser com o título *Machiavel et Nous*, o curso de 1972 foi publicado no segundo volume de *Écrits philosophiques et politiques*, Stock/IMEC, 1995.

lado, textos datilografados ou manuscritos de Althusser; por outro, notas de alunos.

O curso sobre filosofia da história foi dado durante o ano letivo de 1955-1956, depois de várias conferências sobre o mesmo tema ao longo dos anos anteriores. A correspondência de Althusser sugere que esse curso existiu primeiramente em forma manuscrita, que não foi conservada tal e qual, antes de ser parcialmente datilografada a partir do fim de 1956. Os arquivos contêm os seguintes documentos:

1) Algumas páginas datilografadas sobre filosofia da história no século XVIII: é difícil saber com certeza se elas fazem parte desse curso ou de uma conferência anterior.

2) Algumas páginas datilografadas sobre Rousseau, que parecem fazer parte desse curso.

3) Um capítulo datilografado sobre Helvétius e outro sobre Condorcet, este último depositado no IMEC por Étienne Balibar.

4) Um manuscrito sobre Hegel.

5) Um texto datilografado autônomo, datado à mão como "Curso 50-58?" e intitulado "Nota sobre a teoria marxista da história", cujo essencial foi integrado a esse curso sobre filosofia da história. Em pelo menos duas ocasiões[12], Althusser procurou integrar os quatro primeiros

---

12. O trecho sobre Condorcet é considerado no texto datilografado como capítulo "IV bis"; o texto sobre Helvétius, como capítulo "V", mas não é possível saber no que consistiam precisamente os capítulos anteriores. O manuscrito sobre Hegel está numerado da página 98 à 116, mas não foram conservadas as 97 páginas anteriores. As duas primeiras páginas datilografadas sobre Rousseau estão numeradas à mão como "93 bis" e "93 ter", o que torna pouco provável que haja continuidade entre elas e o manuscrito sobre Hegel.

elementos em um conjunto mais amplo (talvez um projeto de livro), que não foi possível restabelecer.

A publicação completa desse curso foi possibilitada pelo depósito no IMEC das anotações feitas por Alexandre Matheron durante as aulas. Essas anotações foram publicadas como estavam, com alguns ajustes necessários, sempre que nos arquivos não tenha sido encontrado nenhum texto manuscrito ou datilografado de Althusser. Quando estes existem, o texto é estabelecido principalmente a partir deles. Sempre que houve diferenças entre os dois documentos, nós as indicamos sistematicamente nas notas, dando preferência, em geral, às versões provenientes do próprio Althusser (mas nem sempre: elas às vezes são mais lacunares que as anotações de aula). Com inevitáveis incertezas: a ausência, nas anotações feitas em aula, de certos trechos presentes no texto datilografado não prova absolutamente nada sobre o teor exato das palavras realmente ditas.

Em 10 de fevereiro de 1962, os ouvintes do programa radiofônico "Analyse spectrale de l'Occident" [Análise espectral do Ocidente], transmitido pela RTF, podem ouvir Althusser conversar sobre Helvétius com Serge Jouhet. Acrescentamos a essa edição do curso sobre filosofia da história o texto da gravação, editado pelo INA* em dois CDs, com o título "Anthologie sonore de la pensée française par les philosophes der XXe siècle" [Antologia sonora do pensamento francês pelos filósofos do século XX]. Embora alguns trechos estejam muito próximos dos do curso de 1955, outros são novos, e o próprio tom é bastante diferente, muito marcado pelo trabalho de Althusser sobre Maquiavel no momento da gravação,

* Institut National de l'Audiovisuel. [N. da T.]

conforme mostra uma carta endereçada a Franca Madonia em 26 de janeiro de 1962[13]: "Na ordem dos paradoxos desta vida, fiz ontem duas coisas que para qualquer um serviriam de prova de que vou muito bem. Na mesma tarde, fui aos estúdios da rádio, para gravar um programa sobre Helvétius... sim, Helvétius, meu velho companheiro de não sei quantos anos, e disse coisas um tanto abstratas, um tanto laboriosas, um tanto 'forçadas', mas – e daí? –, interessantes sem dúvida, que, afinal, tiveram sucesso (o técnico da rádio disse que 'aquilo tinha um forte impacto'. O que quer dizer: impactar? – perguntei? Ele disse: ninguém pode deixar de ouvi-lo. Isso eu sei: sou assim, as pessoas me ouvem, é minha natureza, existe, portanto, uma natureza, mesmo agora, mesmo que ela me pareça desligada de mim!). Voltei para casa e, uma hora e meia depois, ainda na mesma tarde, dei uma aula de duas horas sobre Maquiavel (naturalmente, dando um jeito de falar de Forlì e Cesena... palavras mágicas, comportamentos mágicos...). Não tinha muita coisa interessante para dizer, sei disso, não me deixo enganar pelo que digo, mas disse de tal modo que, também nesse caso, a coisa 'impactou', era o máximo que podia fazer, mas pelo menos fiz. Até esbocei uma descrição da consciência de Maquiavel, de seu desejo de realismo em contradição com sua situação 'desrealizante' (encontrar essa palavra era a solução: dando assim a impressão de que havia ali alguma coisa para compreender que eu não conseguia exprimir de modo exaustivo, nítido, conceitual, mas dizendo ao mesmo tempo, ou dando a perceber, ao mesmo tempo, que, no entanto, havia alguma coisa para sentir e compreender, dando uma

13. *Lettres à Franca, op. cit.*, p. 162.

presença para sentir, digamos uma presença que não chegava a ser apreendida...) e em seguida, repensando nessa formulação, fiquei extraordinária e ironicamente impressionado com o fato de que, sob a cobertura da pretensa consciência de Maquiavel, foi de mim que falei: desejo de realismo (desejo de ser alguém real, de ter relação com a vida real) e situação 'desrealizante' (exatamente meu delírio atual...). Talvez por isso, quando celebrei em palavras o mistério da consciência de Maquiavel, algo como o silêncio das revelações religiosas se apoderou de meus ouvintes."

Assim como o curso sobre filosofia da história se insere naquilo que Althusser chamará mais tarde de "pura teoria, supondo-se que ela exista"[14], o de 1962 sobre Maquiavel faz parte de uma grande ruptura subjetiva: a do encontro com Franca Madonia, que é também a da descoberta da Itália e, mais amplamente, a data de nascimento da reflexão de Althusser sobre o "começo a partir de nada". Em 11 de janeiro, pede a Franca que lhe envie uma edição italiana das obras de Maquiavel, para preparar um curso que pretende dar sobre ele, terminando assim sua carta: "Penso em Maquiavel com um sentimento próximo da magia: como se nele eu pudesse encontrar uma ajuda propícia, excepcional, para ler e falar."[15] A primeira aula parece ocorrer em 18 de janeiro, e o curso não passará de meados de fevereiro, visto que Althusser ficou hospitalizado de 19 de fevereiro a 13 de maio de 1962. O conjunto do curso, vivido como um verdadeiro estado alucinatório, desenrola-se num estado de tensão extre-

14. *Machiavel et Nous, op. cit.*, p. 62.
15. *Lettres à Franca, op. cit.*, p. 151.

ma, conforme mostra bem uma carta de 23 de janeiro: "um bilhete, Franca, Franca, terça-feira, 18 h, para lhe contar um pensamento que me ocorreu, refletindo, desde ontem, considerando o mais objetivamente que posso este estranho estado em que estou. Este pensamento: ou estou ficando totalmente louco (!) ou estão ocorrendo (em mim) coisas totalmente novas que darão em algum lugar em alguma coisa inédita – (estilo de comportamento, modo de ser etc.). Mas eu não sei absolutamente no que isso vai dar!! Absolutamente. Por enquanto, sempre no trabalho *forçado.* Insensível, sempre insensível. (Afinal, onde está escondida, essa bendita sensibilidade?) Escrevo, escrita forçada, sobre Maquiavel, coisas forçadas, para dizê-las num discurso que terá toda a aparência de liberdade! Razão em Maquiavel: por que falo disso? Porque tive a impressão, quando decidi falar, de uma coisa que estava a meu alcance, de algo que me 'falava', em que encontrava lembranças, o verão, Forlì muitas vezes citada (...) e também aquela facilidade que tinha encontrado em Gramsci... Em suma, embarquei. Também nesse caso eu *forço* as coisas para encontrar algum interesse teórico (não histórico e político) com maior ou menor felicidade"[16].

Os arquivos depositados no IMEC contêm também anotações de um aluno não identificado do curso sobre Maquiavel. O grande interesse despertado pelo texto datilografado de Althusser, tenha ele sido ou não integralmente passado em classe, levou-nos a publicá-lo na íntegra, salvo algumas retificações provenientes das anotações de classe.

16. *Ibid.*, p. 161.

O curso de 1965-1966 sobre filosofia política nos séculos XVII e XVIII constitui uma das versões de um curso recorrente, regularmente modificado, sobre as teorias do contrato, essencialmente dedicado a Hobbes, Locke e Rousseau. Se o interesse de Althusser por Rousseau e Hobbes é muito antigo[17], seu conhecimento de Locke parece um pouco mais recente[18]. Encontram-se nesse curso certos elementos do curso sobre filosofia da história, especialmente no que diz respeito ao segundo *Discurso* de Rousseau, em que *O contrato social* é interpretado de modo bem menos negativo do que em 1956. Os arquivos de Althusser não contêm nenhum escrito completo (manuscrito ou datilografado) desse curso, cujo texto pôde ser estabelecido a partir das anotações em classe feitas por André Tosel, com exceção da parte sobre Locke, de que se encontrou um texto datilografado. A última parte, dedicada ao *Contrato social* de Rousseau, foi estabelecida a partir das anotações de classe e de um texto datilografado bastante próximo do artigo publicado em *Cahiers pour l'analyse* em 1966.

O curso sobre Hobbes de 1971, nova versão das análises contidas no curso de 1965, foi editado a partir das anotações de classe feitas por Marc-Vincent Howlett. Além das evidentes semelhanças com o curso anterior, é possível ver modificações nada desprezíveis, provavelmente decorrentes de uma leitura mais aprofundada do *Leviatã* (os outros cursos foram essencialmente dedicados ao *De cive*).

---

17. Cf. o projeto de tese sobre Rousseau já em 1949. O acervo Althusser do IMEC possui hoje as anotações de Alexandre Matheron sobre um curso dedicado a Rousseau, provavelmente de 1954 ou 1955. A carta a Claire, citada acima, alude a um curso sobre Hobbes.

18. "Li de um fôlego o *Ensaio sobre o poder civil* de Locke", carta a Claire de 3 de janeiro.

*

Preocupados em apresentar ao leitor um texto "legível", e não um documento de arquivo, não mantivemos as numerosas abreviações usadas: na maioria dos casos, completamos as palavras, indicando esse procedimento apenas nos casos em que pudesse surgir alguma dúvida. Em contrapartida, evitando a reconstrução artificial de um texto contínuo ou de "verdadeiras frases", procuramos produzir os conjuntos visualmente mais próximos possíveis dos documentos originais, pelo menos quando o texto foi estabelecido a partir de textos manuscritos ou datilografados de Althusser, respeitando quase sistematicamente sua pontuação (retificada com mais freqüência quando se tratava de anotações de alunos).

As intervenções do editor no texto são indicadas por colchetes: [ ]; como o próprio Althusser às vezes usava colchetes, estes são indicados por colchetes angulares: < >.

No rodapé, as notas numeradas são da edição.

As notas introduzidas por letras são transcrições das anotações feitas por Althusser à margem de seus textos manuscritos ou datilografados.

*

Quero aqui consignar meus agradecimentos a François Boddaert, herdeiro de Louis Althusser, e a Olivier Corpet, diretor do IMEC, pelo apoio que deram a esta edição. Também agradeço a Alexandre Matheron, André Tosel, Marc-Vincent Howlett e Étienne Balibar, sem os quais ela não teria sido possível. Quero expressar meu reconhecimento a todas as inúmeras pessoas que a enriqueceram com seu saber e seus conselhos.

PROBLEMAS DA FILOSOFIA DA HISTÓRIA
(1955-1956)

A história se apresenta de diferentes formas:

1. Uma forma não refletida: ação efetiva dos homens; quer sofram sua ação, quer afirmem dirigir seu curso. Prática cega, que pode ser descrita; acompanhada por coletâneas de prescrições (cf. *O príncipe*).
2. Reflexão teórica a respeito. Esta tem vários aspectos:
   a) Pode ser inconsciente: mitos.
   b) A filosofia da História em que a História é tomada conscientemente como objeto de reflexão filosófica.
3. Forma científica: aí, os conceitos chegaram a certo acordo com a prática cega, fundo da história real – é a forma moderna.

A partir daí, a relação história-filosofia muda. Cf. hoje: a história é ciência antes de ser objeto de reflexão para a filosofia. Ela tem problemas e conceitos específicos. A filosofia, portanto, agora toma como objeto a história como objeto de Ciência.

– Cf. Dilthey: crítica do conhecimento histórico como Kant fez uma crítica do conhecimento teórico.
– Cf. também a reflexão existencialista sobre a história: ressalta o conceito de historicidade, mas deixando intacta a história como ciência.

Mas, para compreender o que *foi* a filosofia da história, é preciso inverter nossas perspectivas – pois nesse caso há uma filosofia que não toma como objeto de reflexão um objeto já constituído, mas um objeto que ela constitui. Com essa inversão, assistimos à gênese do conceito de história, do próprio conteúdo desse objeto: o próprio objeto da história é um objeto histórico, ou seja, envolvido numa consciência histórica do objeto.

Para respaldar isso, cf. a história da palavra história.

→ Platão: *Fédon,* 96 a: "essa sabedoria chamada περί φύσεως ἱστορία": investigação sobre a natureza. Ambigüidade aqui:

– investigação dos fatos, apresentados de modo genético;
– investigação das causas.

e os dois se identificam.

→ Aristóteles: "História dos animais": coletâneas de fatos, documentos. O sentido da palavra dominará até o século XVIII.

→ Bacon: Suas obras são "histórias" de todas as espécies de coisas. E Bacon vincula a história à memória, opondo-a assim à filosofia e às ciências, ou seja, à razão. A história é o fundamento da filosofia e das ciências, que nada mais são que a reflexão teórica sobre essas coletâneas transmitidas pela memória. Concepção empirista e puramente passiva: a investigação e o achado formam um único corpo. Concepção que alimenta toda uma tradição até

→ d'Alembert: todos os nossos conhecimentos se baseiam na memória, "coleção maquinal e puramente passiva de todos esses conhecimentos"[1]. A memória é a primeira das faculdades, a segunda é a imaginação (→ belas-artes), a terceira é a Razão (→ filosofia). Mas ampliação da história:

- História divina (coletânea de fatos revelados).
- História humana.
- História da Natureza.

- Essa história versa sobre fatos, e não sobre essências.
- É pura acumulação passiva. Não há pesquisa como tal.

Mas virada no século XVIII:

Cf. já Buffon: "no homem, a memória emana do poder de refletir"[2]. Portanto, é no próprio âmago da me-

---

1. "O sistema de conhecimentos diretos só pode consistir na coleção puramente passiva e como que maquinal desses mesmos conhecimentos; é o que se chama memória" (Discurso preliminar da *Encyclopédie*, Vrin, 1984, p. 63).

2. "Em nós, a memória emana do poder de refletir; pois a lembrança que temos das coisas passadas supõe não só a duração das trepidações de nosso sentido interior material, ou seja, a renovação de nossas sensações anteriores, como também das comparações que nossa alma

mória que ocorre a transformação. E Buffon desenvolve toda uma crítica da passividade da memória, distinguindo assim o homem dos animais. Só os homens introduzem uma dimensão temporal: os animais não têm noção alguma de passado ou futuro, fecham-se em suas sensações.

A partir disso, o momento da reflexão vai mostrar-se como constitutivo da história, que é confrontação:

"A palavra *história* reúne em nossa língua tanto o lado objetivo quanto o lado subjetivo e significa tanto *historiam rerum gestarum* quanto *res gestae* – é *das Geschehen* (o fato de advir) tanto quanto *das Geschichteerzählung*" (narrativa histórica) (Hegel[3]).

Donde, novos problemas:

– Problema epistemológico: confronto história escrita e história real.

– Problema filosófico: sobre a natureza do objeto da história.

– O que constitui a especificidade da história como tal?

– E qual é a natureza dessa reflexão que constitui a memória? Onde buscar essa reflexão constitutiva da história?

Aí, várias direções:

1. Hegel: história como objeto: definido especificamente por *Erinnerung*. E outra definição ao lado desta: a natureza e os animais não têm história,

---

fez entre aquelas sensações, ou seja, as idéias que concebeu a respeito" (Buffon, *Discours sur la nature des animaux*, edição original da Imprimerie royale, t. IV, p. 56).

3. Hegel, *La Raison dans l'Histoire*, 10/18, p. 193.

mas certos povos também não: os hindus, pois não têm *Estado*.
2. Marx: processo material do desenvolvimento das sociedades → portanto, só há história da luta de classes.
3. Raymond Aron: essa reflexão consiste na projeção dos projetos atuais no passado.
4. Heidegger: a historicidade do presente.

Essas quatro tentativas mostram uma alternativa: a essência do homem deve ser procurada:

– na própria história, como estrutura peculiar da história?
– aquém da história, na *Geschichtlichkeit*?

1. *Geschichte*.
2. *Geschichte-erzählung*.
3. *Geschichtlichkeit*.

I[1]. AS QUATRO CORRENTES FUNDAMENTAIS NO SÉCULO XVII

Cassirer[2]: o século XVIII, ao invés de carecer de sentido histórico, conquistou a história para a consciência humana. Como isso ocorreu?

1. Racionalismo cartesiano.
2. Polêmicas religiosas.
3. Pessimismo prático.
4. Polêmicas políticas, jurídicas e econômicas.

A. Racionalismo cartesiano

Paradoxo? Cf. Malebranche: história = antologia das loucuras humanas.

---

1. As anotações de classe não numeram os capítulos. Em contrapartida, o texto datilografado de Althusser numera os capítulos sobre Condorcet, Helvétius e Hegel, únicos conservados.

2. "A idéia tão corrente de que o século XVIII é um século tipicamente 'anistórico' é uma idéia sem nenhum fundamento histórico" (Ernst Cassirer, *La Philosophie des Lumières*, trad. fr. Pierre Quillet, reedição, Agora, p. 263).

→ Descartes: Por que esse desprezo? A dúvida cartesiana recusa todos os fatos, inclusive o fato de meu passado; em vez disso, acesso ao mundo das essências. A razão presente em todos os homens. "Como só há uma verdade de cada coisa, quem a encontrar saberá tudo o que se pode saber."[3]

Portanto, a verdade não tem passado: inatismo. Contudo, não há uma idéia do progresso da verdade? (cf. necessidade da cooperação dos outros seres humanos). Mas isso não pode criar nada de novo: apenas desenvolver os princípios. O tempo em jogo aí, portanto, é apenas o tempo psicológico da dedução.

Se não isso, uma história de nossos erros? O passado também é objeto de psicologia, e não de história. É reportado aos preconceitos de nossa infância. E do mesmo modo a crítica desse passado é da alçada da psicologia: a psicologia da atenção.

Portanto:

- na dúvida, recusa-se a matéria da história;
- a reflexão é remetida a uma psicologia e até a uma teologia.

No cartesianismo, a teologia é o refúgio da história.

→ Malebranche: É nele que se encontram conceitos com alguma fecundidade histórica. A história da humanidade é a história do pecado de Adão. Mas teleologia: através dessa história, prepara-se o Cristo. A história dos homens é, assim, a história de Deus: história de seus planos e de sua ação. E Malebranche desenvolve um "utilitarismo" divino.

---

3. *Discours de la méthode*, segunda parte, *in* Descartes, *Oeuvres philosophiques*, Garnier, t. 1, p. 590.

Essa estrutura teleológica põe à mostra uma descrição ideal da teleologia da ação de Deus. Uma lógica da ação.

Mas a história está em outro nível no racionalismo cartesiano, na confrontação dessa teleologia com os homens: cf. teorias da predestinação.

→ Leibniz: Teoria da mônada: individualidade de seu desenvolvimento. De fato, é a unidade que explica determinações. Mas também infinidade da mônada. Na verdade, há um desenvolvimento da mônada, segundo uma necessidade intrínseca.

- Podemos nos reportar à própria noção: é o que faz Deus, que deduz César da noção de César.
- O homem, por sua vez, é reduzido a considerar a lei de produtividade da mônada.

Ambigüidade encontrada na teoria da liberdade e da predestinação.

– A noção de mônada contém a infinidade de suas modificações → ruína da Liberdade?

– Mas a noção de indivíduo não tem o mesmo tipo de necessidade que a noção de esfera. Cf. distinção leibniziana entre verdades necessárias e verdades contingentes. Estas somente são necessárias a partir de hipóteses, e não porque outra coisa seria contraditória (≠ esfera).

Enfim, necessidade estrita dos assuntos humanos apenas para o ser humano – contingência para Deus; mas, para todo ser humano, necessidade daquilo que faz. Chega-se à liberdade de Deus.

Dessa contingência do mundo em relação a Deus, Leibniz faz o "elemento" (no sentido hegeliano) da história: a história como desenvolvimento da liberdade de Deus (prenúncio de Hegel).

O confronto entre a realidade da história e os conceitos do filósofo → confere à história conceitos relativamente fecundos, paradoxalmente:

1. Lei do desenvolvimento do indivíduo.
2. Conceito de uma lógica da ação.
3. Esboço de uma solução teórica da antinomia entre liberdade humana e necessidade histórica.

B. Pessimismo prático

Opõe-se ao otimismo cartesiano.

Pascal. Origem dessa corrente: decomposição do mundo feudal. Profunda transformação em todos os planos, cuja crise é o século XVI: cf. ecos em Montaigne ("o mundo balançando") e em Pascal ("onde tomaremos um forte na moral?"[4]).

– Reformulação da concepção de religião: depurada, separada da Natureza.

– E quanto à Natureza, condenação radical: "tudo o que temos de natureza é carne" (Calvino)[5], inclusive a razão. À noite da graça corresponde a noite da natureza.

Essa cisão radical entre natureza e verdade religiosa na verdade contribuiu para o estudo profano deste mundo, estudo que se desligará dos conceitos teológicos.

Cf. Pensamento 426 de Pascal[6] sobre o homem: "perdida a verdadeira natureza, tudo se torna sua natureza", e o mesmo para o bem.

---

4. Na verdade, "Mas onde encontraremos esse ponto na moral?".
5. *Instituição da religião cristã*, Livro II, 3, 1.
6. Na edição Brunschvicg.

A partir disso (talvez as Ciências da Natureza em parte, mas sobretudo), descrição crítica e pessimista da história humana. O providencialismo da Natureza segundo Aristóteles está perdido.

Corrente de pensamento: Maquiavel, La Rochefoucauld, Pascal etc. Seus temas?

1. Maldade humana.
2. Pois interesse e paixões são fontes da ação humana.
3. Nessas condições, é preciso explicar a ilusão do bem → necessidade de uma crítica dos falsos valores. Cf. La Rochefoucauld mostrando o interesse no bem.

→ Pascal. A eqüidade consiste no costume: já não há leis naturais. Fundo da justiça = força, ajudada pela imaginação. Tanto é verdade que se trata de mistificação, que, se denunciada, o povo se revolta. O fundo do poder político é a usurpação: mas "precisa ser visto como autêntico e eterno, ocultando-se seu começo, se não quisermos que logo chegue ao fim"[7].

Portanto, aí está uma teoria da origem do poder político, uma teoria da ideologia e de seu papel (conservador).

Mas para Pascal isso só serve para justificar a ordem estabelecida: pois os maiores males são as guerras civis. A crítica histórica, pois, tem um objetivo, não revolucionário, mas conservador: é preciso ter um pensamento oculto. Respeitar as ilusões do povo como necessárias. Compreender o mecanismo da ideologia e do costume, não para arruiná-lo, mas para garantir sua conservação.

---

7. Pensamento 294.

Essa profunda concepção crítica tem em Pascal uma saída positiva em outro campo: a história das Ciências. Pascal distingue dois tipos de verdade:

1. As que dependem da memória. Nada pode ser acrescentado. A verdade delas se encontra integralmente. A autoridade é seu princípio.
2. As "verdades da razão": sempre é possível acrescentar, com tempo e trabalho. Nossa visão é mais ampla que a dos Antigos. Cf. frase sobre a seqüência dos homens como um único homem[8].

O progresso é possibilitado pela natureza específica do homem. O animal só tem instinto, sempre igual a si mesmo. O homem, ao contrário, dotado de razão, é produzido para a infinitude. O animal não pode adquirir nem conservar conhecimentos pessoais. Mas o homem os conserva e pode aumentá-los facilmente. A *conservação,* portanto, é o essencial aí, é específica do homem. Cada conhecimento é como que um grau para atingir o seguinte.

Ilustração dessa teoria: a necessidade do erro. As teorias dos Antigos não devem ser julgadas em função de nossos conhecimentos atuais, mas com base nos meios de que se dispunha então. Assim, para a Via Láctea, os Antigos só contavam com os olhos, nós temos lunetas. Teoria histórica do erro. Julgar, em história, é então comparar a verdade de uma época em função das condições daquela época. Esse novo critério possibilita evitar dois problemas:

---

8. "De modo que toda a seqüência dos homens, ao longo de tantos séculos, deve ser considerada como um mesmo homem que continua subsistindo e aprendendo continuamente" (*Préface pour le Traité du vide, in* Pascal, *Oeuvres complètes,* Gallimard, "Bibliothèque de la Pléiade", p. 534).

– ilusão retrospectiva da história;
– relativismo histórico puro: a história sem critério de juízo.

Essa teoria do juízo histórico acarreta uma concepção dialética do erro: este só é erro se tomado por verdade. Pois o erro só é retrospectivo, é apenas uma verdade superada: o que permite compreendê-lo tanto como verdade quanto como erro. "Sem os contradizer, podemos afirmar o contrário do que eles diziam", disse Pascal sobre os Antigos[9].

Essa profundidade de visão de Pascal não teve continuidade. Lembrar, porém, a diferença entre sua concepção de história científica e sua concepção de história política. Pois só a primeira é remetida às condições da época. Somente Hegel retomará essa concepção, para generalizá-la.

C. Polêmicas religiosas

Muito vivas no século XVII. Necessidade de recorrer a argumentos históricos no próprio domínio religioso, que, apesar disso, parecia fechado. Critica-se em nome de uma religião pura, situada no passado → teoria da decadência do catolicismo. Paradoxo por parte do protestantismo e do jansenismo, que recorrem à Bíblia e a Santo Agostinho, respectivamente, como textos que contêm a palavra de Deus, acessível eternamente. Portanto, invocam a história somente falando de seus adversários. A primeira manifestação da história, portanto, se apresenta ligada à sua negação subjetiva.

9. *Ibid.*, p. 535.

E segundo paradoxo: nessa época, a consideração *real* da história não se deve a esses utopistas (jansenistas que remontam a Santo Agostinho), mas a "conservadores": Bossuet, por exemplo (e mais tarde Montesquieu).

Os católicos, pois, precisam situar-se no terreno de seus adversários, mas de um modo positivo, e não negativo → justificar a "Tradição" como constitutiva de toda verdade religiosa.

Em especial, Richard Simon: *História crítica do Antigo Testamento* (1678). Para entender a Bíblia, não basta a sua leitura – conhecer a história real do povo judeu, a história dos manuscritos etc. O propósito de Richard Simon, portanto, é "justificador": sem esse estudo, "não se pode afirmar nada de certo em religião". A Bíblia é ininteligível fora da história da Igreja.

Mas perigo para as verdades religiosas? Submetidas à história profana.

→ contradição → Richard Simon foi condenado[10].

→ duas direções:

- Reportar as verdades religiosas à história profana.
- Ver na história profana o fenômeno das verdades religiosas. A segunda é adotada por Bossuet.

→ **Bossuet**: não o absolutismo religioso triunfante, mas o catolicismo ameaçado. Cf. Paul Hazard[11].

- *Cartas para a educação do Delfim.*
- *Discurso sobre a história universal.*

10. Foi posto no Índex e expulso do Oratório.

11. Paul Hazard, *La Crise de la conscience européenne (1680-1715)*, reed., Fayard, 1978.

O *Discurso* na verdade tem três partes:

1. Cronologia.
2. "Desenvolvimento da religião".
3. "Transformações dos Impérios".

A mesma história retomada três vezes.

1) *Cronologia*: sucessão dos tempos, enquadramento temporal. Pelo menos assim se evitará o anacronismo. E segunda vantagem: distinguem-se "épocas".

2) Paradoxo dessa *seqüência*: é a história de uma permanência, de uma não-história. A religião se sustenta desde o começo: essa perenidade é sinal de sua eternidade. Sinal também da Verdade religiosa como verdade intemporal.

3) *A história dos homens,* contraponto da história da religião e, ao mesmo tempo, seu fenômeno.

– Como os impérios se sucedem = como morrem.
– Mas essa "negatividade" é uma sucessão efetiva, a serviço da história "permanente" da religião, da qual ela é fenômeno. Promove seu triunfo.

Com isso, a história humana recebe um caráter positivo: como fenômeno da história religiosa, é ao mesmo tempo seu meio. Deus valeu-se da história humana: esta, portanto, é dotada de necessidade e finalidade imanente.

Donde justificação por Bossuet de uma inteligência histórica, cuja vanidade ele mostrara: "Não ocorreu nenhuma grande mudança que não tivesse causas nos séculos anteriores. E como, em todas as coisas, há o que prepara, o que determina a empreendê-las e o que as faz suceder, a verdadeira ciência da história consiste em observar em cada época essas secretas disposições que prepararam as grandes mudanças e as conjunturas importantes que as fizeram ocorrer."[12]

– *Exemplo*: a queda de Roma. Suas causas num desequilíbrio social: por um lado, os poderosos, ambiciosos, e os miseráveis que nada tinham para perder, e, por outro, o estado intermediário (as classes médias), elemento de estabilidade das cidades.

Mas, então, como conciliar
- necessidade imanente
- finalidade religiosa?

Pois, para Bossuet, o único sujeito da história é Deus. A necessidade, portanto, é secundária; as causas são os instrumentos de Deus.

Em Bossuet aparecem assim dois novos conceitos de filosofia da história:

a) Astúcia da razão.
b) *Verstellung* (perversão da ação).
(em que b. é a conseqüência humana de a.)

A necessidade é cega e supera o entendimento humano: "não há poder humano que, sem querer, não sirva a outros fins que não os seus". A ação é transcendente à consciência dos homens que agem. Estes "fazem a mais ou a menos do que pensam, e suas decisões nunca deixaram de ter efeitos imprevistos"[13].

Conceito que será retomado por Voltaire: "todo acontecimento acarreta outro que não era esperado por ninguém". Tema retomado por Hegel, pelos marxistas.

Mas esses dois conceitos em Bossuet remetem a Deus, aos segredos de Deus. Donde o problema: como um homem pode compreender a necessidade da história, ou seja, penetrar o segredo de Deus? Resposta de Bos-

12. *Discurso sobre a história universal*, III, 2.
13. *Ibid.*, III, 7.

suet: segredo, sim, mas que Deus revelou, especialmente no *Apocalipse* de São João. Tudo está lá, até mesmo a prosperidade dos reis católicos e de Luís XIV. A essência da história, portanto, está em ser profética.

Contrapondo-se aos protestantes, Bossuet é obrigado, primeiramente, a colocar-se no terreno histórico. Mas a compreensão da história religiosa e da profana remete à própria Bíblia, onde essa história está contida. Bossuet, portanto, recorre à mesma fonte que seus adversários. Ele e aqueles consideram a Bíblia como a coletânea de uma verdade não histórica em cujo nome se julga a história. Quem teve consciência desse círculo de Bossuet foi

→ Bayle: pois a Bíblia só é garantida pela autoridade da Igreja. A história da Igreja, portanto, não é o fenômeno da verdade da Bíblia, mas seu fundamento. Revolução copernicana: a própria verdade que julga a história depende da história.

→ toda filosofia da história que não explica a origem histórica da verdade que impõe à história como norma incide num círculo – essa idéia é iniciada com Bayle.

Guardar sobre Bossuet:
- É afirmada a necessidade da história.
- É apresentada uma transcendência da história.

– Divisão da história em duas:
- histórica;
- não histórica.

– Os conceitos que explicam a transcendência da história:
- astúcia da razão;
- *Verstellung*.

D. Polêmicas políticas, jurídicas e econômicas

O grande acontecimento do século XVII: advento do absolutismo
→ decadência da nobreza, ascensão do Terceiro Estado. Todo o debate teórico está centrado na justificação ou na condenação do absolutismo.

– *Adversários do absolutismo*: unicamente os feudalistas. La Bruyère, Fénelon, Saint-Simon, Boulainvilliers, Vauban – mais tarde Montesquieu. É um "partido" feudalista, e não o partido do feudalismo integral (pois o próprio absolutismo é uma forma política do feudalismo).

- A liberdade reivindicada no caso é, pois, a velha liberdade feudal: saudade. Aqueles liberais denunciam, portanto, o absolutismo e as misérias que ele engendra. Mas não vêem naquelas misérias as conseqüências do regime feudal. Primeira ilusão.
- Donde a segunda ilusão: aspecto popular dessa crítica: o absolutismo como traição dos interesses populares.

→ *Partidários do absolutismo*: escola dos juristas – e dos teóricos, como Maquiavel, Hobbes, Pascal, Grócio, Pufendorf. Argumento: recurso à história. Mas a história aí tem duas formas:

- história "hipotética";
- história real.

1. História hipotética

Há dedução, gênese conceitual e lógica das instituições que se queiram condenar ou demonstrar. "Deduzir" a sociedade, que já não é óbvia.

→ Um estado de natureza
Suas contradições
Um contrato para resolvê-las
: esquema comum

Os adversários só se distinguem pelo conteúdo que dão ao contrato.

3 formas:

1) Contrato de submissão: entre o povo e o príncipe, em que este se compromete a respeitar as "leis fundamentais". É o contrato feudal liberal.

2) Contrato entre o povo e o príncipe, dando a este o poder absoluto – Hobbes, Grócio, Pufendorf, Locke[14]. Absolutistas. Mas diferenças: com ou sem direito de insurreição?
- Hobbes e Grócio: não;
- Burlamaqui, Locke: sim.

3) <Contrato sem príncipe: Rousseau. Totalmente novo>[15].

Portanto, uma gênese ideal da história.
Interesse:

a) Põe em destaque o problema da origem histórica do poder político. Hobbes: o motor da passagem para o contrato, o motor da história, são as contradições do estado de natureza que era preciso resolver. Finalmente, a contradição como motor da história.

b) Problema do estado de natureza: o estado de antes da história: problema da origem. Problema capital na época.

---

14. Ressalte-se que, em seus cursos posteriores, Althusser abandonará em parte essa interpretação.

15. Esse terceiro ponto está entre colchetes no manuscrito.

Esse estado de natureza é paradoxal:

– Por aquilo que ele descreve (cf. guerra de todos contra todos), não é passado, mas bem atual. Ora descrição positiva ideal, ora reivindicação ideal. Conteúdo, portanto: a estrutura *presente* da sociedade, ou aspirações *presentes*.

– Pela forma, em contrapartida, é original.

O presente se dá como seu próprio passado. Por quê? Aqui aparece a idéia de que a história diz respeito ao presente. Portanto, tem um papel funcional nos conflitos presentes. Idéia que se expressa precisamente nesse paradoxo de um presente que se dá como passado. Mas o passado histórico é, aqui, um passado lógico, ou seja, a moeda, o fenômeno da lógica do presente. Logo, negação do passado como tal. Contradição que só será resolvida substituindo-se essa lógica da história pela história dessa lógica. Problema capital para a filosofia da história.

2. História real

Aqui, o problema das raças. Oposição entre duas teorias:

germanistas	Boulainvilliers
romanistas	Abade Dubos

Boulainvilliers: qual é a origem das leis feudais? Boulainvilliers é um antiabsolutista. A conquista da Gália pelos francos (germanos) dá origem ao feudalismo. Os vencedores escravizaram os vencidos.

Divisão da sociedade em duas classes, em duas raças. Descendentes dos francos: nobreza. Têm todos os direitos, o príncipe é seu igual.

Mas isso foi subvertido de duas maneiras:

– Pela libertação dos servos. Auge de sua promoção social: enobrecimento pelo rei.

– Pelo apoio dado aos burgueses pelos reis.

Escândalo. Boulainvilliers reivindica o retorno à antiga ordem feudal → pede a convocação dos Estados Gerais.

Abade Dubos[16]: teoria romanista. Os francos não vieram à Gália como vencedores, mas como convidados: são herdeiros dos imperadores romanos.

Mas o mal chegou no século X: os ofícios régios se converteram em cargos feudais hereditários → aparecimento da nobreza. O absolutismo atual, portanto, equivale com razão à origem histórica e à santa tradição da monarquia.

Essas teorias terão sucesso no século XVIII, mas são retomadas a favor do Terceiro Estado. Cf. Mably ou Diderot. Cf. até mais tarde Augustin Thierry: luta de classes como luta de raças.

Polêmica interessante:

1) Uma descrição de classes distintas e de sua luta na forma de dois povos diferentes. Relacionada com uma conquista. Portanto, idéia de luta de grupos sociais como [fundamento] da história.

2) Mas recurso ao passado, à origem, para justificar ou condenar: assim como na história "hipotética", por conseguinte. O recurso à origem acaba, assim, por negar

16. O abade Dubos é autor especialmente de uma *Histoire critique de l'etablissement de la monarchie française dans les Gaules* [História crítica do estabelecimento da monarquia francesa nas Gálias], 1734. Obra que pode ser baixada do seguinte endereço: http://visualiseur.bnf.fr/Visualiseur?Destination=Gallica&O=NUMM-88224.

sua necessidade. Donde a conclusão de que esses direitos são menos históricos que morais. O passado é, assim, um passado ideal, e não real. Cf. em Montesquieu o povo "ideal" dos germanos. Estado de natureza realizado dessa vez num povo mítico.

Encontram-se assim os mesmos aspectos observados na história "hipotética".

II. O SÉCULO XVIII

Grupos sociais:

- Permanece corrente feudal liberal: Montesquieu[1].
- Ascensão do Terceiro Estado: *Enciclopédia*.

Mas não há homogeneidade. Em especial, os materialistas utilitaristas.

- Oponentes: Mably, Rousseau.

A. Montesquieu

Caráter muito positivo de sua proposta:

- Abandono de qualquer teoria da história como teodicéia.
- Abandono de qualquer história hipotética, do estado de natureza: os homens tais quais são (Rousseau o criticará por ter estabelecido o fato, não o direito).

---

1. Cf. Louis Althusser, *Montesquieu. La politique et l'histoire*, PUF, 1959 (reedição col. "Quadrige", 1985).

1.

Idéia de que a ação humana está submetida a uma necessidade inteligível. A fatalidade cega não passa de máscara da ignorância. Tampouco são as fantasias humanas que constituem a história. A infinita diversidade, lugar-comum dos céticos, é levada a sério por Montesquieu.

Isso supõe, acima de tudo, respeito à diversidade dos costumes e das leis, dos fatos. Mas, por outro lado, explicar essa diversidade.

Para tanto, é preciso descobrir os princípios, o que Montesquieu se gaba de ter feito.

"Levar a sério" significa também: não julgar, ou seja, não extrair os princípios de nossos preconceitos. Portanto, compromisso científico.

Por isso, Montesquieu dá um novo sentido à palavra lei: "relações necessárias que derivam da natureza das coisas"[2]. Substituição do normativo pelo positivo.

A obra de Montesquieu corresponderá a essa intenção de positividade?

2. Princípios de Montesquieu

– Há três espécies de governo.

– Em todo governo, é preciso distinguir natureza e princípio. Diferença *capital*: "Existe uma diferença entre a natureza do governo e seu princípio: a natureza é aquilo que o faz ser o que é; princípio é aquilo que o faz agir."[3]

– *Natureza* do governo = sua estrutura, sua anatomia. Quem tem o poder? Como é exercido? As conseqüências são as modalidades de aplicação. Por exemplo,

2. *O espírito das leis*, I, 1.
3. *Ibid.*, III, 1.

os corpos intermediários numa monarquia, que são o repositório das leis fundamentais: Parlamentos em especial. Mas essa anatomia é apenas formal.

– O *princípio* do governo é aquilo que o faz agir, que lhe dá vida. Cf. os três princípios (virtude, honra, temor), que decorrem do exame da natureza.

3. O que são esses princípios?

a) Aparece como princípio de vida, de ação.

b) Mas, sobretudo, como princípio interno unificador (cf. Hegel: a Idéia nas formas políticas. Elogio de Hegel a Montesquieu)[4]. De fato, uma sociedade não é um agregado, mas uma totalidade orgânica. O princípio do governo republicano explica todos os seus detalhes: leis sobre a educação, modo de arrecadação de impostos, lugar das mulheres etc. Toda sociedade é assim uma totalidade histórica.

c) O princípio, além disso, comanda a própria estrutura do governo. Cf. corrupção dos governos, explicada e iniciada pela corrupção de seu princípio. Por exemplo, preferir honrarias à honra.

"Corrompidos os princípios do governo, as melhores leis se tornam ruins e se voltam contra o Estado"; inversamente, "a força do princípio arrasta tudo"[5].

---

4. Cf., por exemplo, Hegel, *La Raison dans l'Histoire, op. cit.*, p. 36: "Para que as reflexões sejam verdadeiras e interessantes, é preciso ter uma intuição solidamente esteada das situações, uma intuição livre e ampla, bem como um senso profundo da Idéia, tal como se apresenta na história. *O espírito das leis* de Montesquieu, obra ao mesmo tempo sólida e profunda, é um exemplo disso." Cf. também, *Leçons sur la philosophie de l'histoire*, Vrin, p. 21.

5. Montesquieu, *op. cit.*, VIII, 11.

d) Último caráter do princípio: sua idealidade. Há princípios, "o que não significa que, em determinada república, sejam todos virtuosos; mas sim que deveriam sê-lo. Isso não prova também que, em determinada monarquia, se tenha honra: e que, em determinado Estado despótico, se tenha temor; mas que deveria haver: sem isso, o governo será imperfeito"[6].

A tipologia positiva e científica converte-se aqui em uma espécie de tipologia ideal. Portanto, avatares do princípio, de princípio de movimento a princípio ideal, do qual uma sociedade é apenas uma aproximação.

Montesquieu, segundo Cassirer[7], é portanto precursor de Max Weber: tipos ideais de sociedade.

4.

Mas esse não é o único aspecto de Montesquieu. Cf. determinações materiais que ele põe em ação: especialmente o determinismo do clima, "o primeiro de todos os impérios", diz Montesquieu[8].

O que é o clima para Montesquieu?

Uma fisiologia do clima[9]. O frio comprime as extremidades das fibras e, contraindo-as, aumenta sua força. O calor dilata e enfraquece (portanto, é preciso esfolar um moscovita para lhe dar sentimento. Mas o contrário para um italiano).

---

6. *Ibid.*, III, 11.

7. "Pode-se dizer que Montesquieu foi o primeiro pensador que concebeu e expressou de modo claro e preciso a noção de 'tipo ideal' histórico. No plano político, *O espírito das leis* é uma teoria dos 'tipos'" (Ernst Cassirer, *La Philosophie des Lumières*, *op. cit.*, p. 278).

8. Montesquieu, *op. cit.*, XIX, 14.

9. *Ibid.*, XIV, 2.

– Homem dos países frios: força, autoconfiança, coragem, falta de desejo de vingança, franqueza, pouca astúcia, pouca sensibilidade.
– Homem dos países quentes: o inverso.
– Mas, pontos paradoxais. Por exemplo, as crueldades dos povos do Sul, que, no entanto, são timoratos? É por causa de sua imaginação.

Para que serve essa teoria do clima? Para relacionar os tipos puros de governo com a realidade efetiva da história. À tipologia ideal se soma uma teoria das determinações concretas: passar do possível ao real, explicar o *hic et nunc.* No caso, o clima.

O clima possibilitará distinguir os governos. Assim, o despotismo é um governo necessário dos países quentes (homens fracos e timoratos): "a servidão começa com o sono". A escravidão, antinatural, é assim fundamentada, às vezes, numa razão natural. Portanto, é preciso limitar a servidão natural "a certos países na terra"[10]. Portanto, eliminá-la dos países da Europa. O critério do clima, que nos dá a necessidade, é também um critério de juízo. A monarquia temperada pelos corpos intermediários é o governo que convém a nossos climas.

O clima torna-se assim o juízo da história. Assim, para Montesquieu, o juízo da história está na própria história; mas ele recorre àquilo que há de menos histórico: geografia e clima.

Montesquieu, portanto, é ao mesmo tempo interessante e frustrador, precisamente. Cf. *Voltaire*: não é o clima que diferencia a Europa: são os gregos – além do mais, Montesquieu cometeu erros de fato: liberdade nas montanhas? Mas despotismo na Ásia?

---

10. *Ibid.*, XV, 8.

Montesquieu, portanto,

- reflete sobre a "infinita diversidade", mas não extrai dela uma teoria cética. Revolução capital. Seu propósito: compreender essa diversidade;
- mas a relaciona com duas coisas:
    - tipos ideais;
    - determinação material imediata do clima.

Portanto, ao mesmo tempo, regressão e progresso em relação a Pascal.

– Idéia de significado global, de totalidade orgânica de uma sociedade.

B. Voltaire

- *Ensaio sobre os costumes*, 1756.
- 3 verbetes do *Dicionário filosófico*:
    - "Cadeia dos acontecimentos"[11];
    - "Igualdade";
    - "Destino".
- Diálogo intitulado "ABC".

Fundador do método histórico.

Critério de distinção dos acontecimentos históricos: em primeiro lugar, separar a história da fábula.

- *Critério positivo*: acontecimentos atestados pelos registros públicos e pelo consentimento dos autores contemporâneos.
- Mas *outro critério*: o que não está na natureza nunca é verdadeiro.

11. Mais precisamente "Cadeia ou geração dos acontecimentos".

Portanto, possível contradição entre o primeiro e o segundo critério. Cf. exemplos em Heródoto. "É porque o grosso do gênero humano foi e será durante muito tempo insensato e imbecil, e talvez os mais insensatos de todos tenham sido aqueles que quiseram encontrar algum sentido nessas fábulas absurdas e introduzir razão na loucura."[12] Típico do século XVIII.

Mas nem por isso todos os fatos autênticos são históricos. Não existe acaso: uma necessidade imanente, outrora chamada Destino. Mas conteúdo dessa necessidade?

Aqui, teoria de Leibniz: "tudo é engrenagem, polia, corda, mola nessa imensa máquina"[13]. Em suma, tudo tem importância. Pois, se tudo é causa, já não há história possível, pois análise infinita. De resto, Leibniz remete a Deus. Essa teoria parece a Voltaire um exagero que dissolve a idéia de necessidade.

Donde novo tipo de necessidade. "Todo fato tem causa, mas nem toda causa tem efeito até o fim dos séculos." Em suma, os efeitos podem extinguir-se, inclusive no mundo físico. "Nem todo pai tem filho" [*sic*][14]. Conseqüências:

1) Retirar da história todos esses acontecimentos sem efeitos.

---

12. *Essai sur les moeurs* [*Ensaio sobre os costumes*], edição Pomeau, t. I, cap. 5, Introdução, p. 18.

13. *Dicionário filosófico*, verbete "Cadeia ou geração dos acontecimentos".

14. *Ibid.* Voltaire escreveu na realidade: "tudo tem pais, mas nem tudo sempre tem filhos"; e, um pouco adiante: "Repito, todo ser tem pai, mas nem todo ser tem filhos." Não se trata, estritamente, de um lapso de Althusser, que, em 1962, retoma essa impressionante fórmula em "Contradiction et surdétermination" [Contradição e superdeterminação], pondo, é verdade, a palavra "pais" entre aspas: "cf. Voltaire: todos os filhos têm pai, mas nem todos os 'pais' têm filhos" (*Pour Marx*, Maspero, 1965, p. 119).

2) E ver as linhas diretas e as linhas não colaterais.

Em suma, nova idéia da natureza e do objeto da história:

1) Crítica da realidade dos fatos.
2) Concepção da natureza histórica dos fatos.
3) Uma teoria do objeto histórico e de sua necessidade.

Contra Leibniz: nem tudo é pleno na natureza[15].

A idéia está esboçada: o que é determinante na história?

Resposta de Voltaire: *o espírito dos séculos,* o espírito das nações. Isso não é espírito das leis, ou seja, política, como para Montesquieu. Pois Voltaire reintegra toda a história da cultura (ciências, artes, costumes etc.).

Quatro séculos essenciais: Péricles, Augusto, o século seguinte à tomada de Constantinopla, Luís XIV. Pois são séculos nos quais as artes foram aperfeiçoadas.

→ O Progresso do espírito humano (= da filosofia) é o elemento capital que se deve considerar. Mas

– Voltaire também foi o teórico da *permanência da natureza humana.*

– Contradição com Voltaire teórico do *Progresso*?

Pois Voltaire põe em jogo um princípio de diversidade: o costume. "O império do costume é mais vasto do que o da natureza." Dialética da natureza e do costume.

→ O desenvolvimento da razão é uma falsa história, pois nada muda.

A solução da contradição é a solução dada pelo século XVIII: o Progresso não passa de *manifestação* da na-

15. *Ibid.*

tureza humana. Esta é dada por inteiro como princípio. A história é o fenômeno da perda e do triunfo da natureza humana, que se torna para si o que é em si (termos hegelianos).

Em última análise, o devir visível da Razão seria o motor da história. Idéia que será desenvolvida por:

C. Condorcet[16]

Tomar Condorcet *como exemplo* – "*Esboço* de um quadro histórico dos progressos do espírito humano" (1793).

Condorcet, nascido em 1743 – marquês de C. – tio bispo de Auxerre – estudou com os jesuítas – destinado à carreira das armas pela família, decide-se pelas ciências: memorial "Ensaio sobre o cálculo integral" aos 22 anos (1765). Ligado a d'Alembert, Turgot. Trabalha na Academia das Ciências, tornando-se seu secretário perpétuo em 1776[17]. Em 1774 é nomeado por Turgot Inspetor Geral da Moeda. Interessa-se muito pelos problemas políticos e sociais.

---

16. Os capítulos sobre Condorcet e Helvétius foram editados a partir de textos datilografados de Althusser; o primeiro deles foi depositado no IMEC por Étienne Balibar. As anotações de classe, muito menos desenvolvidas, só foram utilizadas em caso de diferença importante com relação ao texto datilografado. Quanto a este, o capítulo sobre Condorcet, numerado "IV bis", intitula-se "Racionalismo: concepção do Iluminismo sobre filosofia da História (Condorcet)". Na falta de qualquer outro documento, não pudemos reconstituir a divisão original dos capítulos, feita por Althusser. Conservamos a divisão contida nas anotações de classe, visto que a divisão do texto datilografado de Althusser era muito lacunar.

17. O texto datilografado indica, por erro, "1785".

1789: membro da Comuna de Paris – jornalista e polemista. Funda com Sieyès a "Sociedade de 1789", centro dos nobres de espírito liberal. *1791:* eleito membro da Legislativa – será *girondino* e *dantonista.* Eleito presidente da Legislativa – reivindica a abolição da religião de Estado, redige [um] relatório sobre a instrução pública. *1792*: eleito deputado de Aisne na Convenção – vota contra a execução do rei – violenta luta com [os] jacobinos, recorre ao povo contra a Assembléia.

8 de julho de 1793 decreto de prisão – refugia-se em casa de uma amiga, Mme Vernet onde [**ele?**] escreve o *Esboço* – foge da casa dela em 25 de março de 1794, refugia-se na pedreira de Montrouge, preso num café – passa a noite na masmorra e no dia seguinte, 28 de março, é *encontrado morto.*

Destino significativo e interessante: confronto entre teorias da filosofia do Iluminismo e a realidade da história. Condorcet girondino, dantonista, contra a morte do rei e contra a religião de Estado. *Contra os jacobinos.*

A bela unidade aparente da ideologia do Iluminismo rompida pela prova da história revolucionária que, apesar de tudo, se inspirou nele.

*

1. Como Condorcet concebe a *história* que escreve?

Quatro períodos:

a) *Antes da escrita* (antes dos documentos históricos):

"Estamos reduzidos a adivinhar por quais graus o homem isolado... pôde adquirir aqueles primeiros aperfeiçoamentos..."

"Não podemos ter outro guia se não observações teóricas sobre o desenvolvimento de nossas faculdades intelectuais e morais" (p. 8)[18].

História teórica a partir das faculdades humanas.

b) *Depois da escrita* – aí temos fatos – mas sociedades diferentes, numerosas e esparsas:

"Aqui o quadro começa a basear-se em grande parte na seqüência dos fatos que a história transmitiu; mas é necessário escolhê-los na história de diferentes povos, compará-los, combiná-los para extrair a história hipotética de um povo único e formar o quadro de seus progressos" (p. 9).

c) *A partir da Grécia*:

"A história liga-se a nosso século... por uma seqüência ininterrupta de fatos e observações; e o quadro da marcha e dos progressos do espírito humano torna-se *realmente histórico.* A filosofia não tem mais o que adivinhar... basta reunir, ordenar os fatos..." (p. 9).

d) *Futuro*:

"Um último quadro por desenhar, o de nossas esperanças, dos progressos que estão reservados para as gerações futuras e que a constância[19] das leis da natureza parece garantir-lhes... mostrar por que só a verdade deve obter triunfo duradouro; por quais elos a natureza uniu indissoluvelmente os progressos das luzes e os da liberdade" (p. 9).

---

18. Althusser cita a obra de Condorcet de acordo com a seguinte edição: *Esquisse d'un tableau historique des progrès de l'esprit humain*, org. O. H. Prior, Boivin, col. "Bibliothèque de philosophie", 1933, reproduzido nas edições Vrin em 1970.

19. Nessa citação, bem como em sua repetição algumas linhas abaixo, Althusser escreveu duas vezes "circunstância", em lugar de "constância".

Vemos também [uma] *história curiosa.*

De um lado, teoria do *começo da história*: ela começa com a escrita, documentos positivos, *fatos suficientes e numerosos.*

Por outro lado, *apesar dessa tese,* essa *história* "realmente histórica" é precedida e seguida por *duas outras histórias.*

Seguida pela *"história do futuro"*, que é a "*história* de *nossas esperanças*" (e essa previsão baseia-se na "constância das leis da natureza", ou seja, das leis observadas na história "realmente histórica").

Mas, sobretudo, *precedida* por uma história teórica e hipotética ou teórica [*sic*] que, embora não disponha dos mesmos materiais, dos fatos, seja de sua presença (primeiro período), seja de número suficiente deles, é *válida,* é posta no mesmo plano da outra história e, ademais, está em sua origem.

Ora, *essa história* é a história dos *"primeiros aperfeiçoamentos"* do "*homem isolado*" – e é constituída por "observações teóricas sobre o desenvolvimento de nossas faculdades intelectuais e morais".

Essa história é uma <teoria (gênese)>[20] *das faculdades humanas,* uma metafísica.

2. Identidade entre história e metafísica

O *Esboço* começa com uma teoria da *natureza humana.* "O homem nasce" com três *faculdades* fundamentais: (origem das ciências):

a) faculdade de receber sensações;
b) faculdade de sentir prazer-dor;
c) perfectibilidade.

---

20. "teoria (gênese)", escrito à mão no texto datilografado.

a) *"o homem nasce com a faculdade de receber sensações" e de*
analisá-las
compô-las
compará-las
abstrair seus elementos comuns
instituir signos
} abrange todo o campo intelectual [e científico s/orig.]

b) *"as sensações são acompanhadas por prazer e dor"* – que o homem tem "a faculdade" de transformar em sentimentos duradouros dos quais nascem entre os homens "relações de interesse e dever" (p. 2) <moral>.

c) *perfectibilidade*: "A natureza não impôs nenhum limite ao aperfeiçoamento das qualidades humanas... a perfectibilidade do homem é realmente indefinida... Provavelmente, esses progressos <dessa perfectibilidade> poderão seguir uma marcha de rapidez maior ou menor, mas nunca será retrógrada..." (p. 3).

Cf. Pascal "o homem nasceu para a infinitude".

Cf. p. 166: "Enfim, viu-se o desenvolvimento de uma doutrina nova, que deveria desferir o último golpe no edifício cambaleante dos preconceitos: a doutrina da perfectibilidade sem fim da espécie humana, doutrina cujos primeiros e mais ilustres apóstolos foram Turgot, Price e Priestley."

A perfectibilidade, terceira faculdade fundamental: possibilita pensar o *desenvolvimento das faculdades,* mas limita esse desenvolvimento às próprias faculdades.

O que se desenvolve no homem são as *suas faculdades: ciência, moral.*

– *Exemplo: a faculdade de conhecimento* (sensação)

desenvolve-se no homem	"pela ação das coisas externas" pela comunicação com os seres humanos
sensação ... *ciência*	"por meios artificiais que esses primeiros desenvolvimentos levaram os homens a inventar"

– *Exemplo*: a faculdade do sentimento (p. 156)

afetividade... *moral*

"Assim, a análise de nossos sentimentos nos leva a descobrir no desenvolvimento de nossa faculdade de sentir prazer e dor *a origem de nossas idéias morais, o fundamento das verdades gerais que, resultando dessas idéias, determinam as leis imutáveis, necessárias, da justiça e da injustiça*; por fim, os motivos para modelar nossa conduta por elas, extraídos da própria natureza de nossa sensibilidade, naquilo que se poderia chamar, de alguma maneira, de nossa constituição moral."

Nos dois casos: conhecimento, moral, assiste-se então à produção de um desenvolvimento das *faculdades* humanas: os objetos exteriores, as experiências humanas... são apenas a ocasião, o choque, a excitação que provocam *esse desenvolvimento puramente interno das faculdades dotadas de perfectibilidade.*

Por isso, *a história é história do desenvolvimento das faculdades teóricas e morais.*

Por isso, a história está incluída na [...][21] da natureza humana, da qual *ela é apenas o desenvolvimento.*

21. Falta uma palavra.

Condorcet diz explicitamente: a história e a metafísica têm o mesmo objeto (cf. p. 2):

"se nos limitarmos a observar, a conhecer os fatos gerais e as leis constantes que o desenvolvimento dessas faculdades apresenta, naquilo que há de comum aos diversos indivíduos da espécie humana, essa ciência terá o nome de metafísica".

"mas, se considerarmos esse mesmo desenvolvimento em seus resultados, relativamente aos indivíduos que existem na mesma época em determinado espaço, se o acompanharmos *de gerações em gerações*, ele apresentará então o quadro dos progressos do espírito humano. Esse progresso está submetido às mesmas leis gerais que se observam no desenvolvimento das faculdades dos indivíduos, pois é resultado desse desenvolvimento..." (p. 2).

Percebe-se então que não foi por razões pouco importantes que Condorcet aceitou que em seus períodos da história figurasse a história anterior aos fatos: a história "teórica", a história dos primeiros desenvolvimentos das faculdades humanas, pois essa história é a própria verdade, uma vez que é *metafísica*.

([22]mecanicismo? Continuidade do progresso?)

Mas ambigüidade dessa identidade entre *metafísica* e *história*. Se elas têm o mesmo objeto, quer dizer ou que a *metafísica* é *histórica* – ou que a *própria história* é *metafísica* – mas então o que pode significar a forma *histórica* revestida pela verdade metafísica? Essa forma é pura aparência? Pura ilusão temporal? A gênese histórica não será apenas uma *falsa gênese*?

---

22. O texto datilografado contém um grande espaço em branco entre o parêntese e a palavra "mecanicismo".

Em outras palavras: o que a *história* acrescenta à *metafísica? O que a história pode acrescentar às verdades metafísicas, se tem o mesmo conteúdo que elas?*

3. Fim da história (finalidade...)

Se passarmos então da história do *primeiro período* (história teórica) à história do último período (a do futuro), veremos qual é o *produto, resultado* do desenvolvimento das faculdades humanas = produto, fim da história: é o reino da *razão* no conhecimento e na moral.

Ou seja, o reino das *Luzes.*

E, carregando atrás de si, *"indissoluvelmente unidos"* a *virtude,* a liberdade e o respeito pelos direitos humanos.

Em outras palavras, vemos o reino da liberdade (da igualdade, da virtude)[23] pelo próprio efeito das *Luzes,* ou seja, do conhecimento.

Cf. p. 149: "Depois de longos erros, depois de ficarem perdidos em teorias incompletas ou vagas, os publicistas chegaram a conhecer, finalmente, os verdadeiros direitos humanos, a deduzi-los desta única verdade: que o homem é um ser sensível, capaz de conceber raciocínios e adquirir idéias morais..."

Portanto, existe um fim da história: o termo do desenvolvimento é o conhecimento dos próprios princípios do desenvolvimento, ou seja, o conhecimento dos princípios do primeiro estágio[24]. A história humana, assim, é

---

23. O texto datilografado não fecha parênteses.

24. Para essa frase, utilizamos as anotações de classe, que são mais claras que o texto datilografado de Althusser: "Ou seja, o termo da história, do desenvolvimento e o *conhecimento (ou seja, do primeiro estágio) dos próprios princípios do desenvolvimento,* a história produzida pelo desenvolvimento das faculdades humanas tem como termo o conhecimento e a consciência dessas próprias faculdades."

a história da tomada de consciência de si mesma pela *natureza humana, que é sua origem.*

A história passagem dos princípios ativos e inconscientes à consciência dos princípios. A história é a *manifestação da verdade, da razão.*

Vê-se, portanto, o que a história acrescenta à *metafísica*: a própria manifestação da metafísica, a *consciência de si por parte da metafísica, seu "devir consciente"* (muito próximo de Hegel).

A consciência de si por parte da razão.

4. A razão é o motor da história

Portanto, se na história estamos diante do *paradoxo* de que a história é o devir consciente da razão, o devir consciente de seus próprios princípios, vemos que sempre encontramos na história a passagem *da razão para a razão consciente de si mesma, ou seja, para o esclarecimento (Luzes).* Cf. Luzes = não a extensão, mas a *pureza* (em primeiro lugar). Vê-se, portanto, que o fundo da história é a *razão,* e que o devir da história se confunde exatamente com a *tomada de consciência da razão por si mesma,* ou seja, com a revelação de si mesma, a manifestação final do começo.

Por isso, a razão não é somente *produto da história, ela é seu princípio interno, seu motor* – porque o produto nada mais é que a razão a revelar-se a si mesma. Na história não se sai da razão, só se passa *da razão inconsciente à razão consciente de si.*

Donde o *princípio fundamental do racionalismo do* Aufklärung.

A razão é o motor da história.

N.B.: *essa tomada de consciência da verdade* não é o nervo do devir histórico pelo simples fato de que *é seu re-*

sultado. O *resultado* pode não ser o fim (toda a teoria da *Verstellung* opõe-se a essa identificação), mas em Condorcet e em toda a ideologia do *Aufklärung*, vemos a identificação do *resultado* e do *fim* da história e a apresentação, no próprio curso da história, do desenvolvimento da razão, sua epifania *como o próprio motor da história.*

Mas falta um ponto para esclarecer: se é destino da razão tomar consciência de si mesma, se é destino da história realizar essa epifania da razão, é porque a razão passa da inconsciência à consciência, ou seja, assume uma forma *não consciente* e não racional.

Em outras palavras, a história pode ser definida tanto pela conquista da consciência de si por parte da razão – quanto pela *libertação da não-consciência de si* em relação à irracionalidade da razão, pelo triunfo da razão sobre o seu contrário, *o erro.*

Uma teoria do erro

Cf. sobre o tema: aquilo que a *história soma à metafísica* – se a história soma *a consciência de si* às verdades da metafísica, também soma a consciência de si de seu contrário, ou seja, do *erro*. Cf. p. 11:

"De fato, só a meditação, por meio de felizes combinações, pode conduzir-nos às verdades gerais da ciência do homem. Mas, se a observação dos indivíduos da espécie humana é útil ao metafísico, ao moralista, por que a observação das sociedades não o seria a estes e ao filósofo político?... Por que não seria útil observá-las <as relações humanas> na sucessão dos tempos? Supondo-se até que essas observações possam ser desprezadas na investigação das verdades especulativas, deverão elas ser desprezadas quando da aplicação dessas verdades à prática?... Nossos preconceitos e os males que deles decorrem não terão origem nos preconceitos de nossos ancestrais? Um dos meios mais seguros de nos livrarmos daqueles e de nos prevenirmos destes não será o esclarecimento sobre suas origens e seus efeitos?" (pp. 11-2).

Cf. a continuação: não estamos absolutamente premunidos contra o erro do futuro... "Mas porventura seria inútil saber como os povos foram enganados, corrompidos ou mergulhados na miséria?" (p. 12).

"Nós exporemos a origem, traçaremos a história dos erros gerais que retardaram ou suspenderam de algum modo a marcha da razão, erros que, muitas vezes até, tanto quanto os acontecimentos políticos fizeram o homem retroceder para a ignorância" (p. 10).

Os erros "fazem parte do quadro histórico do espírito humano. Assim como as verdades que o aperfeiçoam e o aclaram, eles são a conseqüência necessária da atividade dele".

Necessidade do erro, mas baseada nas próprias faculdades:

"As operações do entendimento que nos conduzem ao *erro* ou que nele nos *retêm*, desde o paralogismo sutil... até os sonhos da demência, pertencem à *teoria do desenvolvimento de nossas faculdades individuais* não menos do que o método de raciocinar corretamente ou o de descobrir a verdade..."

Portanto, a história é tanto história do triunfo da razão quanto a da *derrota do erro.*

Por isso, o motor da história *não consiste na razão ou no erro apenas*, mas na luta entre *razão* e *seu contrário.*

– "guerra entre filosofia e superstição" (p. 51)
– "história desses combates" (p. 11)

– (os inimigos) "que a razão é obrigada a abater incessantemente e que ela muitas vezes só vence depois de uma luta longa e penosa" (p. 11)
– A história humana nada mais é do que esse combate.

5. O Quadro de Condorcet: como ele põe em prática esses princípios?[25]

Vejamos *esses princípios* na prática.

Cf. os títulos das *dez épocas*[26]: no centro, o esclarecimento: seu progresso, sua decadência.

Primeira sociedade:
caçadores e pescadores
artes grosseiras
língua "para comunicar as necessidades" e pequeno número de idéias morais
+ "forma grosseira de governo" (p. 3)

---

25. Esse título se encontra em anotações de classe, mas não no texto datilografado de Althusser.

26. Vale lembrar que o livro de Condorcet está dividido em dez "períodos": 1. "Os homens reunidos em povoações". 2. "Povos pastores. Passagem desse estado ao de povos agricultores". 3. "Progresso dos povos agricultores, até a invenção da escrita alfabética". 4. "Progresso do espírito humano na Grécia, até os tempos da divisão das ciências, por volta do século de Alexandre". 5. "Progresso das ciências desde sua divisão até a decadência". 6. "Decadência das luzes, até sua restauração, por volta da época das cruzadas". 7. "Desde os primeiros progressos das ciências, quando de sua restauração no Ocidente, até a invenção da imprensa". 8. "Desde a invenção da imprensa até o tempo em que as ciências e a filosofia sacudiram o jugo da autoridade". 9. "Desde Descartes até a formação da República Francesa". 10. "Dos progressos futuros do espírito humano".

a. Artes e Esclarecimento

Artes, produto das *necessidades* – mas as necessidades são *imediatas* e estão limitadas a seu objeto... por isso, *artes rudimentares.* Cf. texto sobre a civilização (ficha)[27].

Os primeiros conhecimentos nascem das necessidades – e com as artes –, mas é preciso um *recuo = lazer.*

Cf. os primeiros homens: "A alternativa necessária entre cansaço extremo e repouso absoluto não dá ao homem esse tempo de lazer no qual, entregando-se às suas idéias, ele pode enriquecer a inteligência com novas combinações" (p. 4).

Esse lazer é obtido a partir de progressos novos: povos *pastores e agricultores* – cf. o pastor criador (p. 23) tem lazer – *progresso da astronomia.*

Sobretudo, produção de um "supérfluo capaz de ser conservado" (p. 4): "Segurança maior, lazer mais certo e constante propiciam a dedicação à meditação ou, pelo menos, à observação contínua. Para alguns indivíduos, tem início o costume de dedicar uma parte do supérfluo à troca por um trabalho do qual eles mesmos se eximirão. Existe, portanto, uma classe cujo tempo não é absorvido na labuta braçal e cujos desejos se estendem para além das simples necessidades..." (p. 5).

Cf. tema do lazer no século XVIII e do *tédio* em Helvétius. A partir desse momento, desenvolvimento circular: *necessidades – artes – ciências – artes.*

Interessante: uma teoria da invenção. Um gênio, mas que responde a uma necessidade premente da época.

Cf. *escrita*: "sentiu-se, pois, necessidade da escrita, e ela foi inventada" (p. 6).

27. Os arquivos de Althusser contêm um conjunto de fichas (por autores ou temas), essencialmente constituídas por citações, às quais ele se remete regularmente em suas aulas. A maioria foi conservada.

São as *necessidades* que incitam à *invenção da moeda*. Mas essas invenções, esse progresso das artes são vistos essencialmente do ponto de vista do *Esclarecimento*, ou seja:

1) *do ponto de vista do conhecimento;*
2) *do ponto de vista de sua difusão.*

– *Exemplo*: invenção da *escrita* e da *imprensa* e invenção daquilo que Condorcet chama de *língua científica*.

Escrita alfabética e imprensa são, ao mesmo tempo, *meios de conhecimento* e meios de *fixar os conhecimentos adquiridos*. De dominá-los e fazê-los progredir.

Cf. imprensa: "duplica as forças do gênio" (pp. 117 e 119) e, sobretudo, torna o "esclarecimento (...) objeto de comércio ativo e universal" (p. 117), *difunde o esclarecimento* entre o povo (economiza tempo, esforço, torna "a marcha do espírito humano mais rápida, segura e fácil" (p. 119), possibilitando combater os erros e as superstições, vencê-los. Possibilita falar em linguagem adequada a todas as diferentes classes de seres humanos (pp. 118-9).

Enfim *liberta a razão*: "Por acaso a imprensa não terá libertado a instrução do povo de todos os grilhões políticos e religiosos?" Seja qual for o grau de opressão política e intelectual, "a imprensa pode difundir uma luz independente e pura (...) basta que exista um canto de terra livre, onde o prelo possa com ela encher suas folhas..." (pp. 119-20).

Cf. esse tema da *publicidade* fundamental no século XVIII. Kant vê nela a solução do problema político. Cf. século XIX o jovem Marx e a liberdade da imprensa.

Mas essas descobertas técnicas estão a serviço da descoberta da *verdade*, pois, decididamente, tudo depende "mais da pureza das luzes do que de sua extensão" (p. 26).

Fé otimista no progresso da civilização: a passagem para a civilização "(...) não é uma degeneração da espécie humana, mas uma crise necessária em sua marcha gradual para o aperfeiçoamento absoluto. Ver-se-á que não foi o crescimento do esclarecimento, mas sua decadência, que produziu os vícios dos povos civilizados e que, ao invés de corromper os seres humanos, o esclarecimento os abrandou quando não pôde corrigi-los ou modificá-los" (p. 26).

b. Luzes e erro

Mas apenas um lado: como nasce o outro lado? Origem do erro?

Duas teorias (cf. Condorcet e em geral século XVIII):

1) *uma teoria antropológica – Psicologia do erro*: "encontrar a origem <do erro> na marcha natural do espírito humano" (p. 55).

Mas essa teoria psicológica abrange uma *teoria filosófica* racionalista. No fundo, *teoria negativa do erro*: o erro não passa de *ignorância*: "Todos os erros em política e moral têm por base erros filosóficos que, por sua vez, estão vinculados a erros físicos. Não existe sistema religioso nem extravagância sobrenatural que não esteja baseado na *ignorância das leis da natureza*" (pp. 191-2).

De que modo essa *ignorância* pode apresentar-se como *ciência*?

Teoria psicológica: por efeito da perversão *psicológica do homem* que acredita saber o que ignora: efeito da infância, da fraqueza da alma, do mau uso das palavras (p. 156), do interesse (pp. 166, 179, 182), orgulho (terror e esperança p. 118).

Teoria psicológica e nominalista do *erro*.

2) *uma teoria religiosa e política do erro*

Cf. Condorcet (a teoria mais conseqüente).

Cf. o início da ciência = o excedente de produção permite que *uma classe* deixe de trabalhar, podendo meditar e constituir as primeiras observações científicas.

Cf. pp. 18-9 *ler o texto por inteiro*[28].

Desde a origem vê-se *a verdade* ligada a condições sociais, a uma *instituição* que produziria seu contrário.

"*Uma instituição* que exerceu influências opostas sobre sua <do espírito humano> marcha, acelerando o progresso do esclarecimento, ao mesmo tempo que disseminava o erro..." (p. 18).

Essa instituição: "separação da espécie humana em duas porções":

a) "uma destinada a ensinar..., "ocultando orgulhosamente o que se gaba de saber, "querendo

28. Trata-se do seguinte trecho: "Mas essa mesma época também nos apresenta um fato importante na história do espírito humano. Nela se podem observar os primeiros vestígios de uma instituição que exerceu influências opostas sobre sua marcha, acelerando o progresso do esclarecimento e, ao mesmo tempo, disseminando o erro; enriquecendo as ciências com verdades novas, mas precipitando o povo na ignorância e na servidão religiosa; compensando alguns benefícios passageiros com uma longa e vergonhosa tirania. Refiro-me à formação de uma classe depositária dos princípios das ciências ou das técnicas das artes, dos mistérios ou das cerimônias da religião, das práticas da superstição e, freqüentemente até, dos segredos da legislação e da política. Refiro-me à separação da espécie humana em duas porções: uma destinada a ensinar, outra feita para *crer;* uma que oculta, orgulhosamente, aquilo que tem orgulho de saber, outra que recebe com respeito aquilo que a primeira se digna revelar-lhe; uma que quer alçar-se acima da razão, outra que renuncia humildemente à sua e se põe abaixo da humanidade, ao reconhecerem em outros homens prerrogativas superiores à natureza que é comum a todos."

alçar-se acima da razão" (p. 18), "impostores" (p. 19);

b) "a outra, feita para crer", "recebendo com respeito o que a primeira se digna revelar-lhe", pondo-se abaixo da humanidade ao reconhecer em outros homens prerrogativas superiores à natureza que é comum a todos" (p. 18).

Essa distinção é universal: no selvagem como no século XVIII: "nossos padres ainda nos oferecem os restos [disso]" (p. 18).

"Ela é geral demais, é encontrada com constância demais em todas as épocas da civilização para que não tenha um fundamento na própria natureza" (p. 19).

Que conseqüências são acarretadas por essa divisão dos homens em duas classes?

1) O que impulsiona a classe dos sacerdotes é o *poder, o interesse*. "O objetivo deles não era esclarecer, mas dominar" (p. 41); "os progressos das ciências, para eles, não passavam de objetivo secundário, de meio de perpetuar ou ampliar o poder" (p. 40).

O objetivo da classe dos doutos, portanto, é *dominação política* (isso é reconhecer, implicitamente, a virtude da ciência, seu poder como fonte de poder).

2) *Nascimento da religião*: de fato, o poder da classe dos doutos só se mantém graças ao segredo. A própria eficácia da verdade obriga à sua dissimulação, para que seus efeitos sejam reservados a seus possuidores.

Toda uma lógica: *para conservar a verdade, é preciso ensinar o erro.*

Duas doutrinas: "portanto, eles tiveram duas doutrinas, uma para si mesmos, outra para o povo..." (p. 41).

"Não só não comunicavam ao povo todos os seus conhecimentos, como corrompiam com erros os conhecimentos que se dignavam revelar-lhe; não lhe ensinavam o que acreditavam ser verdadeiro, mas o que lhes era útil" (p. 41).

"Sistema de hipocrisia geral"

"Todas as ordens inferiores eram, ao mesmo tempo, enganadoras e enganadas; e o sistema de hipocrisia só se expunha por inteiro aos olhos de alguns adeptos" (p. 41).

Papel das línguas nessa doutrina dupla: "os homens de duas doutrinas, guardando para si a antiga língua, ou a de outro povo, asseguravam também a vantagem de possuir uma linguagem entendida apenas por eles" (p. 41).

Cf. *idem* p. 139[29]

---

29. "Mostraremos que, sendo impossível fazer do latim uma língua vulgar, comum a toda a Europa, a manutenção do costume de escrever em latim acerca das ciências teve uma utilidade apenas passageira para aqueles que as cultivam; que a existência de uma espécie de língua científica, a mesma para todas as nações, enquanto o povo de cada uma delas falasse língua diferente, teria separado os homens em duas classes, perpetuado preconceitos e erros no povo, criado um obstáculo eterno para a verdadeira igualdade, para um uso igual da mesma razão, para um conhecimento igual das verdades necessárias; e, detendo assim os progressos da massa da espécie humana, teria acabado, como no Oriente, por dar fim aos próprios progressos das ciências. Durante muito tempo só houve instrução nas igrejas e nos claustros. As universidades também foram dominadas pelos sacerdotes. Obrigados a abdicar em favor do governo de uma parte de sua influência, eles a mantiveram integralmente no ensino geral e primordial; no ensino que encerra os esclarecimentos necessários a todas as profissões comuns, a todas as classes de indivíduos, ensino que, apoderando-se da infância e da juventude, modela a seu bel-prazer a inteligência maleável, a alma hesitante e fácil. Deixaram para o poder secular apenas o direito de dirigir os estudos de jurisprudência, medicina, o aprofundamento das ciências, da literatura, das línguas eruditas; escolas menos numerosas, para as quais só eram enviados homens já afeiçoados ao jugo sacerdotal."

A necessidade de substituir a verdade por seu sucedâneo: a transcendência divina de sua origem – "Eles não lhe <ao povo> mostravam nada sem que misturassem algo de sobrenatural, sagrado, celeste, que tendesse apresentá-los como superiores à humanidade, como pessoas revestidas de caráter divino, que receberam do próprio céu conhecimentos vedados ao restante dos homens" (p. 41) – encorajada pelo uso pervertido das línguas por parte da classe dos doutos (cf. p. 42).

Os sacerdotes conservam a língua antiga = língua alegórica. O povo já não consegue conhecer seu sentido:

"Ele ouvia fábulas absurdas, quando as mesmas expressões, para o espírito dos sacerdotes, representavam uma verdade muito simples (...) O povo via homens, animais e monstros onde os sacerdotes haviam desejado representar uma filosofia astronômica, um dos fatos da história do ano" (p. 42).

Assim, os sacerdotes haviam criado para si uma filosofia da natureza. Esse sistema, "expressando para eles... essas verdades naturais" na linguagem deles, "apresentava aos olhos do povo o sistema da mais extravagante mitologia, <tornava-se> para ele fundamento[30] das crenças mais absurdas, dos cultos mais insensatos..."

"Essa é a origem de quase todas as religiões conhecidas" (p. 43).

Portanto, tese de Condorcet: *origem da religião*

a) destinada a consagrar *o poder da classe dos doutos e dos sacerdotes,* é forjada por eles para uso do povo. Cf. Sócrates condenado à morte: "A hipocrisia acusada apressou-se... a acusar os filósofos de impiedade peran-

30. Althusser escreveu "sistema" por engano.

te os deuses, para que eles não tivessem tempo de ensinar aos povos que aqueles deuses eram obra de seus sacerdotes..." (p. 52).

Religião = invenção da classe dos doutos e dos sacerdotes para consagrar sua dominação e seu poder sobre o povo.

Os sacerdotes, portanto, forjam *erros* para os homens.

b) mas os homens do povo fazem-se cegos quanto ao conteúdo das teorias da classe dos sacerdotes = vêem *mitologia* onde se encontra o início de *uma verdadeira filosofia da natureza* porque não compreendem o sentido real *das teorias dos sacerdotes doutos* e tomam por verdades sobrenaturais o que não passa de verdade natural.

(eco em Condorcet da teoria de Fontenelle[31] sobre a origem etiológica dos mitos).

(Ver mais de perto esse tema: poder da ciência seu mascaramento como mito.)

Mas o que o povo não compreende – ou o que os sacerdotes guardam para si, pela prática da dupla doutrina, é realmente uma *verdade científica*: os sacerdotes que exploram a verdade a conhecem: são *os verdadeiros ancestrais dos enciclopedistas.*

c) mas são mentirosos que acabam enredados no jogo de sua própria mentira.

Cf. p. 44: *contradição* entre a *procura da verdade e o interesse de enganar* faz os sacerdotes deixar de sentir o gosto e a necessidade da verdade.

"Homens cujo interesse era enganar devem ter bem cedo perdido o gosto pela busca da verdade" (p. 44).

---

31. Fontenelle, *Da origem das fábulas.*

Depois de conquistarem a docilidade dos povos, eles passam a viver do passado e das fábulas – seus *artifícios* se voltam contra eles; eles mesmos passam a ser vítimas de seus próprios meios: acabam por não compreender mais o que querem dizer:

"Pouco a pouco, eles mesmos esqueceram uma parte das verdades ocultas sob suas alegorias (...) e acabaram por ser enganados por suas próprias fábulas. A partir daí, cessou todo progresso nas ciências" (p. 44).

3) a última conseqüência dessa perversão inicial do uso da verdade foi a criação das condições da tirania política – a religião, a superstição criada pela classe dos doutos-sacerdotes para sua própria dominação política serviu para produzir, desenvolver e manter as condições de toda dominação política na seqüência da história humana.

"Todas as vezes que se esforça por submeter a massa de um povo à vontade de uma de suas parcelas, a tirania tem, como um dos seus instrumentos, os preconceitos e a ignorância de suas vítimas..." (p. 96).

Cf. *feudalismo da Idade Média.*

Cf. preconceitos e absurdos das leis: "Na verdade, elas apenas consagram os direitos das classes opressoras, sendo assim um ultraje a mais aos direitos dos homens..." (p. 95).

"A ignorância dos séculos grosseiros" é a causa da desumanidade da legislação penal: os homens punidos "*segundo a dignidade ou o nascimento*" (p. 95).

Cf. juízo de Deus etc.

Tudo se baseia no preconceito da *desigualdade entre os homens.* O "*último termo*" desse preconceito é torná-lo *natural,* é dar ao erro e ao preconceito o corpo da *própria natureza.*

Cf. p. 96: "O *último termo* de suas esperanças <da tirania>, o termo que ela raramente pode atingir, é estabelecer entre senhores e escravos uma diferença real que, de alguma maneira, torna a própria natureza cúmplice da desigualdade política."

Dois exemplos:

a) antigos sacerdotes orientais, reis, juízes, astrônomos, agrônomos, advogados (?), médicos.

Sua diferença *de natureza* em relação aos outros homens provém da "posse exclusiva das faculdades intelectuais" (p. 97).

b) *os feudais*: "cobertos de armas impenetráveis, só combatendo sobre cavalos invulneráveis, como eles" (p. 97).

"Podiam oprimir impunemente e matar sem riscos o homem do povo..."

A armadura nova natureza do homem.

Homem armado – homem não armado: "assim, a igualdade da natureza desaparecera perante essa desigualdade factícia das forças físicas" (p. 97).

O paradoxo dessa teoria de Condorcet é apresentar essa *desigualdade* "factícia" (ou seja, artificial), inscrita no poder real do homem, como resultado, "último termo" da tirania, como último efeito dos preconceitos e do erro, e não como *a causa da própria tirania.*

Cf. o problema da pólvora (p. 112) (comparar com Montesquieu, *Cartas persas,* Carta 105).

Invenção pólvora:

a) "afastando os combatentes", as armas de fogo "tornaram a guerra menos mortífera, e os guerreiros, menos ferozes" (p. 112).

(Cf. Hegel) Arma de fogo elemento de universalidade (não se sabe quem se mata – não se visa determinado homem, mas o adversário abstrato...).

"As grandes conquistas e as revoluções que as seguem tornaram-se quase impossíveis..." (p. 112).

b) "Essa superioridade, dada à nobreza sobre o povo por uma armadura de ferro e pela arte de montar um cavalo quase invulnerável (...) acabou por desaparecer totalmente; e a destruição desse último obstáculo à liberdade do homem, à igualdade real é devida a uma invenção que, à primeira vista, parecia ameaçar de aniquilamento a raça humana" (p. 112).

Cf. Montesquieu *Cartas persas* (Carta 105):

"... a invenção das bombas, tão-somente, destruiu a liberdade de todos os povos da Europa. Os príncipes, não podendo mais confiar a guarda das praças-fortes aos burgueses, que na primeira bomba se renderiam, tiveram pretexto para sustentar grandes tropas regulares, com as quais passaram a oprimir os súditos. Sabes que, desde a invenção da pólvora, já não existem praças-fortes inexpugnáveis, ou seja, Usbek, já não existe asilo na Terra contra a injustiça e a violência".

Em outras palavras, Montesquieu e Condorcet estão de acordo em um ponto: a invenção da pólvora destruiu o feudalismo. Mas para Montesquieu = *fim da liberdade* e início do despotismo régio; para Condorcet: fim da desigualdade e início da liberdade humana.

<retomar em conclusão = duas teorias do erro – mas a segunda remete ao primeiro erro = *ignorância*>

c. "Reforma do entendimento"

A história, portanto, é o teatro de um combate entre a razão e o erro, entre o esclarecimento e a ignorância – e, com seu desenvolvimento, ela leva ao *triunfo da razão.*

Isso, pois, é reconhecer, através das artes e de todas as mediações da atividade humana, que a consciência da verdade, o esclarecimento, possuem essa eficácia própria e determinante no curso da história.

Luz = *Aufklärung* = luz da verdade, esclarecimento... dissipação do erro, expulso pela verdade, tal como a noite pelo dia.

Como todo o mal da história se deve ao erro em todas as suas diferentes formas, basta dissipar o erro *com a presença da verdade.*

Cf. p. 192: não há erro algum "que não *se alicerce* na ignorância das leis da natureza".

A comparação entre a verdade e os erros preconcebidos destrói os erros: "esse segredo, quando descoberto, torna pronta e certa a destruição deles" (p. 192).

– *Exemplo*: *a escravidão* dos gregos: baseia-se na concepção da desigualdade dos homens: "porque eles não se tinham elevado até o conhecimento daqueles direitos inerentes à espécie humana e pertencentes a todos os homens com inteira igualdade".

Em contrapartida, a revolução francesa tem origem numa *revolução intelectual,* a revolução do conhecimento dos "verdadeiros direitos do homem" (p. 149).

"Assim, assiste-se ao desaparecimento, diante de princípios tão simples, daquelas idéias de contrato entre um povo e seus magistrados (...) Assim, todos se viram obrigados a renunciar àquela política astuciosa e falsa que, esquecida de que todos os homens recebem direitos iguais de sua própria natureza, queria (...) dividir <com desigualdade> esses mesmos direitos entre diversas classes de homens, atribuindo ao nascimento, à riqueza..." (p. 151).

"Assim, já não se ousou dividir os homens em duas raças diferentes, uma destinada a governar, outra a obedecer..."

"esses princípios passavam aos poucos das obras dos filósofos para todas as classes da sociedade nas quais a instrução ia um pouco mais além do catecismo..." (p. 164).

Contradição entre a opinião esclarecida e legítima, ou seja, entre verdade e erro:

"Comparando-se a disposição dos espíritos, cujo esboço tracei acima, com esse sistema político dos governos, podia-se facilmente prever que era infalível uma grande revolução..." (p. 168).

Mas duas soluções: "ou o próprio povo precisava estabelecer esses princípios da razão e da natureza, que a filosofia soubera ensinar-lhe a valorizar; ou os governos precisavam apressar-se para prevenir e acertar o passo com a marcha de suas opiniões".

Duas revoluções possíveis:

– pelo povo = revolução violenta
– pelo governo *esclarecido* = mais branda

"A corrupção e a ignorância dos governos preferiram o primeiro meio; e o triunfo rápido da razão e da liberdade vingou o gênero humano" (p. 168).

Essas teses de Condorcet são reveladoras:

1) *Em direito a contradição verdade-erro* não passa de falsa contradição, uma contradição da ignorância[32], e é por isso que a contradição política entre injustiça, desigualdade, despotismo (político) e verdade deve poder resolver-se pelo simples uso do conhecimento – tese prin-

32. À margem, com uma caligrafia que não é de Althusser: "e do conhecimento".

cipal de todo o século XVIII: basta esclarecer o poder para que ele deixe de ser vítima de seus preconceitos (...) teoria do despotismo "esclarecido" – esclareçamos o déspota, e ele se reformará espontaneamente; reformemos o entendimento do príncipe, e tudo irá bem.

(Cf. Voltaire, Diderot, Helvétius etc.)

O grande problema: o do legislador filósofo, não filósofo por acaso [...][33] milagre, mas pela própria virtude da verdade e de sua evidência.

(Fundo de todo o pensamento do Iluminismo – utopia da reforma do entendimento.)

2) Na verdade, essa contradição não se dissipou, e foi preciso a intervenção violenta do povo: essa intervenção não era necessária de direito. Foi necessária de fato devido a um acidente da história: a resistência do governo à evidência da verdade – resistência puramente irracional.

Percebe-se, pois, que Condorcet retoma aqui sua hesitação entre duas teorias do erro, mas, apesar da evidência dos fatos, fica fiel à ideologia da *reforma do entendimento.*

É a essa teoria básica que devemos relacionar, para compreender, a importância que ele e seus contemporâneos atribuíam à *educação*: educar os homens é destruir neles o erro e dar-lhes a verdade – apenas com sua força, a verdade reformará o mundo.

*

A teoria de Condorcet nos apresenta um exemplo característico e puro da concepção racionalista da história, típica do século XVIII (Iluminismo).

---

33. Trecho em branco no texto datilografado.

Essa concepção tem duas vantagens sobre *as teorias anteriores*:

Conteúdo	1) integrar o conjunto das manifestações da atividade humana (economia, indústria, artes, religião, filosofia);
Método	2) formular e responder explicitamente o problema da *causalidade histórica*: depreendendo do desenvolvimento histórico um elemento fundamental como a razão (portanto, praticando um método de abstração científica);
	3) desenvolver o desenvolvimento histórico como uma *luta*, uma *contradição* (entre a verdade e a superstição).

Mas esses elementos positivos (conteúdo, método) são comprometidos pelos princípios filosóficos de *racionalismo idealista e mecanicista* que animam essa teoria.

1) De fato, *o motor da história*, elemento determinante em última análise, é a verdade, a razão ou, mais precisamente, a tomada de *consciência da razão:* o resultado da história e seu princípio são, pois, um único e mesmo elemento: *o desenvolvimento da consciência.* Cf. sucessores de Condorcet (Comte, Brunschvicg), a história é apenas história do progresso da consciência, ou seja, em definitivo, *não a história de um conteúdo, mas a história de sua forma de consciência* – o que implica a *permanência do conteúdo...* donde o paradoxo dessa história, dessa concepção do progresso: *a concepção racionalista da história em Condorcet é na verdade a afirmação da não-historicidade, do não-desenvolvimento de seu conteúdo, a tese da eternidade de seu conteúdo racional*:

"a análise de nossos sentimentos nos leva a descobrir (...) o fundamento das verdades gerais que, resultando dessas idéias, determinam as leis imutáveis e necessárias do justo e do injusto..." (p. 156).

É por isso que Condorcet pode afirmar que a metafísica e a história têm o mesmo conteúdo: o que quer dizer: *a metafísica é a verdade da história.* Os princípios iniciais já contêm toda a razão que a história só faz descobrir.

2) *Essa teoria acarreta uma concepção mecanicista e linear do progresso.* O progresso, de fato, nada mais é que o *desenvolvimento de nossas faculdades,* o desenvolvimento de uma razão *dada primeiramente* [*em*][34] *seu conteúdo, antes de ser dada em sua forma.*

Donde o paradoxo de uma história que *não cria nada,* mas apenas *desenvolve e comenta seus próprios princípios imanentes,* que nas suas revoluções mais violentas apenas volta às suas origens e fica em seu próprio elemento – ou seja, a concepção de uma história não dialética.

Desenvolvimento concebido como *acumulação na linha de um desenvolvimento contínuo.*

3) Essa anterioridade filosófica da verdade, essa redução da filosofia à metafísica enseja uma concepção idealista do *juízo histórico.*

Julgar não é confrontar o conteúdo, a verdade de um período, com suas condições de existência (cf. Pascal), mas confrontar uma realidade histórica com a verdade metafísica, com *uma razão e uma natureza humana intemporais* – divisão maniqueísta da história entre o bem e mal, entre racional e irracional, entre esclarecimento e superstição e erro.

---

34. O texto datilografado contém "de", em vez de "em".

4) O que representa essa *teoria do juízo histórico?* O protótipo da filosofia idealista da história. Quando Condorcet põe *na origem* da história os princípios da razão, da natureza humana, *na realidade está projetando na origem da história o conteúdo de sua própria autoconsciência histórica*: ou seja, a consciência que ele toma do resultado da história em seu tempo.

Em outras palavras, *o resultado do desenvolvimento da história na consciência do filósofo substitui o processo real da história.* Cf. Marx:

"A razão principal disso é que o indivíduo médio do período posterior é sempre posto no lugar do indivíduo do período anterior, e a consciência ulterior é posta no lugar dos indivíduos anteriores. Com essa inversão que, de saída, faz abstração das condições reais, era possível transformar toda a história num processo de desenvolvimento da consciência..." (*Philosophie* VI, p. 244)[35].

Portanto, Condorcet projeta na história *sua própria consciência* do triunfo da razão, do *papel determinante da verdade.* Na realidade, essa mesma consciência é consciência histórica e, para compreender isso, é preciso relacioná-la com *suas próprias condições de existência;* mas isso é abster-se de torná-la juiz da história, e é reconhecer que o juízo da história, inclusive de sua própria consciência, está em suas condições determinadas de existência.

Mas para atingir esse ponto na problemática da história era preciso constituir uma teoria das *condições de existência* da verdade histórica.

---

35. Trata-se da *Ideologia alemã*, citada na tradução francesa de Jules Molitor, *in* Karl Marx, *Oeuvres philosophiques*, t. VI, org. Alfred Costes, a edição francesa mais completa das obras de Marx na época desse curso.

D. Helvétius[36]

O representante mais puro do *utilitarismo* do século XVIII e, mais geralmente, o exemplo mais impressionante de *inversão dos valores* realizada pelo século XVIII a partir dos temas do século XVII.

Vimos que no século XVII nasceram conceitos históricos a partir de uma reflexão *cética* e *pessimista* sobre a natureza do homem. Dois temas fundamentais:

- *pirronismo*: tendo como fundo e conteúdo a infinita diversidade dos usos e costumes humanos;
- *pessimismo moral*: apresentava a descrição teórica da natureza humana decaída, privada da concordância entre natureza e bem – tema da *perversão* humana, que submete toda a ação humana à lei da paixão e do interesse.

Cf. Pascal, La Rochefoucauld etc.

Mas esses temas do século XVII servem para justificar uma *teoria pessimista* da natureza humana e sua contrapartida: uma teoria da conversão religiosa.

No século XVIII inversão:

1) *O ceticismo* histórico torna-se primeiramente

– *crítico (Bayle)* <ou seja, ele serve de argumento para uma crítica às verdades estabelecidas, não para justificar o abandono da razão, mas para destruir a desrazão existente>.

– *depois positivo*: a diversidade histórica já não é o argumento da não-racionalidade da história humana, mas torna-se *o próprio objeto da intelecção histórica* (cf.

36. No texto datilografado de Althusser, o capítulo sobre Helvétius é de número "V".

Montesquieu e todo o século XVIII – seja por uma teoria da diversidade, seja por meio do clima, seja pela verdade e o erro).

2) Do mesmo modo, *o pessimismo moral* deixa de ser puramente apologético para tornar-se um argumento *positivo*, uma *razão positiva* que permite não só entender a conduta humana, mas também a sua concretização.

A teoria *negativa e religiosa* da ação humana é substituída no século XVIII por uma teoria positiva da ação humana que retoma a análise *pessimista* e inverte o seu sentido.

Os termos permanecem os mesmos, mas o sinal muda: o interesse e o amor-próprio continuam sendo a principal motivação da ação humana, mas, em vez de serem a motivação negativa e deplorável, tornam-se a motivação *positiva e benéfica.*

Helvétius é o filósofo que levou *mais longe essa inversão* radical e transformou o pessimismo *do interesse* no *otimismo do interesse,* combinando essa inversão com a inversão do ceticismo; ou seja, tentou a exposição sistemática de uma filosofia do interesse que não só explique a unidade da ação humana a partir do interesse, mas também a *diversidade da história humana* a partir do interesse.

<nesse sentido, filósofo interessante e (quase) isolado em seu século pelo aspecto radical de sua concepção = forma radical do *materialismo moral no século XVIII*>

donde, em Helvétius, duas teorias fundamentais:

1) uma teoria universal do interesse (*unidade*);

2) uma *dialética* do indivíduo e do meio (que possibilita explicar a diversidade da história humana).

O que enseja e dirige:

3) *sua concepção da política e sua concepção de reforma política.*

*

1. Teoria universal do interesse

a. realismo de Helvétius

"Foi dos fatos que remontei às causas. Acreditei dever tratar a moral como todas as outras ciências e fazer uma moral como uma física experimental", *Esprit*, Prefácio, p. 13[37].

respeito aos fatos:

– *"é preciso considerar os homens como eles são"* (I, 4, p. 45).

– *"Irritar-se com os efeitos de seu amor-próprio é queixar-se do aguaceiro da primavera, do calor do verão, das chuvas do outono e da neve do inverno"* (*ibid.*).

– *"O homem inteligente sabe que os seres humanos são o que devem ser; que todo ódio contra eles é injusto; que um tolo produz tolices assim como uma árvore silvestre produz frutos amargos; que insultá-lo é o mesmo que reprovar o carvalho por produzir glandes e não azeitonas"* (II, 10, p. 105).

---

37. De preferência à edição à qual Althusser se refere, difícil de encontrar, citamos *De l'esprit* de Helvétius na coleção "Marabout Université", Éditions Gérard & Cie, com apresentação de François Châtelet.

b. considerar os homens como eles são = recusar qualquer *teoria moral* sobre o homem

Crítica da moral (falsa)

Helvétius denuncia como vãs e impostoras as *imprecações dos moralistas contra os vícios: o moralista denuncia os vícios porque não os compreende.*

O moralista declamador e denunciador (cf. II, 5, p. 75, nota: as declamações dos moralistas e os fatos)[38]:

1) está "apaixonado por uma falsa idéia de perfeição" (II, 16, p. 141);
2) e substitui a compreensão pela *"injúria"* (II, 15, p. 139);
3) denuncia "os efeitos sem remontar às causas", "rejeita os efeitos dos princípios que admite"[39] (II, 15, p. 135);
4) é por ser essencialmente hipócrita (II, 16[40]) que ele é *"animado pelo interesse pessoal"*[41] (II, 15, p. 139);
5) é por isso que "a maioria dos moralistas não serviu até agora de ajuda alguma para a humanidade" (II, 22, p. 182).

---

38. "As declamações contínuas dos moralistas contra a maldade dos homens provam o pouco conhecimento que têm sobre estes. Os homens não são malvados, mas estão submetidos a seus interesses. A grita dos moralistas certamente não mudará essa motivação do universo moral. Portanto, não é da maldade humana que cabe queixar-se, mas da ignorância dos legisladores, que sempre puseram o interesse particular em oposição ao interesse geral. Se os citas eram mais virtuosos que nós, foi porque sua legislação e sua vida lhes inspiravam mais probidade."

39. "Querer destruir vícios vinculados à legislação de um povo, sem nada mudar nessa legislação... é rejeitar as conseqüências justas dos princípios admitidos."

40. O capítulo intitula-se "Dos moralistas hipócritas".

41. "Entre os moralistas... existem muitos que, no estudo da moral e nos retratos que fazem dos vícios, são animados apenas por interesses pessoais e ódios particulares."

O erro fundamental do moralista = julgar e condenar os homens segundo princípios inspirados por um interesse pessoal que ele apresenta como ideal dos homens – portanto é não entender que *"os homens são aquilo que devem ser"*, não entender *a necessidade* dos efeitos que denuncia, é não entender a necessidade dos efeitos em sua causa.

– *Exemplo*: *as cortesãs* (II, 15, p. 137)

– condenadas pelo moralista

– compreendidas pelo filósofo: *"examine-se politicamente a conduta das cortesãs..."* e será possível compreender sua necessidade.

Essa necessidade fundamental: *o interesse.*

c. o que supõe toda uma teoria da natureza humana

"Parece que, no universo moral assim como no físico, Deus pôs um único princípio em tudo o que foi. Aquilo que é e aquilo que será não passam de desenvolvimento necessário" (III, 9, p. 259).

"Ele disse à matéria: Eu te doto de força..." e as combinações do mundo se desenvolvem...

"Parece que também disse ao homem: Eu te doto de sensibilidade; é por meio dela que... deves cumprir meus desígnios, sem saberes."

No entanto, assim como a força se soma à matéria, a *sensibilidade* moral se soma a uma matéria: a *"sensibilidade física"* (Helvétius joga com a mesma palavra para designar duas coisas: sensação e sentimento).

1) "sensibilidade física"

"tudo se reduz a sentir" (I, 1, p. 24)

"potência passiva" (I, 1, p. 19)

Há no homem duas faculdades: "ouso dizer duas potências passivas" (I, 1).

Cf. ficha (*Esprit* 1 e 2)

Homem e animal são diferentes na organização.

Cf. macacos: "Visto que a disposição... de seu corpo os mantém, como as crianças, num movimento perpétuo, mesmo depois que suas necessidades são satisfeitas, os macacos não são passíveis de *tédio*, que deve ser visto... como um dos princípios... da perfectibilidade do espírito humano" (I, 1, p. 20).

Memória e juízo se reduzem à sensação "faculdade de sentir".

2) mas essa *"sensibilidade física"* é apenas *passiva:* ela é movida pela "sensibilidade moral".

Cf. (Deus) III, 9, p. 259: "ponho-te sob a guarda do prazer e da dor, ambos vigiarão teus pensamentos, tuas ações; em ti engendrarão paixões, excitarão aversões, amizades, afeições, esperanças; te desvendarão verdades, te mergulharão em erros".

Essa *"sensibilidade moral"* está submetida à *lei do interesse.* O vulgo restringe o interesse "apenas ao amor pelo dinheiro; ... tomo essa palavra num sentido mais extenso e a aplico geralmente a tudo o que pode nos propiciar prazeres ou subtrair a dores" (II, 1, p. 55).

Lei universal: "todos os homens são movidos pela mesma força... todos tendem igualmente à felicidade... cada um sempre obedece a seu interesse... Enquanto o universo físico está submetido às leis do movimento, o universo moral está submetido às leis do interesse" (II, 2, p. 60).

Primado do *interesse* (ou da *paixão*) = motor não só do mundo moral mas também do *mundo intelectual.*

As paixões são "a fonte de nossas luzes... só elas nos dão a força necessária para marchar..." (I, 2, p. 30); "fonte das artes"; "é às paixões que as ciências e as artes devem suas descobertas..." (III, 8, p. 257).

Elas são o "germe produtivo do espírito" (III, 6, p. 240).

"Todas sempre estão muito esclarecidas sobre o objeto de suas buscas... só elas podem às vezes perceber a causa dos efeitos que a ignorância atribui ao acaso..." (III, 7, p. 251).

"É o olho de águia das paixões que penetra no abismo tenebroso do futuro" (III, 7, p. 252).

Teoria *do gênio* oposto ao homem sensato: *o gênio é apaixonado.*

Paixão intermediária entre espírito e descobertas
- positivamente: *pela curiosidade* (atenção)
- negativamente pelo *tédio*: (III, 5, p. 237)

"O prazer e a dor, por conseguinte o interesse, devem, portanto, ser os inventores de todas as nossas idéias, e tudo deve, em geral, remeter-se a eles, pois o próprio tédio e a curiosidade muitas vezes são então incluídos nos nomes prazer e dor..." (carta a Hume)[42].

(Cf. os macacos não se entediam)

O homem ao contrário (inversão de Pascal).

"Essa necessidade de mexer-se e a espécie de inquietação que a ausência de impressão produz na alma contêm em parte o princípio da inconstância[43] e da perfectibilidade do espírito humano, que, forçando-o a agi-

42. Carta de Helvétius a Hume de 1.º de abril de 1759, citada em *Correspondance générale de Helvétius*, Toronto e Buffalo, University of Toronto Press, e Oxford, Voltaire Foundation, t. II, p. 248.

43. "Instância" no texto datilografado.

tar-se em todos os sentidos, deve, após a [revolução][44] de uma infinidade de séculos, inventar, aperfeiçoar as artes e as ciências..." (III, 5, p. 236).

portanto, *a própria inteligência* sob o domínio da paixão.

d. o reino da paixão – do interesse – do amor-próprio e suas *metamorfoses*

"Na terra, o interesse é o mais poderoso feiticeiro, que para os olhos das criaturas muda todos os objetos" (II, 2, p. 60)[45].

Idéia de Helvétius: o interesse (prazer) é a motivação fundamental *de todas as condutas humanas* (1) e de todos os *juízos de valor* (2) e das instituições sociais.

1) *de todas as condutas humanas,* mesmo as mais complexas ([...][46] do interesse).

Cf. III, 9, p. 258: há duas espécies de paixão: as paixões "imediatamente dadas pela natureza" e as que são devidas apenas ao "estabelecimento das sociedades"...

mas seu fundo é o mesmo: o interesse ou o *prazer físico.*

"Para saber qual dessas duas diferentes espécies de paixão produziu a outra, devemos transportar-nos em espírito aos primeiros dias do mundo: veremos a natureza advertir o homem de suas necessidades por meio da sede, da fome, do frio e do calor, e vincular uma infini-

44. O texto datilografado de Althusser contém aqui um espaço em branco no lugar da palavra "revolução".

45. Na verdade "Na terra, o interesse é o poderoso feiticeiro que para os olhos de todas as criaturas muda a forma de todos os objetos".

46. Trecho em branco no texto datilografado.

dade de prazeres e dores à satisfação ou à privação dessas necessidades" (III, 9, pp. 258-9).

Nesse estado não existem "inveja, avareza, ambição":

"Semelhantes paixões não nos são dadas imediatamente pela natureza; mas sua existência, que supõe a existência das sociedades, supõe também em nós o germe oculto dessas mesmas paixões..." (III, 9, p. 259).

"essas paixões factícias... nunca podem ser mais do que desenvolvimento da faculdade de sentir..." (III, 9, p. 259).

Cf. III, 9, p. 261: "Admitindo que nossas paixões têm originariamente fonte na sensibilidade física, poderíamos crer também que, no estado atual em que estão as nações civilizadas, essas paixões existem independentemente da causa que as produziu. Portanto, seguindo a metamorfose das dores e dos prazeres físicos em dores e prazeres factícios, mostrarei que em paixões como a avareza, a ambição, o orgulho e a amizade, cujo objeto parece o menos vinculado aos prazeres dos sentidos, é sempre a dor e o prazer físico que procuramos evitar ou obter."

– *Exemplo*: *avareza*:

"O avaro voluptuoso" (III, 10, p. 262) deseja as riquezas "como moeda de todos os prazeres ou como isenção de todas as dores ligadas à indigência" (III, 10, p. 263). Mas há outros avaros "que nunca trocam seu dinheiro por prazeres" – "contradição" surpreendente "que se encontra entre a conduta deles e os motivos que os fazem agir" (III, 10, p. 263). Esse avaro espécie de *"hipocondríaco"* que tem mais medo da possível indigência do que desejo de prazer.

Esse homem

"submetido a duas atrações diferentes" (III, 10, p. 264)

"sem renunciar ao prazer", "ficará provado que ele deve pelo menos postergar o gozo para o tempo em que, possuindo maiores riquezas, puder entregar-se por inteiro a seus prazeres presentes, sem medo do futuro..."

entrementes a idade chega, e a velhice aumenta o medo. O avaro não deixa de juntar dinheiro *temendo o gozo.*

"o medo excessivo e ridículo dos males associados à indigência é a causa da aparente contradição... entre a conduta de certos avaros e os motivos que os fazem agir" (II, 10, p. 264).

– *Exemplo*: *ambição*

Também aqui contradição *entre sua origem* (seus motivos): desejo de juntar riquezas, honrarias etc. em vista do prazer e sua *conduta*:

"mas dirão... todas as marcas de honra não produzem em nós nenhuma impressão física de prazer; portanto, ambição não se baseia nesse amor pelo prazer, mas no desejo de estima e respeito; logo, ela não é efeito da sensibilidade física" (III, 11, p. 265).

Em outras palavras: a ambição teria como móbil não o *prazer físico,* mas o *julgamento alheio* (luta de consciências?).

"o ambicioso não estaria mais cioso do respeito e da adoração dos homens?" (III, 11, p. 267).

Se assim fosse – diz Helvétius –, ao rico bastaria pagar lacaios em número suficiente para "render à sua vaidade um tributo de incenso e respeito".

Não é esse respeito que se deseja, mas o *respeito consentido.*

"Ninguém gosta do respeito como respeito, mas como uma confissão de inferioridade por parte das outras pessoas, como um penhor de sua disposição favorável para conosco e de sua solicitude em nos livrar de pesares e nos propiciar prazeres..." (III, 11, p. 267).

O mesmo ocorre com o *orgulho* (cf. III, 13)[47]:

"A conclusão desse capítulo é que só desejamos ser estimáveis para sermos estimados, e só desejamos a estima alheia para gozarmos os prazeres ligados a essa estima: o amor à estima, portanto, nada mais é que o amor disfarçado pelo prazer. Ora, só existem duas espécies de prazer: uns são os prazeres dos sentidos, e outros são os meios de adquirir tais prazeres; meios que foram arrolados entre os prazeres, porque a esperança de um prazer é um começo de prazer; prazer, porém, que só existe quando essa esperança pode realizar-se..." (III, 13, p. 279).

Percebe-se, pois, *a extensão* do termo prazer ou interesse em Helvétius. Não só o *prazer imediato,* mas seu meio = prazer. Esse *meio* "esperança de prazer" é prazer.

Por isso, o prazer e o interesse se disfarçam por trás de *seus meios.* É esse disfarce que constitui o paradoxo dos prazeres factícios. Mas esse meio serve, decididamente, à finalidade profunda e oculta do interesse.

No entanto, esse mesmo *disfarce* pode iludir o homem: cf. o avaro e o ambicioso, que acabam por tomar *o meio pelo fim.*

(Há, pois, uma *dinâmica* do interesse – e uma *profundidade* do interesse que não se reduz a seu princípio imediato, mas supõe toda uma *mediação exterior.*)

2) *Interesse, móbil de todos os juízos de valor* (*sociologia do interesse*)

II, 1, p. 56: "Em todos os tempos, em todos os lugares, tanto em matéria de moral quanto em matéria de intelecto, é o interesse pessoal que dita o juízo dos indivíduos, e o interesse geral que dita o juízo das nações."

47. O capítulo 13 intitula-se "Do orgulho".

Helvétius examina essa lei do ponto de vista
(ações) – e instituições – dos juízos estimativos
(idéias) dos juízos morais
no que se refere ao indivíduo, às sociedades particulares, às nações, ao universo (?).

Na verdade, a teoria de Helvétius se estende bem além de uma simples teoria da moral. É uma teoria do juízo, dos costumes, das leis e das artes.

a) *do ponto de vista do indivíduo*:

No indivíduo, o interesse é juiz do *bem*, do mal e da estima que se tem por outrem.

"o interesse é o único juiz da probidade" (II, 1, p. 56).

"cada indivíduo só chama de probidade em outrem o hábito de realizar ações que lhe sejam úteis..." (II, 2, p. 57).

"Donde a injustiça de todos os nossos juízos" morais "e os nomes justo e injusto atribuídos à mesma ação, relativamente à vantagem[48] que cada um dela recebe" (II, 2, p. 60).

Portanto, nessa perspectiva imediata, Helvétius tem razão em dizer que, em si, as ações são *"indiferentes"*: todo o seu valor moral só provém do *interesse* que as julga em nós.

O mesmo ocorre no campo *espiritual*: sempre estimamos o outro na proporção de sua *utilidade* para nós, nosso próprio interesse decide o valor que reconhecemos em outrem.

Cf...

"Em termos de costumes, opiniões e idéias, pois, parece que nos outros sempre estimamos a nós mesmos" (II, 3, p. 64).

48. "à vantagem ou à desvantagem", no livro de Helvétius.

"Temos... tanta ... necessidade de nos estimar mais do que aos outros, que o maior homem em cada arte é aquele que cada artista vê como o primeiro depois de si mesmo..." (II, 4, p. 74).

Nisso, portanto, o fundo de nosso juízo sobre as ações ou os homens depende estritamente da *subjetividade de nosso interesse.* Reino universal: cf. *o carneiro e a relva.*

Interesse: "poderoso feiticeiro, que para os olhos das criaturas muda a forma de todos os objetos" (II, 2, p. 60).

"Aquele carneiro pacato, pastando em nossas planícies, não será objeto de susto e horror para os imperceptíveis insetos que vivem na espessura da relva que lhe serve de forragem?" (*cf. texto*)[49]

O ponto de vista:

– dos insetos sobre o carneiro, herbívoro: "monstro cruel"

– *da relva* [*sic*][50] sobre o leão e o tigre: *"animais benévolos"* que não os destroem... e os vingam dos carneiros.

---

49. *De l'esprit*, II, 2, p. 60: "Aquele carneiro pacato, pastando em nossas planícies, não será objeto de susto e horror para os imperceptíveis insetos que vivem na espessura da relva que lhe serve de forragem? 'Fujamos – dizem – desse animal voraz e cruel, desse monstro, dessa goela que nos engole e às nossas cidades. Por que não se mira no exemplo do leão e do tigre? Aqueles animais benévolos não destroem nossas habitações; não se banqueteiam de nosso sangue; justos vingadores do crime, punem o carneiro pelas crueldades que o carneiro comete contra nós.' É assim que os interesses diferentes metamorfoseiam os objetos: o leão, para nossos olhos, é um animal cruel; para os do inseto, cruel é o carneiro. Por isso, pode-se aplicar ao universo moral o que Leibniz dizia sobre o universo físico: que este mundo, sempre em movimento, apresenta a cada instante um fenômeno novo e diferente a cada um de seus habitantes."

50. Na realidade, ainda se trata do ponto de vista dos insetos.

"É assim que os interesses diferentes metamorfoseiam os objetos: o leão, para nossos olhos, é um animal cruel; para os do inseto, cruel é o carneiro" (II, 2, p. 60).

Mas essa concepção do *juízo moral* (sobre as ações, sobre os homens) apresenta um problema: *a ação e o homem* julgados são *"indiferentes"* apenas na perspectiva subjetiva do interesse do juiz – são "indiferentes" apenas como suporte do juízo do *interesse subjetivo* do juiz individual.

Mas em si mesmos eles não são indiferentes: são produzidos pelo *interesse do agente.*

Uma ação que julgo boa ou ruim por efeito de meu interesse subjetivo é produto e efeito de um interesse real: o *do agente que julgo.*

– *Exemplo*: *o humano e o desumano*:

"O homem humano é aquele para quem a visão da desgraça alheia é uma visão insuportável, e, para livrarse desse espetáculo, é por assim dizer obrigado a socorrer o infeliz. O homem desumano, ao contrário, é aquele para quem o espetáculo da miséria alheia é um espetáculo agradável: e, para prolongar seu prazer, ele nega qualquer socorro ao infeliz. No entanto, esses dois homens diferentes tendem ambos ao próprio prazer e são movidos pelo mesmo móbil" (II, 2, pp. 59-60, nota).

Estamos, portanto, diante de *uma contradição, de duas necessidades*:

1) a necessidade imanente *à ação* julgada: ela é indiferente, ela em si só é boa ou má porque efeito da necessidade do interesse do agente, que é seu o juiz natural;

2) a necessidade *imanente ao juízo,* que é a necessidade do interesse *do juiz* e qualifica moralmente as ações.

Então

– *ou*: conflito de interesses, cada um dos quais tomado em sua perspectiva subjetiva própria;

– *ou*: intelecção dessa necessidade universal, portanto dos próprios conflitos = o que supõe uma intelecção paradoxalmente *desprendida do interesse* ou animada por um interesse que é apenas o interesse *daquela intelecção* – mais o problema: essa intelecção dos *conflitos é solução deles? Problema em aberto.*

b) *do ponto de vista social* (sociologia do interesse). Muito mais interessante (cf. Helvétius)

aplicação do mesmo princípio: quer se considerem as sociedades particulares, quer as nações, é sempre *o interesse que dirige o juízo moral e a estima* da sociedade considerada.

– *Exemplo*:

(II, 11, p. 108): "O público" (aqui nação) "assim como as sociedades particulares, é, em seus juízos, unicamente determinado pelo motivo de seu interesse...; só atribui o nome de honestas, grandiosas ou heróicas às ações que lhe são úteis..."

Do mesmo modo, a estima dos homens é função da *utilidade da sociedade considerada*, portanto, o mesmo esquema.

Mas conseqüências mais interessantes.

Porque esse princípio do interesse permite que Helvétius perceba coisa bem diferente dos juízos: instituições, costumes e até o conteúdo da arte.

Cf. o capítulo 13 do Discurso II: "Da probidade em relação aos séculos e aos povos diversos." Helvétius *contra duas concepções* da moral:

1) "Uns afirmam que temos sobre a virtude uma idéia absoluta e independente dos séculos e dos governos diversos; que a virtude é sempre uma e sempre a mesma" (p. 118).

São *os platônicos*: "a virtude... outra coisa não é senão a idéia da ordem, da harmonia e de um belo essencial. Mas esse belo é um mistério".

2) *Os céticos*: "Os segundos, entre eles Montaigne, com armas de têmpera mais forte que raciocínios, ou seja, com fatos que atacam a opinião dos primeiros, mostram que uma ação virtuosa no Norte é viciosa no Sul, e disso concluem que a idéia de virtude é puramente arbitrária" (p. 118).

Ambos se enganam: "Aqueles por não terem consultado a história... estes, por não terem examinado com suficiente profundidade os fatos que a história apresenta..." (p. 118).

Para escapar ao erro, é preciso "considerar com atenção a história do mundo": aprofundar a história.

"Então eles teriam sentido que os séculos devem necessariamente trazer, no físico e no moral, revoluções que mudam a face dos impérios; que nas grandes viravoltas os interesses de um povo sempre passam por grandes mudanças; que as mesmas ações podem tornar-se-lhe sucessivamente úteis e nocivas e, por conseguinte, receber ora o nome de virtuosas, ora de viciosas" (p. 118).

Princípio novo: *a variação* do *interesse* de uma sociedade *na história (e no espaço)* permite explicar a diversidade dos juízos, das concepções e dos costumes.

Já não são a ignorância e a estupidez combinadas com a verdade, ou seja, o grau de erro, mas sim um princípio interno específico, o interesse de uma nação, que explica suas diferentes instituições. (Cf. Voltaire)

"É com base em fatos, ou seja, na loucura e na extravagância até agora inexplicáveis das leis e dos usos, que estabeleço a prova de minha opinião" (p. 119).

"Por mais estúpidos que consideremos os povos, é indubitável que, aclarados por seus interesses, eles não adotaram sem motivos os costumes ridículos que se encontram estabelecidos em alguns deles: a extravagância desses costumes decorre da diversidade dos interesses dos povos" (p. 119).

– *Exemplo*: a legislação espartana *sobre o roubo* (clichê do século XVIII)[51] "o que há de mais extravagante do que esse costume?".

"no entanto"... – leis de Licurgo?
– desprezo ao ouro e à prata

"o único roubo que poderia ser cometido era o de galinhas e verduras".

"semelhantes roubos serviam de treino aos lacedemônios no hábito da coragem e da vigilância".

Ora, Esparta precisa de coragem para defender-se dos hilotas e dos persas; "é inegável que o roubo, noci-

51. *De l'esprit*, II, 13, pp. 119-20: "O roubo era permitido em Esparta; só se punia a falta de habilidade do ladrão apanhado: o que pode haver de mais extravagante do que esse costume? No entanto, se lembrarmos as leis de Licurgo e o desprezo manifestado pelo ouro e pela prata, uma república onde as leis só punham em circulação uma moeda de ferro pesado e quebradiço, perceberemos que o único roubo que poderia ser cometido era o de galinhas e verduras. Sempre cometidos com habilidade, freqüentemente negados com firmeza, semelhantes roubos serviam de treino aos lacedemônios no hábito da coragem e da vigilância. A lei que permitia o roubo, portanto, podia ser muito útil àquele povo, que tanto precisava temer a traição dos hilotas quanto a ambição dos persas, podendo apenas contrapor aos atentados daqueles e aos exércitos imensos destes a muralha dessas duas virtudes. Portanto, é inegável que o roubo, nocivo a todos os povos ricos, mas útil a Esparta, devia ser lá honrado."

vo a todos os povos ricos, mas útil a Esparta, devia ser lá honrado".

– *Exemplo*: costume dos selvagens nômades, que, antes de partirem, mandam os velhos subirem em árvores, que são sacudidas...

"Nada parece à primeira vista mais abominável do que esse costume. Contudo, que surpresa quando, depois de remontarmos à sua origem, vemos que o selvagem considera a queda dos infelizes velhinhos como prova de sua incapacidade para suportar as canseiras da caçada" (p. 120):

economia de uma morte lenta e cruel.

"Aí está como um povo errante... se vê, por assim dizer, obrigado a essa barbárie e como, naquelas terras, o parricídio é inspirado e cometido de acordo com o mesmo princípio de humanidade que nos leva a olhá-lo com horror" (pp. 120-1).

Artes: cf. capítulo 19 do Discurso II: "A estima pelos diferentes tipos de intelecto, em cada século, é proporcional ao interesse que se tenha em estimá-los."

– *Exemplo: o romance*

"Desde Amadis até os romances de nossos dias, esse gênero passou, sucessivamente, por milhares de mudanças" (p. 151).

Por que ninguém mais gosta dos romances antigos? Porque

1) "o principal mérito" do romance... "depende da exatidão com que nele são pintados os vícios, as virtudes, as paixões, os usos e as coisas ridículas de uma nação".
2) "ora, os costumes de uma nação mudam freqüentemente de um século para outro".

3) "essa mudança, portanto, deve ocasionar modificações no gênero de seus romances e de seu gosto"

"aquilo que digo sobre os romances pode ser aplicado a quase todas as obras".

– *Exemplo*: *as narrativas* da Idade Média: seus temas são diferentes dos nossos:

"Na simplicidade dos séculos de ignorância, os objetos se apresentam com um aspecto muito diferente daquele com o qual são considerados nos séculos esclarecidos."

"Milagres, sermões, tragédias e questões teológicas daquela época, que agora nos pareceriam tão ridículos, eram e deviam ser admirados naqueles séculos de ignorância porque eram proporcionais ao espírito do tempo" (p. 155).

– *Exemplo*: tragédias gregas: o tema da vingança, atual então, que na época tinha sentido, já não corresponde mais à nossa civilização e nossa religião.

– *Exemplo*: Corneille:

"É porque estávamos então saindo da Liga, da Fronda... os caracteres que Corneille dá a seus heróis, os projetos que ele faz seus ambiciosos conceber eram, por conseguinte, mais análogos ao espírito do século do que seriam agora, quando se encontram poucos heróis, cidadãos e ambiciosos, quando a calma feliz sucedeu a tantas tempestades, e os vulcões da sedição se extinguiram em todos os lugares" (p. 157).

– *Exemplo*: é a diferença da vida política que explica o conteúdo diferente *de um mesmo gênero*. O teatro tem como tema a pátria *nas repúblicas*, "onde o ódio aos tiranos, o amor à pátria e à liberdade são..., ouso dizer, pontos de união para a estima pública" (p. 159).

Nos outros Estados onde não há vida política pública, "onde os habitantes não participam da direção dos assuntos públicos, onde raramente são citadas as palavras pátria e cidadão, só agrada ao público quem apresenta no palco paixões convenientes a indivíduos particulares; tal como, por exemplo, a paixão do amor" (p. 159).

Do mesmo modo, por esse motivo se passa hoje da *tragédia* à *comédia.*

Não só o conteúdo da obra de arte, mas a própria *forma,* é determinada pelos costumes de um século: "Esse interesse público às vezes difere de si mesmo de um século a outro o bastante para ocasionar... a criação ou o aniquilamento súbito de certos gêneros de idéias ou obras..." Exemplo: *controvérsias etc.* Portanto, teoria da história *do juízo estético e da arte.*

A obra de arte definida por seu *conteúdo* (e sua forma) – uma obra de arte tem por conteúdo *os costumes de seu tempo.*

As revoluções no gosto e na arte (conteúdo, temas, gêneros) estão, pois, ligadas às revoluções nos costumes.

"Esses tipos de revolução" no gosto "são sempre precedidos por algumas mudanças na forma de governo, nos costumes, nas leis e na posição de um povo. Existe, portanto, uma ligação secretamente estabelecida entre o gosto de uma nação e seus interesses..." (p. 156).

Logo, uma impressionante *teoria histórica* da moral, dos costumes, das leis, da arte, do gosto (superestruturas?). Helvétius explica a diversidade das instituições humanas.

1) relacionando-as ao *interesse* das sociedades;

2) mas, fundamental, desenvolvendo uma teoria da transformação desse interesse.

"O interesse dos Estados, assim como todas as coisas humanas, está sujeito a mil revoluções."

3) o que mostra os costumes, as instituições etc., como o [...][52] e o meio desse interesse fundamental – portanto, uma teoria do caráter secundário, derivado das *ideologias* (no sentido lato) e das *instituições*, secundário e *funcional* = as ideologias a serviço do interesse histórico de uma nação.

4) mas então necessidade de uma *dialética histórica* da relação *interesse-ideologias*: "as mesmas leis e os mesmos costumes tornam-se sucessivamente úteis e nocivos ao mesmo povo; donde concluo que essas leis devem ser ora adotadas, ora rejeitadas..." (II, 13, p. 123).

Necessidade de rejeitar as leis obsoletas:

"Todos os costumes que só propiciem vantagens passageiras são como andaimes, derrubados depois que os palácios foram erigidos..." (II, 13, p. 122).

Donde a idéia: se não forem derrubadas essas leis ultrapassadas, o tempo pode engendrar *uma contradição entre leis e interesse*: contradição que arrasta o Estado para a ruína.

A contradição *interesse* (de uma nação) – *leis* não se desenrola positivamente como motor do progresso – mas como motor da *queda* de um império.

Cf. II, 17, p. 145: "Agora, quando os interesses de um Estado mudam, e as leis úteis na fundação se tornam nocivas, essas mesmas leis, devido ao respeito que se continua nutrindo por elas, devem necessariamente arrastar o Estado para a ruína."

– *Exemplo*: *a queda de Roma*: "Depois da destruição de Cartago... os romanos, em vista da oposição que ha-

52. Trecho deixado em branco no texto datilografado.

via então entre seus interesses, seus costumes e suas leis, deviam aperceber-se da revolução que ameaçava o império; e sentir que, para salvar o Estado, a república como corpo devia apressar-se a fazer, nas leis e no governo, a reforma exigida pelos tempos e pelas circunstâncias..."

("as mesmas leis que os haviam levado ao último grau de elevação não podiam mantê-los ali...")

5) mas então surge outro problema, esclarecido por essa dialética do interesse e da ideologia – instituições.

Se as idéias, os costumes etc. de um povo não passam de fenômeno de seu interesse, elas são justificadas, existe "necessidade da extravagância... da barbárie"... e deixa de haver extravagância.

Ou melhor, não há outra regra do normal e do anormal (histórico) senão o acordo ou o desacordo entre as idéias e o interesse – a extravagância, então, nada mais é que *sobrevivência histórica.*

Cf. essas extravagâncias (II, 13, p. 119) "sempre tiveram origem na utilidade real ou pelo menos aparente do público..."[53] (sobrevivência).

(II, 13, p. 122) "Mas – dirão – nem por isso esses costumes deixam de ser odiosos ou ridículos: sim, porque ignoramos os motivos de seu estabelecimento e porque esses costumes, consagrados pela antiguidade e pela superstição, graças à negligência e à fraqueza dos governos, subsistiram muito tempo depois de desaparecida a causa de seu estabelecimento."

Aqui, no ponto de junção e de divergência de duas teorias: o absurdo de uma instituição medida

– pela verdade intemporal que a julga como erro

53. "do bem público" na obra de Helvétius.

– ou pela *"sobrevivência"* histórica, sua superação histórica e sua não-conformidade com a realidade histórica presente.

É a sobrevivência que constitui o *absurdo.*

Sua causa: "a fraqueza e a negligência dos governos".

Cf. II, 17, p. 144: "os costumes bárbaros que, talvez úteis quando de seu estabelecimento, tornaram-se depois funestos ao universo... Costumes que só subsistem pelo medo que se tem de que sua abolição possa sublevar os povos sempre acostumados a considerar a prática de certas ações como a própria virtude, sem desencadear guerras longas e cruéis e sem ocasionar, enfim, aquelas sedições...".

(*Cf. Pascal*)

Portanto, vê-se aí *a razão política da sobrevivência*: o interesse de alguns em manter a ordem existente ultrapassada – [...][54] colocar o problema da natureza desse *interesse* que determina e julga as formas políticas e morais. *Esse interesse se cinde* em interesse da sociedade que desejaria a mudança dos costumes e das leis para que estes se coadunem com a nova forma – e o interesse dos homens que se negam a essa mudança.

Também aqui *o interesse* social se mostra *contraditório.* Não só *vazio,* mas *contraditório.*

Contraditório porque *vazio*? (Qual é o conteúdo desse interesse? Como defini-lo?)

Resumo dos problemas abertos.

Se o interesse é o móbil universal:

1) problema da *contradição dos interesses* entre indivíduos ou entre o público e os tiranos etc.

54. Espaço deixado em branco no texto datilografado.

2) problema da *revolução dos interesses*: como o interesse pode mudar? O que muda?
3) esses dois problemas englobam um único problema: *qual é a natureza do interesse? O que é englobado por essa palavra aplicada a objetos diferentes?*
4) qual a solução para o conflito de interesses?

Esclarecer esses problemas com um segundo aspecto do pensamento de Helvétius muito importante: *sua teoria da educação.*

2. Dialética do indivíduo e do meio

Tese: "O homem é realmente apenas produto de sua educação" (*De l'homme,* Introdução, p. 3)[55].

III, 1, p. 210: Os homens são "semelhantes às árvores da mesma espécie, cujo germe, indestrutível e absolutamente o mesmo, não sendo jamais semeado exatamente no mesmo solo, nem precisamente exposto aos mesmos ventos, ao mesmo sol, às mesmas chuvas, deve assumir necessariamente uma infinidade de formas diferentes em seu desenvolvimento..."[56]

---

55. *De l'homme, in Oeuvres complètes de M. Helvétius,* Londres, 1781: "Se eu demonstrasse que o homem é realmente apenas produto de sua educação, teria decerto revelado uma grande verdade às nações."

56. "Isto posto, quem pode garantir que a diferença de educação não produz a diferença observada entre os espíritos? Que os homens não são semelhantes às árvores da mesma espécie, cujo germe, indestrutível e absolutamente o mesmo, não sendo jamais semeado exatamente no mesmo solo, nem precisamente exposto aos mesmos ventos, ao mesmo sol, às mesmas chuvas, deve assumir necessariamente uma infinidade de formas diferentes em seu desenvolvimento", *De l'esprit,* III, 1, p. 210.

Mas nessa dialética do desenvolvimento o determinante é o *meio*, a influência do meio, e não a educação.

Helvétius: é preciso tomar a educação em sentido amplo:

"se dermos a essa palavra um significado mais verdadeiro e extenso" do que educação escolar "e se incluirmos aí também tudo o que serve à nossa instrução..." (III, 1, p. 208).

Teoria da educação: dois graus:

- educação da infância } (o meio muda)
- educação do adulto }

a. educação da infância [...][57] **(diferencial e genética)**

"Ninguém recebe a mesma educação", *De l'homme*, I, 1, p. 11.

Em outras palavras, Helvétius vai mostrar que todas as diferenças individuais são produto da influência da "instrução" (= meio).

"No mesmo instante em que a criança recebe movimento e vida recebe as primeiras instruções. É às vezes no ventre que a concebe que ela aprende a conhecer o estado de doença ou saúde..." I, 2, p. 13.

A criança instruída por suas *diferentes sensações* produzidas por objetos diferentes.

Os objetos "professores encarregados da educação de nossa infância".

"Mas esses professores não são os mesmos para todos? Não: o acaso não é exatamente o mesmo para ninguém" I, 3.

57. Espaço deixado em branco no texto datilografado.

Acaso = influências externas (cf. I, 8, p. 35, nota).

"Informo o leitor que, com essa palavra acaso, entendo o encadeamento desconhecido das causas próprias à produção deste ou daquele efeito, e que nunca emprego essa palavra com outro significado..."

Não só *os objetos* mas também os *acontecimentos* modificam e marcam o homem:

(I, 4, p. 20): "É uma punição ou um acaso semelhante que muitas vezes decide o gosto de um jovem, faz dele um pintor de flores... a quantos acasos e acidentes semelhantes a educação da infância não estará submetida?"

Bem mais *as relações afetivas* do meio infantil.

Cf. gêmeos: *De l'homme*, I, 6 + exemplo paradoxal: aí estão *dois seres semelhantes* (para tornar nula a diferença de natureza), serão diferentes (além das razões acima) por razões dependentes das relações *com seu meio familiar*:

"Terão a mesma ama-de-leite? Que importa? Importa muito. Como duvidar da influência do caráter da ama-de-leite sobre o caráter do lactente?" (I, 6, p. 22).

Se tiveram a mesma ama, diferença de afeição dos pais:

"Pode-se imaginar... que a preferência dada sem perceber a um dos dois não exerça nenhuma influência sobre sua educação?"

O mesmo quanto ao atraso no estudo de um dos dois filhos... ciúmes e conflitos etc.

Enfim, através dos diferentes ambientes da infância, da família, da escola, dos amigos etc., vemos constituir-se, por meio de uma dialética em que os elementos originários desempenham papel preponderante, o caráter da criança*.

---

* O texto original diz: "on voit se constituer par une dialectique où les éléments originaires jouent un rôle prépodérant [dans] le carac-

"Comparo os pequenos acidentes que preparam os grandes acontecimentos de nossa vida ao cabelame de uma raiz, que, insinuando-se imperceptivelmente pelas fendas de um rochedo, ali se adensam para um dia fazê-lo arrebentar" (I, 8, p. 35).

Influência determinante do *meio exterior* (objetos + acontecimentos + relações humanas),

produz, por uma dialética *interna, efeitos específicos, estruturas* de caráter, intelecto e paixão.

O que permite que Helvétius explique as diferenças entre os indivíduos com base numa identidade *fundamental de natureza*: é o meio genético que produz as diferenças entre os *homens... teoria do gênio* produto "do acaso", da "educação", das *"circunstâncias"* (o acaso aqui não é graça divina <grandeza dessa teoria, apesar de suas fraquezas. Cf. *Boileau et les Dindons* [Boileau e os perus]. (*Cf. De l'esprit*, III, 1, nota, ler texto)>[58].

---

tère de l'enfant": acreditamos que a inserção ([dans]) do editor não procede nesse caso, e que "o caráter da criança" é sujeito do verbo constituir-se. [N. da T.]

58. Cf. *De l'esprit*, III, 1, p. 209: "Lê-se na Année littéraire que Boileau, ainda criança, brincando no quintal, levou um tombo. Ao cair, seu casaco se levantou; um peru deu-lhe várias bicadas numa parte muito delicada. Boileau foi incomodado por isso durante toda a vida; daí talvez provenha a severidade de costumes, a parcimônia de sentimentos que se observa em todas as suas obras; daí a sátira contra as mulheres, contra Lulli, Quinault e contra todas as poesias galantes. Talvez sua antipatia pelos perus tenha ocasionado a aversão secreta que sempre teve pelos jesuítas, que os trouxeram para a França. Talvez seja ao acidente por ele sofrido que devamos sua sátira sobre o equívoco, sua admiração por Arnauld e sua epístola sobre o amor a Deus; pois é verdade que muitas vezes toda a conduta de nossa vida e toda a seqüência de nossas idéias são determinadas por causas imperceptíveis."

b. educação do adulto – com o fim da adolescência, o homem entra em contato com um meio diferente – meio humano "a segunda educação do homem" (I, 7, p. 26).

"Os novos e principais professores do adolescente são a forma de governo sob o qual ele vive e os costumes que essa forma de governo dá a uma nação" (I, 7, p. 27).

Há outros *"professores"*. *Exemplo*: posição social do homem, amigos, amantes – mas *o novo meio tem uma estrutura fundamental*: *a estrutura de seu governo e de seus costumes,* e é essa estrutura que exerce uma influência fundamental sobre o homem.

"No homem, o caráter é efeito imediato de suas paixões, e suas paixões muitas vezes são efeito imediato das situações em que ele se encontra" (I, 7, p. 27).

<isso apresenta problemas aos quais voltaremos>

Essa concepção da *"produção"* do homem por seu meio situa-se no século XVIII entre duas teorias diferentes. O que está em causa é o *destino do materialismo*: *que caminho deverá ele seguir?*

1) Cf. *polêmica de Diderot contra Helvétius*: "Refutação lógica" ao livro *De l'homme*[59] ([Garnier-Frères][60] o publicam em 1875).

Para *Diderot os* efeitos da educação são limitados. O elemento determinante das diferenças entre os homens é sua *"constituição"*, sua *"organização"* fisiológicas: *são as diferenças físicas que fundamentam as diferenças morais.*

"Que anatomista teve a idéia de comparar o interior da cabeça de um estúpido com o interior da cabeça de

59. *Réfutation suivie de l'ouvrage d'Helvétius intitulé L'homme, in Ouvres complètes de Diderot*, Paris, Garnier-Frères Éditeurs, 1875, t. 2.

60. Em lugar de "Garnier-Frères", o texto datilografado contém um espaço em branco.

um homem inteligente? As cabeças acaso não têm também sua fisionomia interna, e essas fisionomias, se o anatomista experiente as conhecesse, não lhe diriam tudo o que as fisionomias exteriores lhe anunciam, a ele e a outras pessoas, com tanta certeza, que estas me asseveraram que nunca se enganaram? Com um pouco mais de atenção, o autor teria desconfiado que, da combinação dos elementos que constituem o homem inteligente, ele também tinha um, talvez o mais importante, e sua desconfiança não seria desprovida de fundamento. Esse elemento qual é? O cérebro"[61] (citado na *Revue historique des sciences,* julho-dezembro de 1951, p. 219).

Portanto, diferenças morais e intelectuais dependem de diferenças de organização física... *reduzido papel genético do meio.*

Helvétius critica essa teoria materialista fisiologista, mostrando demoradamente em *De l'esprit* que as diferenças de organização (sensibilidade memória atenção) são secundárias, e que no aspecto *capacidades* os homens são *iguais* na origem.

2) Mas outra teoria do papel do ambiente: o *clima* (Montesquieu): cf. Helvétius, *De l'esprit,* Discurso III, pp. 28-9.

Impossível deduzir do clima o espírito dos homens:

"É às causas morais, e não à temperatura particular dos países do norte, que devemos atribuir as conquistas[62] dos setentrionais" (III, 28, p. 356).

Cf. capítulo 30 (p. 362): "A posição física da Grécia continua a mesma: por que os gregos hoje são tão diferentes dos gregos de antigamente? Porque a forma de

61. *Op. cit.*, p. 323.

62. E não "a conquista", como indicado no texto datilografado.

seu governo mudou; portanto, semelhante à água que assume a forma de todas as vasilhas nas quais é despejada, o caráter das nações é passível de todas as espécies de formas."

Assim, Helvétius procura, como Montesquieu, descobrir *um princípio* material que possibilite explicar diferenças específicas da história. E, como aquele, ele põe em jogo *o meio* – mas esse meio não é histórico em Montesquieu. Helvétius, ao contrário, concebe esse meio como um *meio humano e histórico.* Primeiro esboço de uma concepção *materialista*? Dialética do meio histórico?

Em vez de termos:

Clima ... homem diferente ... instituição política

temos

instituições políticas ... homem diferente

mas isso apresenta então o problema das *instituições políticas.*

Vemos que elas *produzem o desenvolvimento dos homens* e que os comandam, mas já *as vimos* na teoria do desenvolvimento histórico, *produzidas* pelo *interesse* da nação e com ela variando.

Somos remetidos ao *interesse das nações* como autor último dessa teoria.

3. Interesse e política

Portanto, duas formas de interesse:

1) interesse individual, subjetivo;

2) interesse público, geral (interesse de uma nação em determinado momento);

e duas afirmações de Helvétius:

1) o interesse individual é o móbil último de todo o mundo humano;

2) mas, por outro lado, é o interesse público que, por intermédio das leis e dos costumes, forma pela educação a natureza do homem, ou seja, *confere forma e conteúdo ao interesse individual.*

Que relação existe entre esse *interesse particular* e esse *interesse público*? Como, com que condição se pode tomar a *palavra interesse* no mesmo sentido?

Ora, o que constatamos *nos fatos*?

1) não o acordo, mas a contradição, entre *interesse particular* e *interesse público.*

Cf. *falsidade das mulheres.*

(II, 15, p. 135): "O que esperar de tantas declamações contra a falsidade das mulheres, se esse vício é o efeito necessário *de uma contradição entre os desejos da natureza e os sentimentos que, devido às leis e à decência, as mulheres são obrigadas a afetar*? Em Malabar, em Madagascar, se todas as mulheres são verazes, é porque satisfazem, sem escândalo, todas as suas fantasias, têm mil galanteadores... Em tais lugares, não se encontram mulheres falsas porque elas não têm nenhum interesse em sê-lo... Digo apenas que ninguém pode, razoavelmente, censurar as mulheres por uma falsidade que a decência e as leis, por assim dizer, transformam numa necessidade para elas..."

Essa *contradição* entre os desejos da natureza e *as leis* (expressão do interesse público) resolvida pela *falsidade* das mulheres, é realmente uma contradição entre o interesse particular e o interesse geral. *A essência desses dois interesses não é a mesma.*

Cf. teoria do duplo interesse que *move o particular* (II, 8, pp. 89-90).

Numerosos outros exemplos.

2) ainda mais visível a contradição entre interesse das sociedades particulares e da sociedade (nação):

"o interesse público é quase sempre diferente do interesse das sociedades particulares" (II, 9).

Cf. capítulo 8 do Discurso II – teoria do interesse das sociedades particulares, espécie de dinâmica newtoniana.

"Cada sociedade é movida por duas diferentes espécies de interesse" (II, 8, p. 89)

– "o primeiro, mais fraco, ela tem em comum com a sociedade geral, ou seja, com a nação";

– "o segundo, mais forte, lhe é absolutamente particular" (II, 8, p. 90), e é o mais forte, o vencedor dessa luta.

(é essa teoria das sociedades particulares e do triunfo de seu interesse que fundamenta a crítica que Helvétius faz aos *padres* e à *tirania*) (cf. II, 14)[a].

"Na forma atual de nosso governo, os particulares não são unidos por nenhum interesse comum" (III, 14, p. 226).

O que resta então de comum entre *interesse particular* e o *interesse geral*, senão a palavra *interesse*? Essa contradição não é insuperável?

Vejamos o outro lado: *não mais os fatos*, mas o direito.

Cf. *Gênese da sociedade* (III, 4).

O interesse individual funda as sociedades: *contrato*.

Os homens ameaçados pelas feras "sentiram que era do interesse de cada um em particular reunir-se em sociedade..." (III, 4, p. 224).

a. "visto que as leis só têm a utilidade pública como fundamento..." (III, 4, p. 226)

Em breve, o estado de guerra na sociedade, novas convenções "pelas quais cada um em particular renunciava ao direito da força..." (p. 225).

"De todos os interesses dos particulares formou-se um interesse comum que deu às diferentes ações os nomes de justas, permitidas, e injustas, segundo fossem úteis, indiferentes ou nocivas às sociedades."

O interesse comum é então "a reunião de todos os interesses particulares" (p. 226).

Mas essa *identidade,* ainda que *originária,* continua ideal.

Donde o uso das *penas* e das *recompensas,* sucedâneo daquela identidade.

"Percebo que [toda][63] convenção na qual *o interesse particular está em oposição com o interesse geral* teria sido sempre violada, se os legisladores não tivessem sempre proposto grandes recompensas para a virtude; e se ao pendor natural que leva os homens à usurpação eles não tivessem oposto incessantemente o dique da desonra e do suplício: percebo, pois, *que a pena e a recompensa são os dois únicos elos por meio dos quais eles conseguiram manter o interesse particular unido ao interesse geral*" (p. 225).

O *elo* entre *interesse geral* e *interesse particular* é, pois, *interior* (identidade) ou *exterior* (contradição compensada), ou seja, *Helvétius dá* à noção de interesse *dois sentidos* diferentes: *o interesse geral* é ora a identidade interna dos interesses particulares, ora a sua unidade externa, ou seja, sua falsa identidade, sua contradição.

> – Por um lado, ele pensa identidade dos interesses particulares (identidade ideal) dentro do *interesse geral.*

63. "Essa", em vez de "toda", no texto datilografado.

– Por outro lado, ele descreve no interesse particular o contrário do *interesse geral.*

Se ela não é o produto de uma identidade interna, como ocorre essa identificação externa?

– *Pela coerção* (pena, castigo).

– Pelo acaso: (II, 7): "a justiça... nunca passa de *feliz coincidência de nosso* interesse com o interesse público".

Cf. II, 7, pp. 87-8, nota: "O interesse só nos apresenta dos objetos as faces pelas quais nos é útil percebê-los. Quando *alguém os julga em conformidade com o interesse público, não é tanto à correção de seu espírito, à justiça de seu caráter que se deve atribuir o mérito, e sim ao acaso que nos coloca nas circunstâncias em que temos interesse em enxergar como o poder público..."*

A unidade de direito é então substituída por uma identidade maravilhosa: a do acaso. Mas ela também supõe, pressupõe a existência desse *interesse geral, ou seja, o segundo termo da contradição*: o que o acaso pode fazer é realizar essa coincidência de nosso interesse com o *interesse geral.*

– Um exemplo: as *sociedades acadêmicas* (II, 8, p. 90) "para as quais as idéias mais geralmente úteis são as idéias mais particularmente agradáveis e cujo interesse pessoal está, desse modo, confundido com o interesse público...".

– *Outro caso*: o caso em que o interesse de uma pessoa assume a forma da paixão *do interesse geral*: quando alguém tem o interesse geral como *paixão pessoal,* a coincidência é realizada:

"a paixão pelo bem geral" (II, 15, p. 139)

Cf. retrato do *sábio filósofo* (III, 14, p. 286, nota)[64]

Sua paixão é a *paixão pela humanidade*.

Mas ele só é assim porque dirige para a humanidade a paixão que os outros homens reservam para os homens: porque ele é "independente" e *"indiferente"*.

Donde este paradoxo: para atingir o interesse geral, para que o interesse particular coincida com o interesse geral, é preciso que o homem se torne independente dos homens, independente de *seu próprio interesse particular*:

"em termos de probidade, é só ao interesse público que se deve dar ouvidos e fé..." (II, 6, p. 78).

mas "para adquirir idéias interessantes para o público, é preciso... recolher-se no silêncio e na solidão" (II, 8).

---

64. "Esses sábios, porém, devem ser muito prezados pela sociedade. Embora às vezes os torne indiferentes à amizade dos indivíduos, essa extrema sabedoria também – como prova o exemplo do abade de Saint-Pierre e Fontenelle – os leva a aspergir sobre a humanidade os sentimentos de ternura que as vivas paixões nos obrigam a reunir num único indivíduo. Bem diferente das pessoas que são boas apenas porque se deixam enganar e cuja bondade diminui à proporção que seu espírito se esclarece, só o sábio pode ser constantemente bom, porque só ele conhece os homens. A maldade destes não o irrita: só vê neles, como Demócrito, insanos ou crianças com os quais seria ridículo zangar-se, sendo mais dignos de piedade que de cólera. Por fim, ele os examina com os olhos do mecânico que observa o funcionamento de uma máquina: sem insultar a humanidade, ele lamenta a natureza que vincula a conservação de um ser à destruição de outro: que, para se alimentar, ordena ao abutre que se precipite sobre a pomba, e à pomba, que devore o inseto, fazendo de cada ser um assassino. Se somente as leis são juízes sem animosidade, o sábio, nesse aspecto, é comparável às leis. Sua indiferença é sempre justa e imparcial; ela deve ser considerada como uma das maiores virtudes do homem de bem, que, pela grande necessidade que tem de amigos, é sempre instado a alguma injustiça. Só o sábio, enfim, pode ser generoso, porque é independente. Aqueles que são unidos pelos elos de uma utilidade recíproca não podem ser liberais uns com os outros. A amizade só faz trocas; só a independência dá presentes."

Cf. II, 10: o homem deve fugir das cidades, buscar o silêncio e a solidão = *fugir da sociedade,* desligar-se dela para compreendê-la: *libertar-se dela para conhecê-la.*

"Portanto, é pelo desapego absoluto dos interesses pessoais, pelo estudo profundo da ciência da legislação, que o moralista consegue tornar-se útil à sua pátria" (II, 16, p. 141).

Vê-se, pois, o que significa essa *"paixão pelo bem geral"*[65] (II, 16, p. 140). É uma paixão que se confunde com o *desapego absoluto das paixões.* Portanto, é o contrário da paixão, do interesse, é sua *negação.*

Assim termina no *idealismo* moral esse materialismo do interesse – mas o idealismo do sábio não passa de efeito e de reconhecimento teórico da *idealidade de seu objeto: do interesse geral.*

O sábio deve ser um *santo* porque o interesse geral é um *voto.*

Essa contradição comanda a concepção que Helvétius tem da *reforma política* na qual ainda se vê seu *materialismo* do interesse servir a um *idealismo moral.*

O *legislador* deve *"obrigar os homens à virtude".*

"Motivos de interesse temporal, manejados com destreza por um legislador hábil, bastam para formar homens virtuosos" (II, 24, p. 192).

"... *ligar* <prova de que esse elo não existe> o interesse pessoal ao interesse geral. Essa união é a obra-prima que a moral deve se propor. Se os cidadãos não pudessem constituir sua felicidade particular sem constituir o bem público, então os únicos viciosos seriam os loucos; todos os homens seriam obrigados à virtude, e a

---

65. Na verdade, "paixão pelo bem público".

felicidade das nações seria um benefício da moral" (II, 22, p. 183).

Cf. II, 24, p. 196: "Toda arte do legislador consiste em obrigar os homens, pelo sentimento do amor que têm a si mesmos, a ser sempre justos uns para com os outros..."

"Ora, para criar semelhantes leis, é preciso conhecer o coração humano..."

E reincidimos na reforma do entendimento, agora reforma do legislador... ou no desejo de que ele seja assistido por um *"ministro pensador"* (II, 16, p. 142) (cf. esperança em Frederico II e Catarina).

Percebe-se como Helvétius:

- *utiliza* suas análises teóricas:
  - realidade do *interesse individual*
  - caráter determinante das *instituições políticas* sobre a moral etc.
- mas os *transforma* com seu idealismo do *interesse geral*, ou seja, com esse pseudo-*elo* que existe tão pouco, que, justamente, precisa ser *formado, instaurado entre os homens.*

De fato, a solução política de Helvétius supõe a negação da *sua teoria da materialidade da história*:

- por um lado, apelo ao *legislador desinteressado,* esclarecido [–] *não histórico;*
- por outro lado, *negação* da noção mais fecunda de sua teoria, a noção da transformação do interesse histórico de um povo e a substituição desse interesse histórico por um *interesse ideal*: o interesse geral como solução das contradições reais da vida política.

O fato é que Helvétius instituiu uma *nova problemática*:

1) com sua *dialética* do indivíduo – meio social;

2) com sua teoria materialista das ideologias e instituições relacionadas com o *interesse histórico* de uma nação, portanto, estendendo para a história política o *princípio pascaliano do juízo histórico,* ele abre caminho para *novos problemas* – e em particular para o problema da *natureza desse interesse histórico* e do *princípio de seu devir.*

(Sobre a utilização de Helvétius e d'Holbach, cf. Marx, *Filosofia* IX, pp. 43-50)[66]

E. Rousseau

Falar[67] de história a propósito de Rousseau é enfrentar um paradoxo. Rousseau não escreveu sobre história do Século de Luís XIV como Voltaire, nem sobre história das Instituições da antiga França, como Boulainvilliers. No entanto, pode-se dizer que o texto que domina todo o século XVIII e contém as visões mais profundas da época sobre história é o *Discurso sobre a origem e os fundamentos da desigualdade entre os homens.*

"Ó homem, seja qual for teu país, sejam quais forem tuas opiniões, escuta. Eis aqui a tua história..."[68]

---

66. Trata-se ainda de *Ideologia alemã,* citada a partir de: Karl Marx, *Ouvres philosophiques,* ed. Costes.

67. As análises seguintes correspondem a um texto datilografado de duas páginas numeradas à mão como "93 bis" e "93 ter". É pouco provável que elas pertençam ao mesmo conjunto que o manuscrito sobre Hegel, publicado na parte seguinte desse curso e numerado a partir da página 98. Nos apontamentos de classe, nada lhes corresponde; embora essa ausência não seja prova de que essas palavras não foram pronunciadas, não está excluída a hipótese de que esse texto datilografado seja de outro curso (ou conferência) sobre a filosofia da história no século XVIII.

68. *Discours sur l'origine et les fondements de l'inégalité, in Oeuvres complètes.* Gallimard, "Bibliothèque de la Pléiade", t. III, p. 133. Nesse

Sem dúvida, nesse *Discurso*, fala-se de história. Mas de que história?

"Comecemos, pois, por deixar de lado todos os fatos; pois eles não dizem respeito à questão."[69]

História dos progressos da civilização e da decadência da espécie humana. Uma história sem reis, sem nomes de gente ou de cidades, enfim uma história conceitual, que descreve as mudanças ocorridas na constituição do homem ao longo dos tempos.

No entanto, essa história conceitual, tão pobre em história, é rica em conceitos. Parece desenrolar-se na ordem da abstração, mas refere-se diretamente ao conteúdo real da sociedade, da moral e da política. Como isso pode ser imaginável? De um só modo: os conceitos de que Rousseau se vale em sua gênese ideal são conceitos novos que possibilitam pensar o próprio curso da história real em categorias novas.

É preciso imaginar o papel desses conceitos abstratos, aparentemente tão distantes da história real e na verdade tão próximos dela, como se imagina em outras disciplinas o papel da abstração. Assim, noções matemáticas, elaboradas aparentemente no campo da abstração pura, fornecem a chave para problemas concretos da ciência física por possibilitarem pensar e resolver esses problemas em termos novos.

O mesmo ocorre com Rousseau. Sua história conceitual contém conceitos revolucionários (pelo menos em

---

curso, Althusser cita o *Discurso* ora na edição de Jean-Louis Lecercle (Éditions sociales), ora na edição Garnier. Em seu curso de 1965 sobre Filosofia política, ele o cita na edição Vaughan. Por uma questão de uniformidade, no conjunto deste volume, nós nos referimos a edição da Pléiade, salvo menção em contrário.

69. P. 132.

germe) que produzirão uma intelecção nova e infinitamente mais profunda da história.

E, para prosseguir nessa comparação, acrescentarei o seguinte: assim como os problemas matemáticos mais abstratos, as noções matemáticas mais abstratas não passam de respostas abstratas e puras para problemas concretos das ciências físicas, que as governam e condicionam de longe, também os conceitos abstratos da história em Rousseau não passam de efeito dos problemas históricos concretos e da resposta a esses problemas.

Quais são esses problemas? Para compreender o sentido desses conceitos abstratos que lhes correspondem, é preciso examinar por um instante a situação pessoal de Rousseau em seu tempo. Essa situação é, sem a menor dúvida, uma situação nova e, em certa medida, revolucionária.

Até aqui[70], observamos a existência de dois grupos sociais no século XVIII:

1) o partido feudal-liberal (do qual Montesquieu é um dos representantes ideológicos);

2) o partido "burguês" e seus representantes ideológicos, os filósofos da burguesia ascendente, que, aliás, se distinguiam entre si por diferenças importantes (Enciclopedistas).

Mas esses dois grupos de intelectuais e ideólogos, representantes de duas classes principais do século XVIII, representam *duas classes proprietárias e antagonistas*: o feudalismo e a burguesia.

---

70. A partir daqui, o texto datilografado de Althusser, distinto das análises acima em seus arquivos, está muito próximo das anotações de classe: provavelmente, trata-se do documento que ele tinha diante dos olhos durante a aula.

Ora, assim como na Antiguidade grega a luta política e ideológica (e filosófica) dos mercadores e proprietários de minas e oficinas contra os proprietários de terras ocorria num cenário que tinha como pano de fundo a exploração silenciosa da escravidão, também no século XVIII a luta entre feudalismo e burguesia se dá contra o pano de fundo da *exploração econômica da maioria da massa do povo.*

Essa massa (camponeses, artesãos, trabalhadores braçais pagos ao dia), a partir da segunda metade do século XVIII, está submetida a dupla exploração:

1) por um lado, a exploração feudal (econômica e pessoal – à qual se somam impostos cada vez mais pesados);

2) por outro lado, *a exploração capitalista nascente* (trabalho assalariado). O desenvolvimento do capital agrário transforma grande número de pequenos proprietários em trabalhadores agrícolas. O desenvolvimento das manufaturas prejudica seriamente a estrutura artesanal de produção e arruína mestres e oficiais.

Essa massa da pequena burguesia, do povo miúdo, de camponeses e artesãos, essa massa *plebéia no fundo* encontra no século XVIII, na nova situação geral, defensores e teóricos que lhe estão próximos e não tentam fazer de sua miséria um uso demagógico: Mably, Morelly etc. e Rousseau. O próprio Rousseau é de origem modesta, filho de artesão que decaiu de classe, e durante toda a vida foi obcecado pela saudade e pelo mito da felicidade do artesão e do pequeno camponês, "independentes", portanto economicamente livres.

Essas circunstâncias dão a Rousseau uma situação muito específica na ideologia do século XVIII.

1) Por um lado, Rousseau pertence à filosofia do Iluminismo. Rousseau é um racionalista, e não um "romântico" (cf. tese de Derathé: *O racionalismo de Jean-Jacques Rousseau*)[71]. Rousseau retoma e defende os *temas dominantes da ideologia racionalista e utilitarista.* Pensa fundamentalmente nos conceitos da filosofia do Iluminismo.

2) Mas, por outro lado, ocupa *posição crítica* na filosofia do Iluminismo e em sua ideologia. É um filósofo do Iluminismo que se opõe à ideologia do Iluminismo *do interior* da filosofia do Iluminismo. É um *inimigo interno*[72]. Donde o fundo teórico, e não apenas psicológico, de seus conflitos pessoais com Voltaire, Diderot, Hume, d'Holbach etc., em suma, com os Enciclopedistas e os "filósofos". A razão dessa posição crítica reside justamente na origem nova de sua inspiração, no tom plebeu de suas concepções e reivindicações.

É isso o que permite compreender a profundidade nova da análise e da concepção de Rousseau. A todas as conquistas da filosofia racionalista do século XVIII, Rousseau acrescenta uma profundidade crítica. "Achei – escreve ele – *que deveria cavar até a raiz"*, palavras que prefiguram a frase do jovem Marx: "ser radical é tomar as coisas pela raiz" (segundo *Discurso,* p. 160). E, realmente, não há conceito que Rousseau tenha recebido do Iluminismo *sem questionar* e colocar em nova perspectiva depois de criticar (cf. sua crítica ao *interesse,* à *razão,* à *filosofia* etc.).

No que se refere à concepção da história, é possível evidenciar os seguintes pontos:

---

71. Robert Derathé, *Le Rationalisme de Jean-Jacques Rousseau*. PUF, 1948.

72. As anotações de classe falam em "inimigo de dentro".

1) Rousseau concebe a história como um *processo,* como efeito, manifestação de uma necessidade imanente. Nisso, fica no contexto da *Aufklärung.* Mas esse processo, para Rousseau, não é, como para o Iluminismo, *um desenvolvimento linear contínuo,* é um *processo nodal, dialético.* A característica mais clara que opõe Rousseau aos filósofos do Iluminismo é que ele não concebe o desenvolvimento da história humana como harmonioso. Para os filósofos, há progresso da civilização e progresso da felicidade: para Rousseau esse desenvolvimento é *antinômico em si mesmo.* O progresso da civilização acarreta a perda da sociedade. A história *"aperfeiçoou a razão deteriorando a espécie"* (p. 162)[73].

2) A história continua dizendo respeito ao desenvolvimento do homem, ao desenvolvimento da natureza humana, mas o sujeito da história já não é o indivíduo, e a matéria da história não são as faculdades individuais. O sujeito da história é a espécie humana ("Ó homem, eis aqui tua história... É por assim dizer a vida da tua espécie que vou descrever"), e o produto do desenvolvimento histórico é a contradição entre os progressos do espírito e a decadência da espécie.

3) Essa nova concepção dialética implica que *a natureza humana sofra modificações reais:*

– "É nessas mudanças sucessivas da constituição humana que se deve procurar a primeira origem das diferenças que distinguem os homens..." (p. 123);

---

73. *Op. cit.*, p. 162: "resta-me considerar e comparar os diferentes acasos que puderam aperfeiçoar a razão humana, deteriorando a espécie, tornar um ser malvado, tornando-o social, e de termos tão remotos trazer enfim o homem e o mundo até o ponto em que os vemos".

– "as mudanças que a sucessão dos tempos e das coisas devem ter produzido em sua constituição original" (p. 122);

– e, sobretudo: "Ele sentirá que o gênero humano de uma época não era o gênero humano de outra, a razão pela qual Diógenes não encontrava um homem é que ele procurava entre seus contemporâneos o homem de um tempo que já não existia" (p. 192).

Donde o tema da crítica da noção de natureza humana: "Não é coisa fácil deslindar o que há de originário e de artificial na natureza atual do homem."[74]

Quando os filósofos e juristas falam de lei natural ou estado de natureza, apenas projetam no passado – diz Rousseau – os costumes e as instituições presentes. Cf. a propósito do estado de natureza, *Discurso*, p. 132: "todos, falando sem parar de necessidades, avidez, opressão, desejos e orgulho, transpuseram para o estado de natureza idéias que tinham buscado na sociedade".

Encontra-se embrionariamente em Rousseau toda uma crítica da filosofia da história no sentido clássico, crítica por meio da qual ele remete à própria história (ou seja, ao presente) o princípio em nome do qual ela é julgada (mas, apesar disso, o próprio Rousseau pratica o mesmo juízo, valendo-se também do estado de natureza).

4) Se a história não se dá no nível do desenvolvimento das faculdades humanas, da manifestação da natureza humana, é porque se dá em nível mais profundo. Rousseau talvez seja o primeiro filósofo que concebeu sistematicamente o desenvolvimento da história, o de-

---

74. *Ibid.*, p. 123.

senvolvimento da sociedade, como desenvolvimento ligado dialeticamente a suas condições materiais.

Em Rousseau o desenvolvimento das relações do homem com o homem é condicionado pelo desenvolvimento das relações do homem com a natureza (cf. floresta, fim da floresta, escravidão; ricos e pobres; senhores e servidores; Estado).

5) Nessas condições, não é de espantar que se tenha difundido em Rousseau uma crítica à tese que resume toda a ideologia do Iluminismo: a tese da Reforma do Entendimento.

Se o motor do desenvolvimento social não é a tomada de consciência de si por parte de uma razão eterna, se a dialética da história já não se dá entre erro e verdade, se é uma necessidade material que rege o progresso da espécie, então já não é possível depositar a esperança de uma reforma apenas no *triunfo da Razão.*

Cf. segundo *Discurso,* p. 125: "Todas as definições desses homens doutos <juristas do direito natural>... concordam apenas quanto à impossibilidade de entender a lei de natureza e, por conseguinte, obedecê-la sem ser um grande argumentador e profundo metafísico. Isso significa precisamente que os homens devem ter empregado para o estabelecimento da *sociedade luzes que só se desenvolvem a duras penas e para pouquíssima gente no próprio seio da sociedade.*"

Para Rousseau, de fato, a razão é produto de um desenvolvimento social. Há, pois, no homem "princípios anteriores à razão" (p. 126). Essa crítica à reforma do entendimento explica o ataque vigoroso dos filósofos (Enciclopedistas), da filosofia e do círculo das teorias sociais e jurídicas que põem no início da história como seu motor e seu princípio uma razão que na verdade é produto dela (cf. também círculo da língua).

Crítica à filosofia: "É a razão que engendra o amor-próprio, e é a reflexão que o fortalece; é ela que fecha o homem em si mesmo... é a filosofia que o isola" (p. 156).

"Dessa maneira <a de Rousseau, que recusa esses círculos> não somos obrigados a fazer do homem um filósofo antes de fazer dele um homem" (p. 126).

Nessa perspectiva, pode-se atribuir ao primeiro *Discurso,* tão mal entendido, um significado mais profundo: mostrando que as letras e as artes não "depuraram os costumes", Rousseau apenas refuta com uma demonstração extrema a tese fundamental do Iluminismo: a tese da razão como motor da história.

Obviamente, cabe dizer que esse aprofundamento crítico dos temas do Iluminismo atinge seus limites, que são:

1) os temas do próprio Iluminismo, nos quais Rousseau pensa, e a forma de sua crítica, que é muitas vezes apenas o contraponto negativo das teses criticadas – exemplo: a crítica radical à civilização;

2) a utopia de Rousseau, ou seja, o tema positivo silencioso, suas pressuposições filosóficas que animam sua crítica. Donde o paradoxo do filósofo que no século XVIII só concebeu a teoria mais materialista e mais dialética da história humana para terminar no idealismo moral do *Contrato social.*

Mas esses limites teóricos não passam de limites históricos dos meios sociais que Rousseau representa: serão os próprios limites da ação dos jacobinos e de Robespierre[75].

---

75. Aqui termina o texto datilografado de Althusser sobre Rousseau. A continuação do capítulo foi editada de acordo com anotações de classe.

1. No estado de natureza

No estado de natureza, Rousseau encarna suas próprias reivindicações: homens

- livres;
- iguais;
- bons.

Quais são as condições desses três princípios? Duas condições:

1) Relação do homem com a natureza
   - imediata;
   - simples;
   - sem obstáculo.
2) Relações dos homens entre si inexistentes.

1) *Na natureza o homem está em casa (bei sich)*

Rousseau opõe-se a toda uma tradição de pensamento, que apresenta o homem na natureza como num meio hostil (cf. mito de Protágoras: o homem na natureza está nu, ao contrário dos animais).

O homem é um animal, está até abaixo da animalidade, contudo tem a organização mais vantajosa: tem mãos etc., mas não instinto específico → apropria-se de todos eles. Cf. Feuerbach[76]: universalidade fisiológica no homem, porque onívoro.

Que sentido tem essa diferença específica?

- O homem é mais independente da natureza: não está ligado a determinada espécie de alimentação etc.
- *Perfectibilidade.*

---

76. Cabe lembrar que Althusser traduziu uma seleção de textos de Feuerbach, publicados com o título de *Manifestes philosophiques* (PUF, 1960).

Relação com o corpo:

a) Necessidade de nenhum socorro físico afora o corpo. O homem natural "sempre se carrega por inteiro consigo". A cumplicidade da natureza reforça essa *autarquia*. Forçado por sua situação a desenvolver as faculdades.

Também reforçado pela seleção natural.

b) Problema das doenças: crítica retomada de Platão: doenças = instituições sociais.

Id. a morte não existe, pois ninguém pode aperceber-se dela:

- nem os vizinhos do morto, pois ele não os tem;
- nem o morto.

→ "o animal nunca saberá o que é morrer"[77], pois o sentido da morte supõe uma previsão que não existe no estado de natureza.

→ assim corpo do homem = corpo de sua liberdade.

Relação com o meio exterior:

Duas espécies de necessidades, imediatas e mediatas. O homem está reduzido às suas necessidades imediatas. Relação com a natureza sem nenhum intermediário (nem idéias, nem necessidades fictícias, nem desejos excessivos).

Únicas necessidades = alimentação, mulher, repouso. À necessidade de alimentação, a natureza atende imediatamente com abundância: é só estender a mão (sempre primavera ou verão).

A floresta dá ao mesmo tempo frutos e abrigo. Nenhuma contrapartida: não há necessidade de trabalhar. Feras: obstáculo? Não: o homem logo aprende a evitá-

77. *Discours, op. cit.*, p. 143.

las, subindo em árvores. Por outro lado, as feras não desejam o mal do homem, pois natureza sensível.

→ Acordo imediato, sem distância → não há problema → não há necessidade de reflexão. Tudo se resolve num nível pré-reflexivo: "o homem que medita é um animal depravado".

Idem: não há senso de futuro, pois necessidades imediatamente satisfeitas (o caraíba e sua cama)[78].

→ a natureza e a verdade do homem é o sono? Cf. Hegel: sono = acordo da natureza consigo[79].

→ Liberdade do homem natural = existência de um homem natural concorde com seu meio. Todo o seu ser é produzido e mantido liberalmente pela natureza: generosidade da natureza → independência do homem, por não haver contradição entre o homem e a natureza. O homem recebe tudo e não dá nada: circularidade da natureza através do homem, relações transparentes. Prefiguração daquilo que será o contrato social: reivindicação de um acordo generoso do homem com seu meio; a natureza já desempenha o papel de Vontade geral.

O que é essa natureza? Dois modos da considerá-la:

– realidade material;

---

78. "Esse é ainda hoje o grau de previsão do caraíba: pela manhã ele vende sua cama de algodão e ao cair da tarde vai chorar para recuperá-la, por não ter previsto que precisaria dela na noite seguinte" (p. 144).

79. Cf., por exemplo, *Encyclopédie. Philosophie de la nature*, Paris, Vrin, 2004, p. 642: "No sono, o animal mergulha na identidade com a natureza universal." Ou ainda, p. 671: "O sono não é precedido por uma necessidade, pela sensação de uma carência; mergulha-se no sono sem que se desenvolva nenhuma atividade para dormir... Quanto mais baixo se situa o organismo, mais concorde é sua vida com essa vida da natureza."

– realidade simbólica, que serve de suporte à idealidade.

a) A natureza dos problemas humanos está profundamente ligada à natureza. Os próprios problemas históricos são produzidos por um processo natural. Toda a história humana transcorre na natureza → gênese material da história humana: mesmo quando a natureza deixa de responder imediatamente às necessidades do homem, não se sai dela: tem-se então uma natureza cindida → comportamento natural novo de adaptação = abstração, reflexão, artes, sociedades: dialética que se opera no interior da natureza. Razão e sociedade = novo modo de produção do acordo da natureza consigo.

b) Mas outra concepção possível: essa descrição do estado de natureza tem função ideal: não natureza real, mas suporte da idealidade. Especificidade do homem ligada à posse da liberdade, que é um poder espiritual.

Assim, dois níveis de pensamento:

– conteúdo descrito em termos materiais;

– verdade desse conteúdo = liberdade espiritual da alma.

Descrição material à mercê de uma verdade ideal.

2) *Relações inexistentes entre os homens*

Fundamento dessa solidão: o homem não precisa do homem, pois a natureza provê às suas necessidades. Nem mesmo necessidade indireta: o homem não precisa do homem, nem mesmo para satisfazer suas necessidades (contra Platão na *República*). Relação do homem com a natureza = condição da não-relação do homem com o homem.

Florestas vastas: aquilo no que o homem pode não encontrar o homem. Generosidade e imensidade da natureza.

→ Não há rivalidade entre os homens, nem associação. Isso torna absurda a teoria do estado de guerra de Hobbes:

a) Ainda que se encontrem, os homens se deixam em paz. Homens não malvados, pois malvadez implica juízo moral, que supõe a sociedade.

b) O estado de guerra supõe relações sociais constantes.

→ Mas também *não se pode dizer que o homem é bom*: estado pré-moral. O homem é aquilo que ele é, ainda não qualificável. Bondade anterior à bondade (cf. Carta a Sr. de Beaumont)[80].

A bondade refletida aparecerá quando os homens estiverem unidos em sociedade.

Por fim, terceira bondade, ligada às relações sociais cujo advento Rousseau deseja.

→ *Tampouco reino do mais forte, dominação ou escravidão*: um homem poderia ter um escravo, mas, quando dormisse, o escravo fugiria para a floresta.

→ *Tampouco relações de reconhecimento e de prestígio*, que só aparecerão na sociedade: o homem na natureza não é visto, não tem testemunha.

→ Assim, os homens são iguais porque não têm relações. *Relações sexuais acidentais.*

Assim:

a) Não há relação estável de homem para homem.

b) Mas há no homem germe da futura sociabilidade: a piedade.

---

80. Carta a Christophe de Beaumont, publicada em março de 1763, *in* Jean-Jacques Rousseau, *Oeuvres complètes*, Gallimard, "Bibliothèque de la Pléiade", t. IV, pp. 925-1007.

2. Gênese do estado social

– Na natureza, o homem vive em si mesmo.
– No estado social, o homem vive fora de si.

O acordo homem/natureza teria durado indefinidamente, se não tivesse ocorrido um conjunto de "acasos".

Último termo do estado de natureza e fundador da sociedade = instituição da propriedade: "o primeiro que..."[81] Para que surja a sociedade civil, é preciso:

– o fato da propriedade;
– a idéia da propriedade.

De onde vem essa idéia? Não é formada de repente: produto de um desenvolvimento histórico que é um desenvolvimento necessário. A propriedade e sua idéia são o resultado necessário do desenvolvimento da história humana.

No entanto, esse desenvolvimento *necessário* é produzido por uma seqüência de *acasos*[82]. Como resolver esse paradoxo? Três momentos:

1) Do estado de natureza à juventude do mundo.
2) Da juventude do mundo ao estado de guerra.
3) Do estado de guerra à sociedade política.

1) *Cisão homem/natureza*

Dádivas da natureza inferiores às necessidades do Homem: a natureza torna-se obstáculo, o homem topa com dificuldades:

81. "O primeiro que, cercando um terreno, teve a idéia de dizer: *Isto é meu* e encontrou gente suficientemente simples para acreditar, foi o verdadeiro fundador da sociedade civil", *Discours*, p. 164.

82. Em 1982, Althusser desenvolverá uma análise muito próxima em "Le courant souterrain du matérialisme de la rencontre", *in Écrits philosophiques et politiques*, Stock/IMEC, 1994, t. 1, pp. 559-60.

- altura das árvores;
- concorrência dos animais;
- concorrência dos homens;
- extensão do gênero humano;
- aparecimento do inverno.

A relação homem/natureza é radicalmente modificada: inadequação e contradição. Essa contradição é sempre uma contradição natural, produto de um processo natural.

O que quer dizer "produto do acaso"? Cf. natureza ideal concebida por Rousseau: obrigado a mencionar o acaso para explicar como essa natureza muda: causas exteriores a essa natureza ideal. Processo natural e necessário, mas exterior à natureza ideal, não no mesmo plano que ela. Acaso: conceito do duplo significado da natureza em Rousseau, ao mesmo tempo [material e ideal[83]] ideal: conceito de distância entre materialidade e idealidade da natureza humana.

→ Nova relação material homem-natureza: cisão homem-natureza obriga o homem a dissociar sua vida da natureza, não por opção, mas por necessidade, para viver – queda da liberdade na necessidade (no sentido latino = precisão).

Para preencher essa distância, toda uma série de mediações.

- O corpo deixa de ser a unidade imediata homem-natureza → torna-se a primeira mediação de que o homem dispõe.
- Os objetos naturais mudam de sentido: tornamse meios de agir sobre a natureza: a pedra tornase arma.

83. Trecho pouco legível no manuscrito.

A necessidade, assim arrancada pelo homem à sua imediatidade, torna-se meio para o homem dominar a natureza.

→ *Nascimento da razão e da reflexão*: produzidas "quase sem pensar" pela percepção de certas comparações, exigida pela nova prática do homem: "prudência maquinal". Essa reflexão é produzida pelas necessidades e pela não-imediatez da satisfação delas: são os termos médios que se tornam objetos de reflexão (cf. Hegel: conceito = aquilo que permite apreender, desvio).

A partir daí, gênese recíproca da razão e da atividade prática: processo circular e dialético: atividade → reflexão → novos progresso práticos etc.

→ *Aparecimento da consciência de si*: o homem domina a natureza e os animais e percebe que os domina. → o primeiro olhar que dirige para si mesmo é um gesto de orgulho.

→ Consciência do outro nasce das comparações [materiais] que ele faz com seus semelhantes. O outro aparece aí com forma ambígua:

- ser natural;
- mas busca os mesmos fins buscados pelo sujeito que o olha → pode ser ao mesmo tempo concorrente e expectador. O outro só pode servir-me de mediação para a satisfação de minhas necessidades se eu mesmo lhe servir de mediação.

→ Relações intermitentes e ambíguas: outrem = ser natural nem sempre capaz de servir de mediação a uma necessidade. O homem não depende ainda necessariamente do outro para satisfazer suas necessidades.

As relações humanas, pois, só existem à medida que dão proveito: associações que só duram o tempo de uma necessidade passageira das quais tiveram origem.

Interesse comum = encontro dos interesses particulares que, por sua vez, estão ligados a essa instantaneidade que ainda caracteriza o tempo: não há previdência. Portanto ainda não há antinomia entre interesse comum e interesse particular, pois ainda não há necessidade. Cf. trecho sobre a caça ao cervo e à lebre[84]; homens não coagidos por necessidade, apenas por interesse particular; quando o homem tem a oportunidade de se subtrair a um contrato, nada o impede. Interesse comum, mas ainda acidental, pois os homens ainda não são obrigados a passar por ele para satisfazer seu interesse particular: ainda certa autonomia do homem, pois ainda existe a floresta.

→ Rousseau passa por cima de séculos para chegar à *primeira espécie de propriedade: cabanas*. Não há conflito entre o primeiro ocupante e o mais forte: ninguém luta pelas cabanas:

- O forte é o primeiro que constrói sua cabana.
- O fraco prefere construir outra, em vez de desalojar o forte.
- O forte não precisa de uma segunda cabana.

Por que os fracos não se unem para expulsar o forte? Porque a floresta está ali → eles podem construir uma cabana com pouco custo, há madeira. O problema da relação entre o forte e o fraco não tem sentido enquanto a natureza é suficientemente generosa para resolver os problemas econômicos. A relação entre os homens ainda continua em segundo plano, pois a relação

---

84. "Em se tratando de pegar um cervo, cada um percebia que, para tanto, devia manter-se fielmente em seu posto; mas caso uma lebre viesse a passar ao alcance de um deles, não é de se duvidar que este a perseguisse sem escrúpulos e, alcançando a presa, pouco se preocupasse com o fato de deixar seus companheiros sem a sua", *op. cit.*, p. 166.

homem-natureza ainda é favorável. Só passará ao primeiro plano quando a floresta mítica desaparecer. A atividade econômica ainda não tem função social.

→ Toda uma série de efeitos:

a) *Nascimento das famílias*: o nascimento das cabanas provoca uma reestruturação do espaço mítico: os homens agora estão fixados no espaço.

→ "os primeiros desenvolvimentos do coração"

→ diferenças de modo de vida no âmago da família: a mulher fica na cabana, o homem sai.

b) *Linguagem*. Provavelmente nasceu nas ilhas: numa ilha, o espaço é limitado e estruturado. Ilha = símbolo da vida social, e não da solidão (≠ romantismo).

c) Nascimento das nações: ligações entre as diversas famílias → nações unidas por um mesmo tipo de vida.

d) Nascimento dos valores: sentimento recíproco, polidez, amor → comparações que os homens fazem entre si, idéia de beleza, mérito etc. → ciúme. "A estima pública teve um preço." Mas aqui essa estima ainda é desinteressada, realmente fundamentada, não é comprada: o mais apreciado é quem canta e dança.→ "Cada um quis ser olhado" → aparecimento das primeiras noções morais, mas também das vinganças, que suprem a ausência de leis para reparar ultrajes.

Nesse estado idílico, "comércio independente": paradoxo; ao mesmo tempo relações e independência. Fundamento = independência econômica: cada trabalho pode ser feito por uma única pessoa.

A essa independência econômica se sobrepõe uma universalidade abstrata do reconhecimento mútuo, dos sentimentos, que ainda não compromete os homens numa dialética da qual não possam desfazer-se.

Portanto, elos, mas não necessidade: homens não ainda ligados por uma necessidade econômica implacável, da qual não podem desfazer-se.

Estado estável, do qual não se pode sair a não ser por um "funesto acaso".

Esse estado, para Rousseau, é o ideal: estado econômico artesanal, antes da divisão do trabalho, ao qual se sobrepõem relações morais universais e justas. As relações humanas ainda não dependem da economia.

2) *"A partir do instante em que um homem precisou do socorro de outro"*

Todo o mal provém daí, do fim da independência econômica, da divisão do trabalho.

"Grande e funesta revolução", que acarreta "a perfeição do indivíduo... e a decrepitude da espécie".

← [85] "funesto acaso" = descoberta da metalurgia e da agricultura. Como foram inventadas?

O homem observou a fusão dos metais nas erupções vulcânicas e o crescimento das plantas.

Mas acaso: pois estado da juventude do mundo era estável.

→ Como a metalurgia e a agricultura modificam as relações humanas?

A produção da vida humana é efeito da divisão do trabalho.

a) Os homens devem ajudar-se: o homem precisa do homem.

b) Os homens estão presos num processo de produção que ultrapassa seus poderes e sua antevisão.

---

85. Sinal presente no manuscrito.

Nova forma da temporalidade: no selvagem tempo instantâneo, imediato. O tempo se estrutura em função da estrutura das necessidades.

- Necessidade imediata → tempo instantâneo.
- Necessidade mediada → previdência, futuro, mas ainda curto.
- Divisão do trabalho → tempo social, comporta cálculo, tempo longo.

c) As artes engendram as necessidades, e as necessidades, as artes. Causalidade recíproca metalurgia-agricultura.

→ Assim, a condição fundamental dos homens muda: os homens dependem uns dos outros: não mais necessidade individual, todas as necessidades se tornam recíprocas.

Mas Rousseau sempre retomado pela idéia de que não há um processo sociológico global, mas uma dialética talentos-necessidades nos indivíduos. "As coisas nesse estado poderiam ter permanecido iguais se os talentos tivessem sido iguais"[86]: Rousseau reincide portanto no psicologismo, depois de ter desenvolvido uma teoria sociológica.

→ Ambigüidade da noção de propriedade: posse, não ainda realmente propriedade. Portanto, podem existir posses que escapam ao processo econômico global que Rousseau descreveu: pois ainda há uma possibilidade de escapar dele. A posse dos campos ainda não ocorre como processo econômico dominante, pois os homens ainda podem subtrair-se a esse processo: ainda há floresta → terra suficiente para que todos possam possuir, sem que essa posse tenha conseqüências sociais. A pos-

86. *Discours*, p. 174.

se ainda não é um processo social. As bases materiais da independência econômica ainda subsistem e permitem escapar à divisão do trabalho: ainda se pode "cultivar o próprio jardim". O lavrador depende dos homens para a charrua, mas não para desbravar a floresta e ocupar um terreno. Foi mesmo o ferro que, possibilitando desbravar a floresta, deu à natureza uma generosidade de segundo grau.

Assim, dialética: floresta insuficiente para garantir a independência do homem → artes: metalurgia → graças à charrua, a natureza volta a ser o campo de independência relativa, volta a ser suficiente.

Contudo:

- homem escravo da natureza, pois é preciso trabalhar;
- homem escravo de seus semelhantes para possuir utensílios.

Mas a natureza ainda não está integrada no processo social:

- relação indireta homem-natureza: utensílios;
- mas também direta: terras suficientes para que cada um encontre uma lavoura.

A necessidade das relações humanas ainda é uma necessidade parcial. A sociedade só existirá no sentido forte quando todas as relações do homem com a natureza forem necessariamente relações humanas.

Mas aparecimento da escravidão: baseada na dependência econômica, não no reconhecimento, como em Hegel. As coisas vão se agravar a partir de um fenômeno fundamental, que obrigará os homens a passar inelutavelmente pelos homens para satisfazer suas necessidades: o fenômeno do *fim das terras,* do fim da floresta. As posses acabam por cobrir o solo inteiro: já não há floresta para desbravar (cf. Kant: relação entre propriedade e rotundidade da terra). Já não pode haver nova posse às expensas da floresta, mas às expensas de outra posse → estabelecimento de novas relações humanas, às quais já não se pode escapar: dominação e servidão, estado de guerra, que são conseqüência da saturação das terras, do desaparecimento da possibilidade de independência econômica dos indivíduos. As relações humanas são agora necessárias. O homem agora está num novo elemento.

Para essa situação, duas saídas:

- guerra de todos contra todos;
- contrato social.

Estado de guerra:

- servidão e dominação;
- luta.

a) ← Saturação das terras.

b) Lutas ricos-pobres pela posse dos bens. Dialética da acumulação: o rico sempre quer possuir mais para ficar protegido.

c) Reinado da força, não física, mas econômica. Lei do mais forte, não direito do mais forte. Essa força, portanto, não é a primeira, mas oriunda de uma crise das relações econômicas: para os homens, é a solução de suas próprias contradições. A força não tem em si e *a priori* significado social: não é causa, mas efeito das relações humanas, solução de uma crise das relações humanas. O homem só incide no estado de guerra porque é obrigado → refutação de Hobbes. Essa necessidade já não poderá ser evitada, só poderá ser sublimada pelo contrato: o vínculo dos homens com os homens é inelutável.

Essa primeira solução põe a humanidade "às véspera de sua ruína" → segunda solução = contrato.

3) *O gênero humano "reflete" em sua situação miserável*

Em Hobbes também reflexão. Mas, em Rousseau, apenas alguns homens refletem: os ricos. Pois, na guerra, o rico tem mais que perder que o pobre: o pobre só arrisca a vida; o rico, os bens. E o rico também é ameaçado pelos outros ricos.

→ "usar a seu favor as próprias forças daqueles que o atacavam": pôr a seu serviço por efeito de um contrato bem calculado a hostilidade dos pobres.

→ "razões especiosas": os ricos apresentarão um interesse particular como um interesse geral.

Os pobres aceitam ser enganados pelos ricos. Resultado dessa mistificação = contrato: solução pela vontade dos homens para essa crise.

Características do contrato?

Provocado pela necessidade material da dependência dos homens entre si. Segunda solução para a crise. A vontade do homem vai intervir para mudar o sentido da necessidade material, mas ela é oriunda dessa necessidade. Necessidade que se torna voluntária por necessidade para resolver a crise da necessidade. Portanto, aí, não há conteúdo ideal, que aparecerá no *Contrato social*. Haverá uma decadência do contrato → novo estado de guerra: submetido aos avatares da necessidade histórica.

Mas, mesmo aí, ambigüidade:

a) Valor do contrato por uma razão formal: um acordo, mesmo enganoso, é acordo. Essa universalidade tem um valor em si mesma.

b) Mas o conteúdo do contrato depende das relações determinadas que existem entre os homens no momento do contrato. Portanto, ao mesmo tempo

- forma universal
- forma mistificada.

→ Duas concepções do contrato: uma, puramente formal, insiste na universalidade do acordo; outra, que considera esse contrato alienado, julgando-o segundo seu conteúdo. Qual é o conteúdo desse contrato?

a) A propriedade se torna direito irrevogável: a posse se torna propriedade. Evolução da propriedade:

- Posse da cabana.
- Posse da lavoura, mas a floresta existe.
- Posse da lavoura, sem mais floresta → guerra.
- Posse reconhecida = propriedade.

Leis sempre úteis àqueles que possuem. O conteúdo das leis civis é descrito em função da luta entre ricos e pobres.

b) Igualmente o conteúdo das leis políticas: o Estado é uma instituição segunda, posterior à existência da sociedade civil (≠ Hegel). As leis civis não bastavam para impor seu próprio respeito → necessidade de um aparato especial para fazer que fossem respeitadas. O Estado, portanto, só é entendido a partir da propriedade: papel funcional = a serviço dos interesses que dominam na sociedade civil. Assim:

- Estado ulterior à sociedade civil.
- Papel funcional a serviço da sociedade civil.

→ Refutação de todas as teorias contemporâneas sobre o Estado.

No início do *Contrato social*, problema = como tornar legítimo o contrato?

Rousseau, portanto, desenvolveu certo número de conceitos interessantes. Mas ambigüidade: duas interpretações possíveis:

a) Caso se enfatize o processo material e a dialética histórica que mostra o papel desempenhado pelas condições econômicas.

b) Caso se enfatize o caráter ideal da natureza humana e o caráter de decadência da história em relação a essa natureza ideal

→ pode-se interpretar Rousseau de dois modos:

- História como alienação (Hegel).
- Concepção materialista e dialética da história (Marx).

Rousseau, portanto, está na encruzilhada.

III. HEGEL[1]

A filosofia da história de Hegel pode ser apresentada como o sistema e a consumação dos conceitos elaborados pela filosofia do século XVIII.

No campo da filosofia da história, assim como em todos os campos, o pensamento de Hegel não constitui uma reação contra a filosofia do Iluminismo (cf. tese Dilthey-Nohl-Glockner etc.: Hegel romântico), mas é sua *consumação.* Assim, encontramos em Hegel

1. O texto deste capítulo foi estabelecido a partir de notas manuscritas de Althusser, que em seus arquivos estavam envoltos numa folha na qual se lia a indicação manuscrita: "Hegel. Filosofia da história". O próprio capítulo, encontrado de forma avulsa, está intitulado por Althusser "VII. Hegel". Como as notas de Althusser sobre Helvétius se intitulavam "V. Helvétius", e o capítulo seguinte, provavelmente, era dedicado a Rousseau, o texto datilografado (sobre Condorcet e Helvétius) e o texto manuscrito sobre Hegel provavelmente foram integrados num projeto comum em algum momento. O manuscrito sobre Hegel está numerado a partir da página 98, mas não foi possível encontrar as 97 páginas anteriores. As anotações de classe também contêm um capítulo sobre Hegel, bem parecido com as notas manuscritas de Althusser. Algumas vezes nos baseamos nelas para o estabelecimento do texto.

1) o tema positivo da singularidade das *totalidades históricas*, o tema da pregnância da totalidade histórica (← Montesquieu);
2) o tema do fim da história = consciência de si por parte do espírito (→ cf. Condorcet);
3) o tema *aufkl*[*ärung*] do motor da história: contradição entre a ideologia (espírito de um tempo) e suas condições sociais → cf. Helvétius;
4) o tema da dialética (cf. Rousseau) e da alienação;
5) o tema do *pessimismo da ação*[2] o tema do interesse e da paixão;
6) o tema da *Verstellung* e da astúcia da Razão[3].

Temas sistematizados e aprofundados
(problema: qual é a originalidade de Hegel?)
Mas outra característica de Hegel: esses temas estão presentes ao mesmo tempo numa *teoria da história* (teoria abstrata, filosófica) e numa *história escrita*. Cf. Filosofia da história[4] – não só introdução teórica, mas obra de um historiador com visão freqüentemente profunda.

A. As diferentes formas de história[5]

A introdução começa com o exame crítico dos *tipos de obras históricas existentes* (primeira vez que se faz essa crítica: no interior, no próprio âmago da obra histórica que se formula o problema da *filosofia da história*. Ponto de vista novo, *epistemológico*).

---

2. As anotações de classe contêm aqui uma referência a Helvétius.
3. Referência a Bossuet presente nas anotações de classe.
4. Hegel, *Leçons sur la philosophie de l'histoire*, trad. fr. J. Gibelin, Vrin, edição à qual Althusser se refere.
5. "Os diferentes planos da história" nas anotações de classe.

Hegel distingue três tipos de história:

- original
- reflexiva
- filosófica

1. História original

Heródoto, Tucídides, Xenofonte, César, Retz, cronistas. São historiadores imediatos: a história que eles contam versa sobre o *presente apenas.* Esses historiadores "transpõem para o domínio da representação... aquilo que existia exteriormente" (p. 17).

Não *lendas,* confusas representações, próprias dos "povos de espírito *confuso*" ("solo caduco"), mas história: "povos que sabem o que eram e o que queriam".

Tema desse historiador: "o que *é atual* e vivo em torno deles" (p. 18).

"o *espírito* do escritor e o das ações que ele conta é o *mesmo*".

Se é estadista (César, por exemplo), *"o que ele apresenta como históricos são seus próprios fins".*

Não lida com reflexões, pois vive no próprio espírito do acontecimento e ainda não o superou.

Mas – dirão –, essas histórias estão *cheias de discursos*? Não haverá reflexões, *juízos sobre a própria história*? A superação da história pelo historiador? Os discursos não exprimirão o ponto de vista do historiador?

É quase o que ocorre com os *discursos* e o *coro* na tragédia antiga.

– *Exemplo*: os *discursos* de Péricles etc. em Tucídides não são *"reflexões" – ou ficções –*, mas "ações": "nesses discursos, aqueles homens exprimem as máximas de seu povo..., a consciência de sua situação política, bem como de sua natureza moral e intelectual, os princípios de seus objetivos e de suas maneiras de agir. O que o historiador faz falar não é uma consciência de empréstimo, mas a própria cultura do orador" (p. 18).

Essa história capital:

- ler esses historiadores para "viver com as nações e nelas mergulhar"
- porque essa história exprime na representação os traços do espírito de um povo, de uma situação histórica determinada, em suma, de uma *individualidade histórica*: a individualidade de um povo em determinado momento.

→ mas, para que essa história seja possível, para que essa consciência imediata seja possível, é preciso que *esse espírito exista,* que essa *individualidade exista.*

→ negação do valor histórico dos mitos. "Quanto às lendas, aos cantos populares, às tradições, devem ser excluídos dessas histórias originais, pois ainda são modos confusos e, por conseguinte, particulares às representações dos povos de espírito confuso. Aí <na história original verdadeira>, estamos diante de povos que sabiam o que eram e o que queriam." Hegel menciona "o solo caduco onde cresceram essas lendas e poemas que já não constituem matéria histórica de povos chegados à firme individualidade"; só há história de um povo depois que esse povo conquistou a individualidade histórica → há povos fora da história.

2. História reflexiva

"Supera o presente" (p. 19), "história cuja narração não está em relação com a época".

a) Visão de conjunto do passado de uma nação. Exemplo Tito Lívio (Roma). "O trabalhador contribui com seu espírito, que difere do espírito do conteúdo."

Contradição: tornar *presente* o acontecimento (como no primeiro tipo), traduzir "*essa inflexão única* que deve ter todo indivíduo pertencente a determinada civilização". Ora, *essa inflexão é a mesma!* Tito Lívio faz os primeiros reis de Roma falar como *"um hábil advogado da época de Tito Lívio"*. Cf. a diferença entre *Políbio* e "a maneira como Tito Lívio o utiliza" (p. 20).

Aqui, ainda é inconsciente. Mas:

b) História pragmática, modo de tornar o passado presente. "Deixa de lado o passado e torna presente o acontecimento."

"Quando lidamos com o passado e tratamos de um mundo distante, abre-se para o espírito um presente que este extrai de sua própria atividade como compensação pelo trabalho."

Valor moral do passado. Objetivo consciente = fins presentes. Utilização do passado para a educação do presente.

Paradoxo: válido para a educação das crianças, mas "os destinos dos povos e dos Estados, seus interesses, suas condições e suas *complicações constituem outro domínio*".

De fato, diz-se que é preciso aprender com a história, "mas o que a experiência e a história ensinam é que os povos e os governos nunca aprenderam nada com a história...".

→ Percebe-se aí o subentendido da história reflexiva: projetar no passado os fins do presente.

Crítica ao uso que o século XVIII fez da história grega e romana: "Nada é mais monótono do que remeter aos exemplos gregos e romanos, como ocorreu com bastante freqüência entre os franceses na época da Revolução... Os franceses forjam com inteligência um tempo presente e depois remetem o passado às condições presentes."

Hegel também distingue na história reflexiva *a história crítica* (que faz a história da história, só se interessa pela história das fontes, e não pela história) e a *história parcial*: história da arte, da religião etc.

Em outras palavras:

1) História *interna* à história. O *verdadeiro espírito,* mas não universal (Tucídides).

2) História na qual a universalidade é *externa* ao conteúdo da história (seja o presente como espírito subjetivo projetado, seja o presente como fins morais projetados).

Mas essa simples distinção contém várias teses capitais:

1) O objeto da história é "a intuição profunda, livre e abrangente das situações" históricas (p. 20). Em outras palavras, o objetivo da história é "*atingir o presente*" em sua vida e sua alma específicas. Mas esse objetivo é *traído pelos próprios meios da história.*

2) A verdade da história original é ser uma *história interna a seu próprio presente,* ser *contemporânea de seu objetivo,* estar envolvida em seu objeto, o presente que ela deve compreender. Mas fracassa devido à sua própria condição, por efeito dessa *imediatez* e desse *envolvimento*: ela exprime o presente, mas não o compreende em sua profundidade. Isso quer dizer: *ela carece de universalidade, não situa o presente que exprime no curso total da história universal;* só satisfaz a uma das duas exigências fun-

damentais da história: expressa uma individualidade, uma totalidade histórica, mas toma essa totalidade, esse presente, como o próprio horizonte da história universal, em vez de compreendê-lo como um grau da história, um momento de seu desenvolvimento.

3) Mas essa contradição encerra outra verdade: se a história original compreende, capta tão bem o seu tempo, é porque existe acordo entre seu espírito e o espírito de seu tempo: "*a formação do autor e a formação dos acontecimentos a partir dos quais ele cria sua obra, o espírito do escritor e o espírito das ações que ele narra são o mesmo*". Isso quer dizer que *o espírito do escritor é necessariamente o espírito de seu tempo.*

4) Donde a *falência da história reflexiva*; provém do seguinte paradoxo: o historiador já não pertence à época cuja história ele conta: por isso, sua intelecção do passado nada mais é que a projeção de seu espírito no espírito do passado. *A reflexão sobre a história nada mais é que a reflexão do presente sobre o passado.* A retrospecção é a própria essência da obra do historiador reflexivo. Isso permite que Hegel desenvolva uma crítica profunda das condições históricas da reflexão histórica. Crítica em dois tempos:

Tito Lívio: aparentemente só persegue fins [científicos]. Mas, na prática, projeta no passado a estrutura de sua mente, ou seja, em definitivo, de seu tempo.

Contudo, mais profundamente com a *história pragmática*: o que o historiador projeta no passado é menos[6] a estrutura de sua consciência do que seus próprios fins subjetivos, que para Hegel são os fins de seu próprio

6. No manuscrito, a palavra "menos" está riscada e substituída por "não só"; visto que a seqüência da frase não foi modificada por Althusser, conservamos a palavra.

tempo. → donde a crítica notável do uso revolucionário da história da antiguidade "os franceses remetem o passado às condições presentes".

→ Mas então estamos num círculo (o mesmo círculo que havia em Helvétius): com que condição pode o historiador, submetido à determinação do presente, realmente *refletir sobre o passado*? Com que condição o presente pode ser a verdade do passado? O espírito do presente pode ser a verdade do espírito do passado? Neste caso, tampouco se recorre ao acaso, como em Helvétius, mas com a condição de que *o espírito do presente tenha precisamente como conteúdo a verdade que se tornou autoconsciente da razão em ação na história*. É a pressuposição implícita da solução de Hegel: *a história filosófica* resolve a contradição entre o presente e a reflexão, em outras palavras, entre o objeto da história e as condições históricas do historiador.

Necessidade de atingir verdadeiros princípios de reflexão.

Pontos de vista gerais: "se verdadeiros por natureza, estes já não constituem apenas o fio exterior, uma ordem exterior, mas a alma interior que conduz os acontecimentos e as ações" (p. 21).

"Somente a intuição profunda, livre e abrangente das situações, bem como o *sentido* profundo da idéia (como por exemplo no *Espírito das leis* de Montesquieu), pode conferir verdade e interesse às reflexões."

B. História e filosofia

"A filosofia da história não significa outra coisa senão sua consideração reflexiva" (p. 22). Mas logo *contra-*

dição aparente[7] entre filosofia e história. Apresenta problema:

1) "Na história o pensamento está subordinado à realidade existente: ele a tem por fundamento e guia."

2) Na filosofia, seriam produzidas idéias *"sem se considerar o que é"*. Filosofia da história *seria tratar a história "como matéria sem a deixar em sua integridade e arranjando-a de acordo com a própria idéia; portanto, ela a construiria, como se diz,* a priori" (p. 22).

"Ora, como a história só tem de compreender o que é e foi, acontecimentos e ações, sendo mais verdadeira quanto mais se a tiver ao dado, parece que esse modo de proceder contradiz o objeto da filosofia."

Hegel opõe a essa *contradição* duas razões que mostram que ela é vã. O que a filosofia dá à história são condições teóricas para que a história se constitua. Em dois níveis:

1. No nível da racionalidade de seu objeto

A filosofia propicia aí a seguinte idéia: "a história universal é racional" (p. 22). *"Essa convicção e essa visão constituem uma presunção em relação à história como tal; não é uma presunção em filosofia."*

a) *Em filosofia:* está provado que a razão *"vive de si mesma; é para si mesma a matéria que elabora; assim como se presume a si mesma e é o fim absoluto, também é seu exercício"*.

7. "Aparente" figura nas anotações de classe, mas não nos manuscritos de Althusser.

b) No entanto, Hegel não supõe que a filosofia seja conhecida. Ele *pode exigir* dos historiadores a *necessidade* (subjetiva) de conhecer = a fé "de que há razão nessa história e também de que o mundo da inteligência e da vontade consciente não está entregue ao acaso".

"De fato, não devo pretender de antemão tal fé." A *"presunção"* não passa de "*resultado do exame que devemos fazer, resultado que só é conhecido porque já conheço o conjunto*". É *"do próprio estudo da história universal"* que *"deve resultar que tudo ocorreu racionalmente... Devemos tomar a história como ela é e proceder empiricamente"* (p. 23).

Logo, a filosofia não dá à história seu conteúdo *a priori*. Ademais, são os historiadores as vítimas do erro que censuram à filosofia. Isto porque, quando o historiador diz: é preciso "*captar fielmente a história*", a expressão é "ambígua". "O historiador comum e medíocre" que *"talvez acredite que sua atitude é puramente receptiva ou pretenda que o seja,* achando que se entrega ao dado, não é passivo em seu pensamento, contribui com suas categorias, vendo os fatos através delas." O historiador contribui com suas próprias categorias para a interpretação dos dados históricos; contribui até mesmo com construções puramente míticas (idéia de um povo único, instruído por Deus na origem)[8].

A única exigência que a filosofia faz à história é a de *racionalidade* da história, visto que esta exigência possibilita a constituição da história, assim como possibilitou a constituição das ciências da natureza.

Cf. Anaxágoras: a inteligência governa o mundo – "não inteligência como *razão consciente...* duas coisas que devemos distinguir criteriosamente" (pp. 23-4). Exemplo: o *sol* segue leis *"sem ter disso consciência"*.

---

8. Essa frase, proveniente das anotações de classe, corresponde a notas riscadas no manuscrito de Althusser.

Ora, esta idéia de Anaxágoras: "determinado pensamento que pode parecer-nos trivial não existiu sempre".

Essa idéia aplicada na concepção religiosa da *Providência*. Mas é um princípio que permanece *indeterminado* e não explica *"o conjunto do curso da história"*.

"Explicar a história é desvendar as paixões, o gênio e as forças agentes do homem" (p. 25).

Determinação da Providência: seu *plano*. Paradoxo desse *plano*: deve permanecer obscuro para ser divino (p. 25, excelente desenvolvimento crítico)[9].

Providência: ou plano geral, mas vazio, ou ação em vista de determinado homem; neste caso, "pequeno comércio"[10].

(o grande vazio e o varejo)

---

9. "Ora, explicar a história é desvendar as paixões, o gênio e as forças agentes do homem, é aquela determinação da Providência que em geral denominamos seu *plano*. Mas, conforme se diz, esse é o plano que está oculto a nossos olhos, sendo até temerário querer conhecê-lo. (...) Mas, mencionando o conhecimento do plano da divina Providência em geral, lembrei uma questão de capital importância em nossa época, a saber, a possibilidade de conhecer Deus, ou melhor – visto que isso deixou de ser uma questão –, a doutrina (convertida em preconceito) de que é impossível conhecer Deus. Opondo-nos claramente àquilo que é apresentado na Santa Escritura como dever supremo, a saber, não só amar a Deus, mas também conhecê-lo, geralmente negamos hoje as palavras que nela se encontram, de que é o espírito que conduz à verdade, de que ele conhece todas as coisas e penetra até nas profundezas da Divindade. Pondo o Ser divino além de nosso conhecimento e, em geral, fora das coisas humanas, adquirimos a facilidade de entregar-nos às nossas próprias representações. Não é preciso pôr o conhecimento em relação com o divino e o verdadeiro; pelo contrário, a vanidade do conhecimento e o sentimento subjetivo são perfeitamente justificados; e o pensamento humilhado, apartando de si o conhecimento de Deus, sabe muito bem o que com isso ganham seu prazer e sua vã agitação."

10. "Não podemos, pois, nos ater, por assim dizer, a esse pequeno comércio da fé na Providência e tampouco à fé puramente abstrata e vaga que só deseja chegar à idéia geral da existência de uma Providência, e não a seus atos determinados."

Compreender a necessidade do *mal*. *Racionalidade do mal?*

Não é captar a razão em geral (Providência), mas "captar a razão em sua determinação" (p. 26).

→ donde a necessidade de "conhecer Deus" (p. 25).

2. No nível da estrutura de seu objeto

A filosofia não desempenha apenas o papel de garantia da racionalidade da história; também desempenha um papel teórico fundamental. Cf. p. 57: necessidade de uma *teoria abstrata* em toda ciência.

"Kepler... devia *a priori* conhecer as elipses, os cubos, os quadrados e as idéias de suas relações, antes mesmo de descobrir, de acordo com dados empíricos, suas leis imortais que consistem em determinações dessas esferas de representações."

Sem essa teoria abstrata, ou seja, sem o conhecimento dos *princípios* da esfera, ou seja, da região da objetividade visada pela ciência, Kepler poderia ter estudado o céu pelo tempo que quisesse, e não teria descoberto suas leis.

A que corresponde essa teoria abstrata? *"O importante... nesse processo do entendimento científico é que o essencial seja distinguido e separado daquilo que se chama insignificante... voltar-se para o que é realmente essencial."*

Essa teoria abstrata é freqüentemente tomada como um elemento *a priori* e estranho ao conteúdo empírico das ciências. Essa ignorância dos princípios essenciais do objeto da ciência *"é origem de uma parte das censuras feitas a certa teoria filosófica sobre uma ciência, aliás de caráter empírico, com referência àquilo que se chama apriorismo e introdução de Idéias nessa matéria. Tais determinações de idéias parecem então algo estranho que está fora do assunto".*

Portanto, duas razões que constituem uma unidade:

a) A teoria abstrata possibilita distinguir o essencial do não-essencial → crítica de várias formas de história: história que põe em primeiro plano o juízo moral, história comparada das diferentes culturas etc.

b) Mas o essencial é o que constitui a estrutura típica do objeto considerado, sua essência específica.

Mas esses princípios hegelianos (relação entre filosofia e história) podem ser interpretados de dois modos:

a) *Sentido epistemológico* – e nesse sentido apresentam o interesse de mostrar que a história, se quiser ser científica, deverá considerar seu objeto como objeto *inteligível e racional* (condição formal de toda ciência) – e, além disso, recorrer a uma *teoria abstrata,* sem a qual não pode pensar seu objeto, contanto que essa teoria não seja produto da subjetividade do historiador, mas a teoria da *estrutura mesma de seu objeto,* em sua essencialidade específica – sendo então a filosofia nada mais que *a ciência em seus princípios mesmos.*

b) Mas também sentido puramente filosófico: então a racionalidade da história já não é um princípio epistemológico, mas obra da razão: o problema da filosofia da história é o dos fins da história.

"Se admitirmos que a Providência se revela nas matérias, nos objetos <animais, vegetais...>... por que não também na história universal?" (p. 26).

"Deve estar na hora, enfim, de compreender também essa produção da razão criadora: a história universal."

"Nossa proposta: a razão dirige e dirigiu o mundo está ligada à questão da possibilidade do *conhecimento de Deus*" (p. 25).

"Nossa meditação é, nessa medida, uma teodicéia, uma *justificação de Deus...*" (p. 26).

Não só a racionalidade, mas também a *essência* do objeto histórico, assume um sentido não mais científico, porém filosófico. Cf. *"O essencial é... a consciência da liberdade." "A história universal é o progresso na consciência da liberdade – progresso cuja necessidade devemos reconhecer"* (p. 30). O que nos conduz à essência da história.

C. Essência da história

"A história universal desenrola-se no domínio intelectual." "A natureza física também intervém na história universal... Mas o substancial é o espírito" (p. 27).

Tudo isso se baseia numa oposição entre *natureza* e *história*, ou seja, entre natureza e espírito. Que oposições?

1) Natureza é exterioridade a si mesma. Espírito = interioridade a si mesmo[11].

– Substância da matéria = gravidade.

– Substância do espírito = liberdade.

A matéria pesada está fora da unidade e busca essa unidade, tem fim fora de si mesma; se sua essência coincidisse consigo, ela não seria matéria, seria ponto geométrico.

Ao contrário, o Espírito tem em si mesmo o seu centro, encontrou a unidade, está em si e consigo (*bei sich* = "nele": definição da liberdade). Espírito = interioridade = ser *bei sich* = consciência de si (pois a consciência de si é o único ser para o qual tudo o que está fora dele nada mais é que ele mesmo).

2) A história é *"alienação do espírito no tempo"*. *"A história universal... é a alienação do espírito no tempo, assim como a*

11. A seqüência deste parágrafo só se encontra nas anotações de classe.

Idéia enquanto natureza se aliena no espaço" (p. 62). Cf. *"a natureza não tem história"*.

No entanto, há mudanças na natureza, há *tempo natural*, uma evolução natural, mas não história.

Por quê? Tempo da história: "ela apresenta um progresso para o melhor, para o mais perfeito".

A natureza: *"nela nada se produz de novo"; ciclo monótono. "Ele só se produz de novo nas mudanças ocorridas no domínio espiritual."*

A história tem uma determinação própria e diferente da natureza: *"perfectibilidade"* (p. 50).

Cf. *a evolução "também convém aos objetos naturais orgânicos"*.

Cf. o *germe*, o ovo: há também uma *interioridade* porque não é o exterior que os produz, e sim o princípio interno que se diferencia, entra em contato com o inorgânico, mas, em vez de nele se perder, torna-se proveitoso para o orgânico. *"O indivíduo orgânico se produz a si mesmo, se faz o que é em si. Do mesmo modo, o espírito é aquilo que ele se faz e ele se faz aquilo que ele é em si"* (p. 51).

A diferença é que a evolução natural se faz "de modo imediato, sem oposição nem obstáculo". "No espírito é diferente... o espírito opõe-se a si mesmo em si; ele é para si mesmo o verdadeiro obstáculo hostil que deve vencer; a evolução, calma produção na natureza, constitui para o espírito uma luta dura e infinita contra si mesmo. O que o espírito quer é atingir seu próprio conceito; mas ele o oculta de si mesmo e, nessa alienação de si mesmo, sente-se orgulhoso e alegre."

Essa condição do espírito: ou seja, uma alienação no interior de si mesmo, constitui toda a diferença em relação à *evolução natural*.

– Esta produz o mesmo no fim → o germe (ciclo). Tempo não criador.

– A história é diferente: no fim, temos um termo diferente do início.

= *Dialética do espírito em seu devir* rumo a *seu fim*. Categorias:

a) *"Transformação"*. O homem descobre ruínas e compreende que a morte é a aurora de uma vida nova (p. 62). Esquema da alienação do espírito: ele se aliena partindo de si e produz uma "cultura" (economia política, instituições políticas e jurídicas, artes, filosofia etc.), realização daquilo que ele é em si; mas, ao mesmo tempo, contradição entre o espírito e sua realização: a *cultura* do espírito torna-se matéria de uma *cultura nova*[12] (p. 63). Transformação não "passagem", mas *"reelaboração de si mesmo"*. *"Cada uma de suas criações que o satisfez opõe-se de novo a ele como matéria e o impele a nova elaboração."* O espírito "só tem de haver-se consigo mesmo".

b) Dialética da *transformação*. O espírito se *realiza*, *se objetiva* → se satisfaz. Cf. espírito do povo inglês (intenção de dominar o mundo etc.) → realização: o Império inglês. *"Ele tem o que deseja."* "A *necessidade está satisfeita*." Morte por hábito → *tédio* ("um povo só pode morrer de morte violenta se estiver morto em si naturalmente" (p. 64)).

Cf. "fruto amargo": p. 66 (ler texto)[13].

12. As anotações de classe contêm "a cultura produzida pelo espírito torna-se matéria de um novo espírito".

13. "A vida de um povo amadurece um fruto; pois sua atividade visa a consumar seu princípio. Mas seu fruto não cai no regaço do povo que o produziu e amadureceu; ao contrário, torna-se para ele uma bebida amarga. O povo não pode apartar-se dele, pois tem uma sede infinita dele, mas saborear essa beberagem é sua ruína, ao mesmo tempo, porém, é o raiar de um novo princípio."

3) Qual é o resultado dessa auto-alienação do espírito em si mesmo? Não a pura destruição natural ou a repetição, mas a *interiorização* consciente de si: na natureza orgânica o que subsiste é a *espécie*, mas sempre a mesma. Na história é uma espécie infinita: o pensamento, a consciência de si.

"A conservação da espécie é a retomada uniforme do mesmo modo de existir: deve-se observar, ademais, que o conhecimento, a compreensão do Ser pelo pensamento é fonte e lugar de origem de uma nova forma e, realmente, de uma forma superior em um princípio de conservação e de transfiguração ao mesmo tempo. Pois o pensamento é o geral, a espécie que não morre, que permanece semelhante a si mesma. A forma determinada do Espírito não passa apenas naturalmente para o tempo, mas se resolve na atividade espontânea e consciente da consciência. Como essa resolução é atividade do espírito, é conservação e transfiguração ao mesmo tempo. Assim, enquanto suprime (aufhebt) *a realidade, a consistência daquilo que é, o espírito ganha a essência, o pensamento, o elemento geral daquilo que ele era unicamente... O resultado dessa evolução, portanto, é que o espírito, enquanto se objetiva e pensa seu ser, por um lado destrói a determinação de seu ser e, por outro, capta seu elemento universal, dando assim uma direção nova a seu princípio"* (pp. 65-6).

→ O fim da história: tomada de consciência da essência mesma do espírito (início e fim), a liberdade.

O espírito. Sua substância, *"sua essência é a liberdade"*, assim como a *"substância da matéria é a gravidade"* (p. 27).

"A história universal... é a representação do espírito em seu esforço para adquirir o saber de daquilo que ele é."

"Assim como o germe traz em si a natureza inteira da árvore, o gosto, a forma dos frutos, também os primeiros vestígios do espírito contêm virtualmente toda a história" (p. 27).

a) Orientais: "não sabem que em si o homem é livre"
"como não o sabem não o são". Só um é livre → déspota.

b) Gregos: Neles "nasceu primeiro a consciência da liberdade, por isso foram livres".
"sabiam que alguns são livres"
"Por isso"
- tiveram escravos!!
- sua liberdade é limitada (pp. 27-8).

c) *Cristianismo*: sabe que todo homem é livre, mas tarefa demorada e árdua de realizar esse princípio
<*por que essa demora*??>
"Por isso" a escravidão não desapareceu de imediato.

"Essa aplicação do princípio aos assuntos do mundo... é o longo processo que constitui a própria história... A história universal é o progresso na consciência da liberdade" (p. 28).

D. Os meios do espírito

Mas paradoxo: como o fim da história é realizado? Contraste entre o *fim* da história e a realidade imediata de seu conteúdo: a ação *humana*.

Os *"meios" do espírito* explicam o *"próprio fenômeno da história"*. Esse fim da história (fim *interior,* que não se vê) vale-se de meios *exteriores,* que se vêem: são as paixões e os interesses dos homens (cf. lógica pessimista da ação no século XVII) que "aparecem como motivações e intervêm como o principal fator" (p. 29).

São as *"necessidades do homem"*, sua "paixão", que concretizam, realizam o princípio (liberdade).

Trecho p. 31 sobre o interesse pessoal como motor geral da história.

→ *"Dois elementos intervêm em nosso assunto: um é a idéia, outro são as paixões humanas; um é a urdidura, o outro é a trama do grande tapete que constitui a história universal estendida diante de nós."*

<A unidade de idéia e interesse privado realiza-se no *Estado* (p. 32) depois de longa luta entre *interesses privados*>.

As *necessidades*, a atividade do interesse, *sem saber*, consumam o fim da história.

"Essas atividades vivas dos indivíduos e dos povos, ao buscarem e ao *satisfazerem seu ser"* também são *"meios e instrumentos de uma coisa mais elevada e mais vasta que ignoram e consumam inconscientemente"* (p. 32).

"o geral, porém, está encerrado nos fins particulares e realiza-se por eles. Síntese:

- liberdade (necessidades, atividade individual)
- necessidade (o geral)

Cf. p. 33 *análise dessa liberdade subjetiva* formal e particular: "ponto de vista da felicidade e da infelicidade". Prova da transcendência do fim da história em relação aos fins subjetivos dos indivíduos.

"A história universal não é o espaço da bem-aventurança. Os períodos de felicidade são suas páginas brancas; pois são períodos de concórdia, nos quais está ausente a oposição."

Problema: como, ao perseguir seu fim subjetivo e particular, o homem produz o fim geral?

Análise da *Verstellung* na ação pelo efeito da própria natureza da ação: *a* Verstellung *é a essência da ação.*

Cf. construção da casa (p. 33): os elementos *utilizados contra si mesmos*. Fim interior: meios = ferro, água, pedra, fogo etc. → "os elementos são utilizados segundo sua natureza e colaboram para um produto que limita sua ação" ("pedra, governada por gravidade, serve para fazer altas muralhas")[14].

"As paixões se satisfazem de modo análogo, realizam-se assim como seus fins seguindo sua destinação natural e produzem o edifício da sociedade humana, *tendo fornecido o poder, ao direito, à ordem, contra si mesmas.*"[15]

a) O homem, ao realizar seu fim, também produz "alguma coisa que se oculta em seu bojo, coisa de que sua <dos homens> consciência não se dava conta e que não estava em suas intenções".

– *Exemplo*: o homem *que quer vingar-se* ateia fogo à casa → arruína e mata gente (p. 34). "Isso não estava incluído nem na ação geral nem na intenção daquele que tomou a iniciativa."

b) Ademais nessa ação há crime e → castigo! (a ação se volta contra o autor).

– "na ação imediata pode haver coisa diferente do que há na vontade e na consciência do autor"

– além disso, "a própria ação se volta contra aquele que a praticou".

Contudo, tal concepção da Astúcia da Razão e da *Verstellung* acaso não nós remete a uma teoria da *Providência* que Hegel criticou, ou seja, à consciência vazia do sentido universal da história cujo conteúdo particular é sacrificado a seu significado transcendente? O absoluto

14. Essa frase foi extraída das anotações de classe.

15. Essa é a tradução de Gibelin, usada por Althusser.

não será apenas o fim da história, fora da história? Ele está na própria história, na própria existência do espírito: o Estado.

E. Existência do espírito: o Estado

[16]Teoria de Hegel: o absoluto está na história, em forma de Espírito, cuja realização é o Estado (= um povo que tem um Estado). Estado = síntese real da vontade subjetiva (paixões, interesses etc.) e da Idéia. É o Universal em ato (→ não é preciso esperar o fim da história para que a história seja real).

1. O Estado como existência do espírito

A vontade subjetiva (interesse) é "a *matéria* que serve para realizar o fim racional" (p. 40). Dois aspectos:

a) Ela é *"dependente"* de suas paixões, de sua subjetividade.

b) Ela "também tem uma vida substancial, uma realidade em que se *move no essencial,* tendo *o essencial como fim de sua existência.* Esse essencial é a união das vontades subjetiva e racional: é o *todo moral* – o *Estado* que é a realidade em que o indivíduo possui sua liberdade e a frui, na qualidade de saber, fé e vontade do *geral*" (p. 40).

"No Estado, o geral se encontra *nas leis,* em determinações gerais e racionais."

<o Estado *como universal em ato*>

---

16. Extraímos este parágrafo das anotações de classe, para depois retomar as notas de Althusser.

<o relativismo das subjetividades *suspenso por esse absoluto*>

Isso supõe que o Estado não é um meio para o interesse → crítica das teorias utilitaristas. A essência do Estado não é constituída pelas necessidades[17]. O Estado não é *"um meio"* para a subjetividade, para o *interesse*, não é a limitação dos interesses, "essa coibição recíproca" que deixa "a cada um pequeno espaço onde possa entregar-se a si mesmo... Essa liberdade que se limita é o arbitrário concernente ao particular das necessidades".

Estado: "unidade da vontade geral essencial assim como da vontade subjetiva" (p. 41). É isso que constitui a *Sittlichkeit*.

"Na história universal só se pode tratar de povos que formam um Estado... Um Estado é a realização da liberdade, ou seja, do objetivo final absoluto, ele existe para si mesmo... Todo o valor que o homem tem, toda realidade espiritual, ele só tem graças ao Estado" (p. 41).

"A realidade espiritual do homem": "só quando seu ser, o racional, é objetivo para ele que sabe, quando tem para ele uma existência objetiva imediata, *só assim o homem é consciência, só assim ele está nos costumes, na vida legal e moral do Estado*" (p. 41).

"No Estado o geral está nas leis, nas determinações gerais e racionais" (p. 41).

[18]Caráter fundamental de um Estado = leis: existência objetiva, imediata do universal. É isso que possibilita distinguir os povos que não têm Estado daqueles que o têm.

---

17. As duas frases anteriores foram extraídas das anotações de classe.

18. Esse parágrafo é extraído das anotações de classe.

→ contemporaneidade do início da história e da ausência de documentos, cf. o problema de Condorcet: esses documentos foram perdidos, não por acaso, mas porque os povos não tinham Estado → não tinham história. As narrativas históricas só existem a partir do momento em que a história existe como tal para o povo que a escreveu = onde esse povo está implicado pela interiorização que caracteriza a história; e essa interiorização é produzida pelo Estado: o Estado, para durar, é obrigado a interiorizar seu passado para conservá-lo, sente a necessidade de conservar o universal. Pré-história = época sobre a qual não temos narrativas, porque essas narrativas eram supérfluas, pois não havia Estado.

Paradoxo da Índia: tem livros, mas não Estado.

Anexo problema do início da história (cf. ficha e pp. 52-6)[19]

"a existência inorgânica do espírito... a imbecilidade ou até mesmo a excelência, ignorante do bem e do mal e, por conseguinte, das leis, eis aí o que não é objeto da história" (p. 54)

família = pré-história: é preciso que "a unidade do espírito saia dessa esfera de sentimento"

que espírito ≠ de natureza, obscuros... procurem tornar-se transparentes para si mesmos... → é preciso o Estado. Povos sem Estado... (p. 54)

dispersão das línguas = pré-história

história = *fato e narrativa, a narrativa histórica/contemporânea do fato histórico "é um fundamen-*

19. As linhas que seguem correspondem à "ficha" conservada por Althusser sem indicação de paginação.

to interno comum que os faz manifestar-se juntos..." (p. 55)

vínculo entre duração da lembrança/duração do Estado (pp. 54-5)

a existência do Estado (≠ da família ou religião) é "exterior" (leis), *"é um atual incompleto e para integrá-lo a inteligência exige a consciência do passado"*

pré-história = ausência de narrativa – (nada *que conservar*) <a memória histórica, função de *conservação* cf. no Estado>: "somente no Estado são dadas, com a consciência, leis claras das ações e, com elas, a clara consciência destas, que confere *a capacidade e a necessidade de conservá-las assim*" (p. 55)

Ex[ceção][20] a Índia tem livros, mas *não história*, pois castas transformadas em *natureza* → ausência de *Sittlichkeit*. Vínculo social irracional, não há *fim*!! história *rasteira*! *ausência de história, apesar do desenvolvimento lingüístico* (pp. 55-6).

2. Estado como totalidade espiritual

Elogio de Hegel a Montesquieu, por ter concebido as realidades históricas como totalidades que dão significado a todas as determinações, em vez de serem a soma dessas determinações: "Somente a intuição profunda, livre e abrangente das situações, bem como o *sentido* profundo da idéia (como por exemplo no *Espírito das leis* de Montesquieu), pode conferir verdade e interesse às reflexões" (pp. 20-1).

"A constituição de um povo, com sua religião, sua arte e sua filosofia, ou pelo menos com suas representa-

20. Ou "exemplo"?

ções e pensamentos, constitui sua cultura em geral (para não citar as outras potências externas, como o clima, os vizinhos, a situação no mundo), uma substância única, um espírito único" (p. 45).

→ não se pode tratar "à parte" um *"lado particular"* dessa *"totalidade individual"* do Estado como a *constituição.* Impossível separar esses elementos → não é possível fazer abstratamente uma história da arte, do direito etc. *Idem*: impossível comparar epopéias hindus com epopéias gregas etc.

Como união do lado objetivo e subjetivo, "o Estado, portanto, é a base e o centro dos outros lados concretos da vida popular, a arte, o direito, os costumes, a religião, a ciência" (p. 47).

Os homens de uma época possuem o Estado, mas também são possuídos por ele[21].

Arte, religião, filosofia no mesmo terreno que o Estado. Momentos privilegiados dessa totalidade têm valor absoluto, visto que o Estado é um absoluto. "A religião é o terreno em que um povo define para si mesmo o que considera a verdade... A representação de Deus constitui, pois, a base geral de um povo" (p. 48). → "O Estado fundamenta-se na religião" a fim de que a religião sirva para manter o respeito nos homens, mas na medida em que a

21. Essa é a versão das anotações de classe. Nas notas de Althusser consta: "os homens possuem uma história" e "são por ela possuídos". A referência é "O Estado, suas leis e suas instituições, são os direitos dos indivíduos do Estado; sua natureza, seu solo, suas montanhas, o ar, as águas constituem o país, a pátria, a propriedade exterior dos indivíduos; a história desse Estado... é propriedade deles e vive em sua lembrança. Mas, em sendo sua propriedade, estes também são por ela possuídos, pois isso constitui a substância, o ser deles" (p. 49).

religião é a imagem por trás da qual os membros de um povo determinado podem contemplar sua própria substância.

Mas não se deve isolar essa totalidade histórica do conjunto do devir do espírito. Para compreender um acontecimento histórico, é preciso relacioná-lo com duas coordenadas:

a) a totalidade histórica do qual faz parte

b) o conjunto da história universal, "a mais alta sanção", "a mais alta necessidade". Pois "o espírito nacional determinado nada mais é que um único indivíduo no curso da história universal" (p. 50).

F. Motor da história

Até agora, portanto, vimos a história

a) em seu fim: o progresso da consciência da liberdade

b) em seus meios: a paixão humana e sua dialética de *Verstellung*

c) em sua *existência*: o Estado.

Se a história é encarnada em Estados, em totalidades individuais, povos determinados, resta compreender como essas *totalidades se movem*, como são sujeito do devir histórico. "Na apreensão e na intelecção da história, o mais importante é possuir e conhecer a idéia dessa transição... a necessidade interior e conceitual da mudança" (p. 66).

Cf. teoria dos grandes homens. Os grandes homens aparecem nos momentos de crise, quando se dá a transição. "*É aí, justamente, que ocorrem as grandes colisões entre os deveres, as leis e o direito, existentes e reconhecidos, e as possibilidades que se opõem a esse sistema, que o lesam e, bem mais, minam seu fundamento e sua realidade...* Essas possibilidades tornam-se então históricas; encerram um valor geral diferente do valor que constitui a base da existência de um povo ou de um Estado; é um momento da idéia produtiva... *Os homens históricos, os indivíduos da história mundial são aqueles cujos fins possuem tal valor geral."*

César transformou a história porque expressava o espírito do futuro, que estava enterrado no presente. Os grandes homens "hauriram seus fins... de uma fonte cujo conteúdo está oculto e ainda não chegou à existência atual, no espírito interior, ainda subterrâneo, que bate contra o mundo exterior como a um caroço e o quebra, porque não é a semente que convém àquele caroço". Eles conhecem "a raça próxima que já existia interiormente". "Tornam consciente a interioridade inconsciente" (p. 35).

Assim, os grandes homens não são autores da história, mas auxiliares, tomados na *dialética motriz da história.* Não saltam por cima de seu tempo, mas captam em seu tempo a contradição que os outros não captam. Essa contradição é a que existe entre a ordem existente e o espírito interior novo (casca e semente). Mas essa contradição é uma contradição interior ao espírito, pois a ordem existente é o produto de um espírito anterior. Em outras palavras:

a) O espírito interior (em si) realiza-se, sai de si → cultura de um povo = *condições sociais determinadas* (império grego, império ateniense).

b) Essas condições sociais determinadas (produzidas por um espírito interior, ou seja, por um grau do espírito que nela se aliena), ao se realizarem, produzem a alienação, móbil dialético da alienação do espírito, um *espírito novo* diferente do espírito antigo, portanto, diferente das condições sociais em que ele se realizou. É no próprio interior da cidade-Estado grega que nasce o espírito novo.

c) Então existe uma contradição entre a casca e a semente, ou seja, entre as condições sociais, políticas e jurídicas existentes e o espírito *interior* que se produziu nelas: essa contradição entre a realização do antigo espírito e o novo espírito não realizado (contradição que se reduz ao esquema da alienação) é o motor da subversão da ordem social existente.

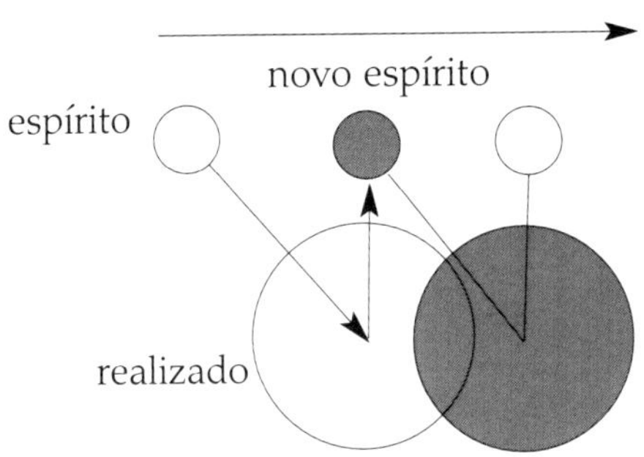

a) Contradição que move a história = contradição entre as relações de produção e a ideologia (exemplo: século XVIII: contradição entre feudalismo-absolutismo e filosofia do Iluminismo, filosofia da liberdade).

b) Mas, como são realização de um espírito em si, essas condições sociais não são determinantes em última análise → a contradição entre o espírito e as instituições nada mais é que o fenômeno da contradição entre o antigo espírito e o novo espírito.

Portanto, dois modos de conceber a história, em que a primeira é apenas fenômeno da segunda:

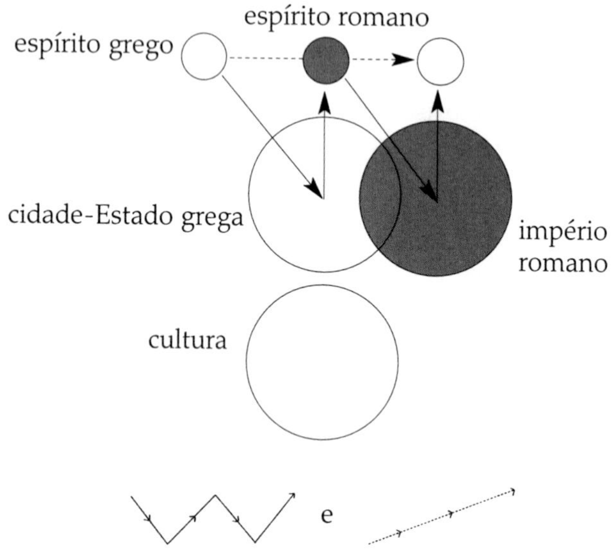

Significa, definitivamente, que o motor definitivo da história já não é o corpo do espírito, mas sua essência interna, a *liberdade,* tomada de consciência de si por parte da liberdade.

→ A verdadeira história é a história dessa tomada de consciência: a história da *filosofia,* ou seja, a história da tomada de consciência da *razão eterna* que *move a história.*

Pode-se assim resolver a contradição entre a história original e a história reflexiva: o espírito do presente é o espírito do passado que chegou à consciência de si. No fim das contas, no passado, "estamos diante do atual". "A forma atual do espírito compreende em si todos os graus anteriores" (p. 66).

Na época de Hegel, a história está terminada, e por isso é possível sua intelecção.

Poderá haver uma intelecção da história *que reconheça* sua abertura? → *Marx.*

IV. A PROBLEMÁTICA DA HISTÓRIA NAS OBRAS DE JUVENTUDE DE MARX[1]

Problema capital: problema do Estado. Os intelectuais alemães de 1830 o encontram em duas formas: 1) Sua realidade: o Estado prussiano reacionário, policial, atrasado em relação à Europa ocidental. 2) A teoria do Estado de Hegel, ensinada em todo lugar e poderoso esteio do Estado prussiano.

No entanto, essa teoria continha elementos que os acontecimentos revolucionários de 1830 ajudaram os jovens intelectuais alemães a trazer à tona → núcleo teórico dos jovens hegelianos.

Os jovens hegelianos constatam a contradição entre o conteúdo reacionário do sistema hegeliano e seu método revolucionário. Quais são esses elementos revolucionários?

1) Idéia de que a história é a realização da liberdade e da razão.

---

1. Na falta de notas redigidas pelo próprio Althusser em seus arquivos, tomamos a versão das anotações de classe. Embora o título corresponda, com muita probabilidade, ao título anunciado no início por Althusser, o capítulo termina com uma longa análise da "concepção definitiva" de Marx.

2) Idéia de que a história é um processo dialético, portanto que não está terminada e de que há esperança. Conclusão: o Estado deve tornar-se Estado da liberdade. A história deve produzir a liberdade que ainda não existe.

Marx parte daí → seu pensamento se elabora em três momentos:

1) Aceita integralmente essa concepção hegeliana de esquerda liberal.
2) Essa teoria liberal é substituída por uma teoria revolucionária utópica e moral: teoria da alienação.
3) Forma definitiva: concepção revolucionária materialista e científica.

A. Estado = Idéia realizada no sentido hegeliano

Retomada da idéia de que o Estado, por sua própria natureza, está acima da sociedade civil, da "sociedade das necessidades"; de que é do Estado que deve vir o sentido universal dado à história: Estado dispensador da razão e da liberdade na sociedade.

Mas, como o Estado prussiano é a sede da servidão, contradição entre o Estado racional em si, por sua natureza de Estado, [e o Estado prussiano concreto][2], que é na verdade irracional. Portanto, aí Marx não põe em xeque a definição hegeliana de Estado: apenas contradição entre seus fins racionais e sua realidade irracional → pro-

2. Introduzimos esse trecho entre colchetes, visto que a frase contida nas anotações de classe estava sem sentido.

blema = tornar o Estado racional: a destinação do Estado prussiano é tornar-se liberal. O problema ocorre entre a essência do Estado e sua existência. "A razão sempre existiu, mas nem sempre em sua forma racional."[3] Como chegar a isso? Por meio da crítica filosófica, que deve chamar o Estado de volta à sua destinação. Dois partidos na Alemanha: o partido do conceito e o partido do não-conceito. Na prática, isso quer dizer que a revolução é um trabalho de informação filosófica.

Mas fracasso: o rei da Prússia não ouviu as vozes da razão.

→ Divisão entre os neo-hegelianos:

1) Primeiro grupo em torno de Bruno Bauer: acentuam o caráter anarquista de sua crítica. Se seus esforços fracassaram, foi devido à falta de inteligência da massa. Portanto, mantêm a idéia da racionalidade em si do Estado e acusam as massas de não os terem entendido → conflito, não mais entre a filosofia e o Estado, mas entre a filosofia e a massa.

2) Segundo grupo: Marx, Ruge, Feuerbach: procuram na irracionalidade do Estado a causa do fracasso. Problema: por que a existência do Estado contradiz a essência do Estado?

B. Influência de Feuerbach

Com Feuerbach, inversão aparentemente radical: a irracionalidade do Estado ou da religião não é acidente, mas constitui sua própria natureza.

3. Salvo exceção, Althusser cita as obras de Marx na tradução francesa de Jules Molitor. Aqui: Carta a Ruge, setembro de 1843, *in* Karl Marx, *Oeuvres philosophiques*, Édition Costes, t. V, p. 208.

← teoria da alienação: o alienado já não é o espírito hegeliano, mas o homem empírico: antropologia mat[erialista] da alienação.

Sua essência é a irrealidade da relação: o que constituía problema (por que a religião é irreal?) torna-se tese. "Deus é a essência do homem." A religião não é pura ilusão: seu conteúdo é verdadeiro, é a essência do homem. Ela é irreal, mas essa irrealidade tem sentido: ela expressa a alienação da essência humana.

– Realidade da religião = essência humana.

– Irrealidade da religião ← inexistência da essência humana: visto que a essência humana não é realizada neste mundo, o homem a contempla num além. O homem já está dividido, na vida humana ele já não possui sua verdadeira natureza → ele a projeta na religião. Para que o homem seja realmente humano, é preciso retomar do céu a essência humana que o homem ali projeta: eliminar a religião para realizar a religião.

Esse esquema é retomado por Marx: *A questão judaica, Crítica da filosofia do Estado de Hegel, Contribuição à crítica da filosofia do direito de Hegel.*

Em que condição o homem pode ser humano? Isso pressupõe uma idéia da essência humana: "para o homem, a raiz é o próprio homem"[4].

Por que o homem não é humano? Porque é alienado. Marx aceita em conjunto a teoria de alienação de Feuerbach e a aplica ao Estado. Estado = religião da vida política → problema: como superar essa alienação do homem?

---

4. *Contribution à la critique de la philosophie du droit de Hegel*, *in ibid.*, t. 1, pp. 96-7.

1. Religião

- Reflexo fantástico da essência humana.
- Não cai do céu, feita pelo homem.
- Por que o homem faz essa religião? Porque a essência humana não tem realidade verdadeira.

O homem pertence, pois, a dois níveis:

- essência humana;
- realidade do homem.

Realidade do homem = Estado e sociedade – é nesse nível que se deve buscar a origem da religião. O Estado e a sociedade produzem a religião, porque eles mesmos constituem um mundo falso.

Por que um mundo falso?

- Não corresponde à essência humana definida pela filosofia.
- Julgado falso pelo protesto da miséria. Marx identifica aqui esse protesto da miséria e essa definição filosófica da essência humana.

O homem aparece, assim, dividido: o homem protesta contra a miséria em nome de sua verdadeira natureza. Qual é o fundamento verdadeiro dessa cisão no homem? Para Feuerbach, era apenas porque o homem estava separado da "espécie humana". Marx irá mais longe.

2. Estado = fundamento da religião.
A questão judaica

Segundo Bruno Bauer, o Estado, para ser humano, deve emancipar-se da religião. Marx mostra que isso não basta:

- a emancipação política não é acompanhada pela emancipação religiosa;
- emancipação política não é emancipação humana.

Os homens acreditam em Deus porque são efetivamente limitados em sua existência laica.

Qual é a essência dessa limitação laica? O Estado pode ser um Estado livre, sem que o homem seja livre. A existência da liberdade no Estado não passa de forma de alienação da servidão econômica.

Estado = essência do homem alienado. Estado = "religião da vida popular". Nos Estados em que ele é politicamente emancipado, o homem existe em duas formas: como sapateiro, açougueiro etc. e como cidadão. Como cidadão, ele tem "existência genérica", existência abstrata: reconhecido como ser livre, igual e fraterno apenas no Estado, porque essa liberdade, essa igualdade e essa fraternidade não são reconhecidas em sua vida real e material. O homem adora sua verdadeira natureza (que é de ser livre etc.) no Estado, porque essa verdadeira natureza não é realizada em sua vida real.

Marx, portanto, conserva a idéia hegeliana de que o Estado é a sede da liberdade humana. Mas mostra que essa esfera da vida política é uma esfera irreal. Esse é o segredo de sua crítica aos direitos do homem em *A questão judaica*. Crítica ainda muito idealista: cisão entre o ser genérico do homem e sua realidade concreta → caráter formal dos direitos do cidadão: politicamente livres, iguais etc., mas essa afirmação não elimina as condições reais do homem na sociedade civil. O homem é o sujeito de atributos políticos que não suprimem sua condição social, mas a supõem. Anulação política da propriedade privada (= abolição do sufrágio censitário) não abole a propriedade privada, mas, ao contrário, a supõe.

→ Contradição entre os direitos do cidadão e os direitos do homem: enquanto os direitos do cidadão definem os homens como lib[erdade], ig[ualdade] e fr[aternidade], os direitos do homem definem a prática efetiva do homem egoísta da sociedade burguesa. Liberdade = direito de fazer aquilo que não prejudica o outro ← homem = mônada fechada em si mesma. Direito de propriedade = direito de dispor a seu bel-prazer de sua fortuna. O direito mais fundamental da sociedade burguesa = a segurança! Os direitos do homem, portanto, consagram na verdade o reinado do egoísmo.

→ Paradoxo: direitos políticos a serviço dos direitos do homem: cidadão a serviço do homem da sociedade civil + do homem egoísta.

3. Portanto, é preciso buscar nas contradições da sociedade civil as razões pelas quais o homem projeta sua verdadeira essência no cidadão, na vida política

O homem é alienado porque egoísta, porque vê no outro homem um concorrente. A realização dessa alienação da essência humana é encontrada no dinheiro (não é uma tese marxista: no *Capital*, o dinheiro será apenas uma categoria econômica).

→ Emancipação do homem = eliminar a contradição entre esfera da vida econômica e esfera política → criar uma verdadeira democracia em que o homem não esteja separado dos outros homens pelas necessidades egoístas. Essência humana = o fato de que os homens estão reunidos, e não isolados: "Essência humana, essa é a verdadeira coletividade dos homens." O conteúdo da essência humana é a comunidade.

→ Diferença entre emancipação política e emancipação humana. Para que os homens deixem de ser alienados, não basta que sejam emancipados politicamente, na qualidade de cidadãos.

4. Como ocorrerá essa realização da essência humana? Será obra do proletariado

Por quê? Devido à sua própria natureza, à relação interna que existe entre a natureza do proletariado e a natureza da essência humana. O proletariado, "para empregar expressão de Hegel, está rebaixado e em revolta contra esse rebaixamento, revolta à qual ele é impelido necessariamente pela contradição que existe entre sua natureza humana e sua situação, que constitui a negação absoluta dessa natureza". Portanto, papel do proletariado definido

- por sua alienação total;
- pela contradição entre a essência humana e a desumanidade de sua existência.

A revolução é conseqüência necessária dessa contradição. É no proletariado que a essência humana atinge o ponto máximo de sua alienação. Revolucionário porque essa contradição é *ontologicamente intolerável* para a essência humana. *Contradição entre a inalienabilidade da essência humana e sua alienação,* da qual a revolução será apenas fenômeno. O papel do proletariado só pode ser entendido nessa perspectiva filosófica.

Isso possibilita entender outro aspecto da posição de Marx nessa época: o papel da filosofia. "A filosofia é a cabeça dessa emancipação; o proletariado é seu coração. A filosofia não pode ser realizada sem a eliminação do proletariado, e o proletariado não pode ser eliminado sem a realização da filosofia."[5] Essência humana = objeto da reflexão filosófica e ser do proletariado.

Assim, nessa época ainda filosofia da história, baseada na idéia filosófica da essência humana.

---

5. *Ibid.*, p. 107.

→ Problema = elucidação histórica da idéia filosófica que Marx tem do homem. É o que ocorrerá depois de 1844: duas experiências:

1) Marx toma consciência dos economistas ingleses.

2) Tomada de consciência dos movimentos socialistas existentes na França e na Inglaterra. Desenvolvida por atividade de Marx nas organizações comunistas.

C. Reflexões metodológicas sobre a concepção definitiva de Marx[6]

A pretensão de Marx é ter lançado as bases de uma *teoria científica da história*, o que implica:

1) recusa de qualquer filosofia da história no sentido clássico;

2) justificação científica, justificação do caráter científico da teoria marxista.

1. Rejeição da filosofia da história

Cf. Marx, *Critique de l'économie politique*. Préface, p. 8[7]:

"Quando, na primavera de 1845, [Engels] também veio morar em Bruxelas, decidimos trabalhar juntos para

6. O texto deste capítulo foi estabelecido a partir de um texto datilografado de Althusser, com numeração avulsa. Intitulado "Nota sobre a teoria marxista da história", contém na primeira página uma indicação manuscrita "Curso 50-58?". Menos desenvolvidas, as anotações de classe estão muito próximas dessa versão datilografada.

7. Althusser cita esse texto de Marx na tradução de Laura Lafargue: *Contribution à la critique de l'économie politique*, V. Giard et E. Brière, 1909. Por abreviação, muitas vezes ele é chamado de "Criteco" no seu texto datilografado.

elucidarmos o contraste entre nossa maneira de ver e a ideologia da filosofia alemã, ou seja, na verdade *liquidar nossa consciência filosófica de outrora.*"[8]

Liquidar a filosofia da história = liquidar o filósofo na história. Em que consiste referida filosofia?

a) Se considerarmos as diferentes filosofias da história que consideramos (Bossuet, Condorcet, Rousseau, Hegel etc.), verificaremos que elas se definem por dois elementos:

- um elemento *histórico* (matéria, conteúdo da história);
- um elemento *transistórico,* ou seja, o plano de Deus, os fins da Providência, os fins da história. Elemento que dá *sentido à história,* ao conteúdo empírico descrito pela própria história.

Donde o paradoxo e a contradição interna das filosofias da história: elas têm por objeto e conteúdo a própria matéria histórica, mas a intelecção da matéria histórica só é possível saindo-se da história. Ou seja, a história não é *conhecida por si mesma*: *nota per se.*

A norma do juízo histórico é *estranha à história*[9].

Esse princípio da *norma estranha* entra em contradição com o conteúdo *efetivo da história.* Por que esse fim assumiu essa forma? ("atalho" para a história. Cf. *Miséria da filosofia,* pp. 132-3[10]).

b) No entanto, essa norma, essa verdade, esse sentido transistórico, quando examinados em seu conteúdo,

---

8. Tradução modificada por Althusser. A frase termina da seguinte maneira na tradução de Laura Lafargue: "na verdade, acertarmos as contas com nossa consciência filosófica de outrora".

9. É interessante remeter-se à longa Carta de Althusser a Jean Lacroix (1950-1951), *Écrits philosophiques et politiques, op. cit.*, t. 1, pp. 277-315.

10. Citado por Althusser na edição Costes.

revelam-se profundamente vinculados à história: o sentido divino (ou transcendente) da história continua sendo expressão de um juízo humano sobre a história. Como observou Hegel com profundidade, o princípio do juízo da história reflexiva somente reflete sua própria consciência e seus próprios fins (ou os fins de seu tempo). Ou seja: a própria norma transcendente em nome da qual a filosofia da história julga a história é um elemento, um acontecimento, um fato da história – e seu conteúdo nada mais é que a consciência presente da história (ou a consciência do presente).

Portanto, a ilusão subjetiva ou retrospectiva é própria da filosofia da história.

O vício filosófico da filosofia da história decorre do fato de que o filósofo da história *faz de sua consciência presente* a norma transcendente em nome da qual ele julga a história.

Cf. Marx. *Oeuvres philosophiques*, t.VI[11], pp. 186-7:

"A história deve <na antiga concepção de história> ser escrita de acordo com uma norma situada fora dela... ela foi obrigada para[12] cada época histórica a *compartilhar especialmente a ilusão dessa época*. Se uma época imagina, por exemplo, que é determinada por motivos puramente 'políticos' ou 'religiosos', ainda que a religião e a política[13] nada mais sejam que as formas de seus motivos reais, seu historiador acata essa opinião" (p. 187).

A forma mais radical dessa concepção é a que representa explicitamente o *fim* da história como algo

11. Trata-se da *Ideologia alemã*.

12. E não "por", conforme indicado no texto datilografado.

13. E não "o religioso ou o político", conforme indicado no texto datilografado.

coincidente com o conteúdo da consciência presente do historiador.

Exemplo toda a ideologia do século XVIII... Hegel: *a história é a epifania da razão, teodicéia.*

Fim da história = produção do esclarecimento = tomada de consciência de si por parte da razão, da liberdade etc., equivale a dizer que o elemento que constitui o conteúdo da consciência do filósofo (aqui a filosofia do Iluminismo = reivindicações do racionalismo liberal) é o fim da história, ou seja, toda história foi produzida *para* esse fim.

Isso significa confundir a ilusão que uma época tem sobre si com a causa da história e representar essa ilusão como fim da história.

Cf. Marx, *Oeuvres philosophiques,* t. VI[14], p. 199:

"Enquanto, na vida comum, qualquer mercador sabe fazer muito bem a distinção entre o que alguém afirma ser e o que é realmente, nossa historiografia ainda não chegou a esse conhecimento banal. Ela acredita na palavra de qualquer época, em tudo o que ela diz e imagina a respeito de si mesma."

Portanto

c) *Destruir a filosofia da história* não é destruí-la como ilusão e mito. É reportar à própria história a *norma* que ela impõe à história. É reconhecer o caráter histórico e o sentido histórico dessa norma. Destruir a filosofia da história não é substituí-la por outra teoria filosófica que oponha um princípio a seu princípio, é remetê-la, devolvê-la à história. É devolver a consciência de um tempo a esse tempo e compreendê-lo por ele mesmo.

Isso, portanto, impõe a inversão de *toda a filosofia clássica da história.* É enveredar pelo caminho de uma

14. Ainda se trata da *Ideologia alemã.*

teoria das idéias sobre a história. É, pois, ao mesmo tempo, escapar à dominação do conteúdo da consciência presente. Ou seja, fazer uma ciência da história que 1) explique idéias filosóficas sobre a história, 2) sem reduzir a consciência do estudioso à condição de uma consciência submetida ao conteúdo histórico de seu tempo.

Portanto, é superar o relativismo histórico e encontrar *um ponto firme,* arquimediano, que possibilite constituir uma ciência da história (ou seja, atingir no *conteúdo da história* o fundamento da objetividade do juízo histórico).

2. Justificação do caráter científico da teoria marxista

De fato, não basta reconhecer a necessidade de submeter o conteúdo das filosofias da história (ou seja, das ideologias) à jurisdição da ciência histórica, é preciso que *essa ciência exista como ciência.* Ou seja, que ela atenda às condições universais da *cientificidade.*

a) *O marxismo (materialismo histórico) não é* um saber absoluto, *mas uma* ciência aberta, *que se constituiu e se desenvolve como as outras ciências.*

Cf. Lênin, *Amigos do Povo*[15]:

"Essa idéia de materialismo em sociologia já era, por si mesma, uma idéia genial. Naturalmente, naquele momento não passava de hipótese, mas uma hipótese que, pela primeira vez, possibilitava abordar os problemas históricos e sociais de um ponto de vista estritamente científico..." (p. 91).

---

15. "Ce que sont les Amis du Peuple", *in* Lênin, *Oeuvres choisies,* em dois volumes, Éditions de Moscou, t. 1.

"... E Marx, depois de exprimir *essa hipótese após 1840,* põe-se a estudar os fatos (*nota bene*). Toma uma formação econômica da sociedade (o sistema da economia mercantil) e, com base numa quantidade prodigiosa de dados (que ele estudou durante pelo menos vinte e cinco anos) fornece uma análise minuciosa das leis de funcionamento e desenvolvimento dessa formação..." (p. 93).

"(...) *O capital* nada mais é do que 'algumas idéias de generalização intimamente interligadas, coroando todo um Mont-Blanc de fatos concretos'... *Hoje <1905>, desde a publicação de* O capital, *a concepção materialista da história já não é uma hipótese, mas uma doutrina cientificamente demonstrada. Tanto que não registraremos outra tentativa de explicar cientificamente o funcionamento e a evolução de uma formação social – de uma formação social precisamente, e não dos costumes e hábitos de um país ou de um povo, ou mesmo de uma classe* etc. –, *tentativa que, assim como o materialismo, seria capaz de pôr ordem nos 'fatos correspondentes', desenhar um quadro vivo de uma formação e dar-lhe uma explicação estritamente científica – a concepção materialista da história será sinônimo de ciência social...*" (p. 94).

<contra Miailovski que declara que Marx pretendia explicar "todo (*sic*!!?) o passado da humanidade" Lênin>:

"... Mas tudo isso é arquifalso! A teoria pretende explicar unicamente a organização capitalista da sociedade e nenhuma outra. Se a aplicação do materialismo à análise e à explicação de uma única formação social produziu resultados tão brilhantes, *é totalmente natural que o materialismo em história não seja uma hipótese, mas uma teoria cientificamente verificada;* é totalmente natural que a necessidade de tal método se estenda também às outras formações sociais...

... assim como o transformismo não pretende de modo algum explicar 'toda' a história da formação das espécies, mas simplesmente estabelecer os métodos dessa explicação no terreno científico, também o materialismo em história nunca teve a pretensão de explicar tudo, mas simplesmente de indicar o método, 'único método científico', para empregar a expressão de Marx (*O capital*), de explicar a história. Pode-se julgar por aí quão inteligentes, sérios e decentes são os métodos da polêmica empregados por Miailovski, quando começa por falsear Marx ao atribuir ao materialismo em história a absurda pretensão de querer 'explicar tudo', de ter descoberto 'a chave de todas as fechaduras históricas' (pretensão que Marx evidentemente refutou, e com uma forma muito virulenta, em sua carta sobre os artigos de Miailovski)" (pp. 97-8).

Por um lado, o historiador está diante de uma *massa de fatos* (matéria da história).

O materialismo histórico não se propõe constituir *seu saber absoluto* (explicar tudo de uma vez), mas propõe-se permitir *sua intelecção progressiva* ("a intelecção positiva das coisas existentes"), propondo uma *teoria geral.*

Nisso o materialismo histórico procede como as *outras ciências da natureza* que se constituíram com a ajuda de uma *teoria abstrata* capaz de possibilitar a intelecção da *massa das observações empíricas.*

(Cf. a física: teoria matemática, biologia, teoria da evolução etc.)

Do mesmo modo, *assim como nas outras ciências,* não é a virtude específica da teoria abstrata, sua eficácia interna, que *justifica sua validade científica,* mas sim a sua *verificação científica.*

Esse é o motivo pelo qual na história e nas outras ciências *a teoria geral* é acima de tudo uma *hipótese* e deve ser *verificada* para tornar-se *verdade científica.*

b) *Mas* verificada *em que sentido?*

Como em toda ciência, a verificação de uma hipótese ou teoria abstrata comporta dois significados:

1) *verificação interna à ciência*: a hipótese verificada pela inteligibilidade que introduz na massa dos fatos. Cf. Lênin "explicar (...) por ordem em (...)" a massa dos fatos.

2) mas essa verificação interna (intelecção e coerência interna) não basta para validar uma teoria científica. Essa verificação está submetida a *outro critério,* que é externo: o da prática científica (ou da experiência científica).

Diretamente (física) ou indiretamente (matemática), a validade científica de uma teoria se baseia em sua *verificação prática.*

O *mesmo ocorre em história, ciência experimental.* Cf. Marx, *Oeuvres philosophiques,* t. VI, p. 168: a história materialista não podia nascer na Alemanha: "porque falta aos alemães a categoria do sensível"[16] e "*porque, do outro lado do Reno, não é possível fazer experiência com essas coisas, visto que lá já não transcorre história*".

Do mesmo modo Lênin, *Materialismo e empiriocriticismo*[17], p. 123: *"como o critério da prática – em outros termos, o desenvolvimento de todos os países capitalistas durante es-*

---

16. Talvez se trate de uma retradução feita por Althusser desse trecho. A edição Costes, à qual ele se refere, contém "certeza sensível" e não "categoria do sensível".

17. Citado na versão das Éditions de Moscou.

tas últimas décadas – demonstra a verdade objetiva de toda a teoria econômica e social de Marx em geral, e não de uma de suas partes ou de uma de suas fórmulas..."

Cf. Stálin: *a teoria* é "a generalização da experiência revolucionária do movimento operário".

É importantíssimo levar a sério essa exigência como *fundamental*: verificação prática das teorias para compreender a natureza da história científica – e, de maneira geral, um dos problemas epistemológicos apresentados pelas ciências humanas.

Conseqüências:

1) É fato que a maioria dos historiadores e dos filósofos da história, nesse aspecto, está em *condições* radicalmente alheias às condições reais de toda ciência: porque eles não são *obrigados* por sua condição (na divisão do trabalho), nem *preocupados* com isso, a submeter sua teoria ao critério da verificação experimental. O historiador ou o filósofo da história, em geral, é um intelectual, um pensador isolado que se propõe apenas desenvolver uma teoria geral que atenda ao critério *interno* de inteligibilidade e coerência –, mas não recorre ao critério da prática efetiva. Ele *dá conta da realidade* sem *"lhe prestar contas"*. Contudo, é esse confronto efetivo que julga a validade de uma teoria. Exemplo: a ideologia da filosofia do Iluminismo, de Rousseau e da Revolução Francesa: o fato de a massa dos enciclopedistas terminar como *girondinos.* Seleção introduzida pela experiência da Revolução em sua ideologia = assim, o ideal de libertação humana, de reforma do entendimento, produziu o sufrágio censitário, a lei Le Chapelier, o Código Civil, ou seja, o reinado econômico e político da burguesia, a exploração econômica e a dominação política. É essa experiência, esse *confronto prático* entre teo-

ria e realidade que revelou o valor da teoria e mostrou que não são as idéias que fazem a história, e que a história não está a serviço do reino da razão ou da liberdade. Do mesmo modo, foi a experiência da Comuna e do partido social-democrata alemão que provou na prática a falsidade da teoria de Engels [sobre] a possibilidade de tomar o poder para o proletariado no âmbito do Estado democrático burguês etc.

Mas – dirão –, se o filósofo da história ou o historiador clássico não pensa em prestar contas à realidade, a própria realidade faz o julgamento sobre o valor da teoria. Por outro lado, os políticos que estão no poder também aplicam teorias e podem verificá-las, modificá-las: *eles também estão em condições de prática científica.* É verdade, mas, embora se encontrem por necessidade nessa condição, recusam-se a utilizá-la porque não têm como objetivo a verdade, mas seus interesses (cf. Hobbes) e porque seu objetivo não é verificar uma teoria, mas *realizar seus fins.*

Portanto, percebe-se que, para que seja respeitado *o critério de validade científica* de uma teoria, não basta:

a) *que a teoria seja apenas coerente;*

b) *que a teoria esteja apenas nas condições que a obriguem a verificar sua teoria na prática.*

É preciso que se realizem ao mesmo tempo:

a) a coerência interna da teoria;

b) as condições de verificação da teoria;

c) as condições *científicas* dessa verificação (ou seja, que as lições da prática sejam efetivamente extraídas da prática, ou seja, que não haja conflito entre "interesse e verdade").

(Esta última condição explica por que o marxismo pôde ter sido criado por intelectuais burgueses – e por que em sua massa só o proletariado pode evitar o conflito entre verdade e interesse.)

2) Outra conseqüência importante: se a sorte da teoria da história está em jogo nessa verificação experimental, essa verificação é então *atual*, e o centro de gravidade da explicação científica se desloca. Enquanto nas teorias clássicas da filosofia da história o que se quer explicar *é o passado*, enquanto para o filósofo da história e para o historiador clássico o passado é o próprio elemento da história, a tal ponto que, por exemplo, os manuais modernos e os currículos param cinqüenta anos antes do presente histórico (*Wesen ist was gewesen ist*), a teoria marxista da história mostra que a sorte da teoria da história na verdade está em jogo *no presente*, na *prática presente* e *na ação histórica presente*, e que essa prática presente desempenha papel capital na *verificação da intelecção do passado*. Ocorre em história o que ocorre nas ciências da natureza: são as teorias mais avançadas, concebidas a partir dos problemas mais atuais, que nas ciências naturais elucidam e situam os fatos já conhecidos, as teorias antigas, esclarecendo-os cada vez mais profundamente (cf. física). O mesmo se observa em história: ocorre o mesmo fenômeno circular entre os ensinamentos do passado e os progressos presentes da teoria, verificada na prática, que, por sua vez, esclarece o passado sobre si mesmo.

Cf. Marx *Criteco*, p. 342:

"A anatomia do homem é uma chave para a anatomia do macaco. O que indica forma superior nas espécies animais inferiores, ao contrário, só pode ser entendido quando já se conhece a forma superior. A economia burguesa fornece a chave da economia antiga etc. Mas não de acordo com o método dos economistas, que apagam todas as diferenças históricas e em todas as formas de sociedade vêem a forma burguesa. Pode-se compreender o tributo e o dízimo só quando se compreendem os rendimentos de bem de raiz. Mas não devem ser considerados idênticos."

Essa indicação geral de Marx é esclarecida com mais precisão quando se considera não só o resultado teórico adquirido no presente, mas sobretudo seu desenvolvimento na própria prática histórica. Exemplo: a experiência da luta das classes modernas esclareceu profundamente a história passada e aprofundou sua compreensão. Exemplo: a experiência das lutas de classes na Revolução Francesa: o problema das relações entre a burguesia e a plebe, o problema da natureza do "quarto estado", o problema do malogro das tentativas extremistas (lei do máximo) de reforma igualitária na revolução, o problema da traição girondina etc. Esse mesmo problema atual e sua solução lançaram também novas luzes sobre a natureza das ideologias do século XVIII, sobre seu conteúdo de classe etc. Para a história científica, o passado não é mais apenas aquilo que explica o presente tão-somente por sua realidade, porque foi fixado e transformado em *essência* pela história, mas aquilo que deve ser compreendido cada vez mais profundamente pelos progressos atuais da *teoria engajada na prática histórica presente.*

(Segue-se daí outra conseqüência importante: é que a teoria geral está *em devir* e se modifica em certos pontos: cf. Lênin e o desenvolvimento desigual, Lênin e os sovietes, Stálin e o problema nacional e colonial etc.).

3) Outra conseqüência: assim radicalmente engajada na prática atual da história, a ciência da história diz respeito não só ao presente imediato, mas ao *futuro* que nasce desse presente. E aqui também o status científico

da história aproxima-se do status das ciências da natureza: as ciências da natureza têm por objeto a descoberta das leis da natureza, mas essa finalidade se insere numa prática mais geral que é sua origem e seu elemento: a transformação da natureza, a ação do homem sobre a natureza. Do mesmo modo, a ciência histórica insere-se na ação dos homens sobre sua própria história. Esse é o motivo por que a ciência da história, se considerada em todo o seu rigor, está *de fato* ligada à transformação da história, transformação que atua na própria história. Se a ciência histórica quiser assumir radicalmente sua condição, deverá pensar-se como é, pensar sua realidade e seu significado efetivo e reconhecer que, no fundo, não é uma ciência contemplativa, voltada para a essência do passado, mas uma ciência ativa, voltada para o futuro. Toda experiência histórica é uma modificação do conteúdo da história, e toda teoria nascida dessa experiência é uma teoria dessa transformação da história em seu próprio devir. Por isso, seria possível dizer, paradoxalmente, que a ciência da história versa tanto *sobre o futuro* quanto sobre o passado – o que permite compreender a seguinte fórmula paradoxal de Stálin:

"o marxismo é a ciência da *construção* do socialismo...".

Nada mais há nessa fórmula do que o reconhecimento explícito e teórico das condições reais da ciência da história e de seu status efetivo. Não se deveria entender essa *transformação* da história como transformação arbitrária, imposição à realidade de um desenvolvimento contrário a seu desenvolvimento imanente. Quando Marx diz que até então os filósofos se limitaram a contemplar e explicar o mundo, e que é preciso transformá-lo, não quer dizer que essa transformação possa ser feita por decreto e seja indiferente ao próprio movimento da história. A ciência histórica só pode ser ciência da construção do futuro, ciência da transformação da história porque a própria história é transformação de si. A história só poderá ser ciência se a transformação que ela realizar na história coincidir com o sentido geral da transformação da história, com a lei de seu devir. É isso o que possibilita compreender a aparente contradição de duas fórmulas de Marx:

> a) Não basta interpretar o mundo, é preciso transformá-lo
>
> b) A ação histórica dos homens só pode mesmo acelerar o movimento da história e apressar o parto da história, apressar sua transformação, governada por leis independentes da vontade dos homens (tema retomado por Stálin em "Problemas econômicos do socialismo. Discussão com Iarochenko").

É a referência final a essas leis imanentes e objetivas do devir histórico que dá sentido à ação científica sobre a história e à transformação da história. É ela também que fixa os limites das pretensões da história como ciência: sendo reflexão sobre a prática orientada para a prática histórica, a história como ciência se insere no movimento da história, ou seja, num processo e numa realidade que a ultrapassam em profundidade e riqueza – donde a tarefa da história, que, como qualquer outra ciência, é obrigada a aprofundar suas próprias teorias para adaptá-las incessantemente a uma realidade inesgotável que sempre a precede e supera.

3. Princípios teóricos do materialismo histórico

Até aqui definimos as condições gerais da ciência histórica. Falta ver como essas condições se expressam nos princípios teóricos do materialismo histórico. Essa exigência é fundamental; pois dessa vez diz respeito à especificidade do objeto da ciência da história.

De fato, uma ciência existe como tal não só quando possui um método e condições de existência realmente científicas (teoria-prática), mas também quando lida com um *objeto cientificamente definido.* A definição do objeto de uma ciência é inseparável de seu método teórico e de suas condições de exercício.

Ora, a exigência de definição do objeto da ciência histórica é capital para resolver o problema fundamental com que topam todas as teorias *clássicas dos filósofos da história*: como encontrar um *terreno de objetividade* que permita à ciência histórica quebrar o círculo de historicismo [*sic*], que permita à ciência histórica atingir uma objetividade científica que não esteja mais à mercê da relatividade da história, do ceticismo infinito da história? É esse círculo que constituía a fraqueza teórica e a contradição de filosofias como as da Aufklärung e de Hegel. Cf. Helvétius: o espírito é produto do tempo, logo o historiador, logo a *verdade* histórica são produtos da história: outro tempo, outra verdade – círculo do qual a filosofia clássica só escapava recorrendo a uma norma transcendente ou por meio da coincidência miraculosa do acordo entre a verdade do tempo e a verdade absoluta. É esse círculo que anima a crítica à objetividade científica, cf. Raymond Aron[18], depois de Sorel e Bogda-

18. Cf. Louis Althusser, "Sur l'objectivité de l'Histoire. Lettre à Paul Ricoeur", *Revue de l'enseignement philosophique*, abril-maio de 1955,

nov. É o mesmo problema posto pelas críticas subjetivistas vulgares, que concebem a história como espaço do acontecimento individual singular, sem igual: o que nunca se verá duas vezes e justifica todas as teorias do *Einfühlung* (a história é a ressurreição subjetiva do único). Ademais, esse problema não se põe no marxismo apenas de fora para dentro: é posto de dentro para fora, por aquilo que chamamos de condições da cientificidade da ciência. Ele pode ser assim formulado: se a história se auto-ilumina no recuo de seu próprio passado pela *dialética atual* de suas experiências, se o presente e a ação que traz em seu bojo o futuro podem ajudar a constituir uma teoria científica que ilumine o passado sobre si mesmo, deve existir entre esse passado e essa atualidade da história um elo profundo e comum, uma universalidade efetiva e objetiva absoluta que escapa ao relativismo do presente. Hegel percebera muito bem esse problema em sua crítica da história reflexiva e em sua teoria do *Erinnerung* (o passado é presente porque conservado na interioridade do presente). Mas concebera essa comunhão substancial do curso da história como interioridade do espírito, ou seja, pondo em ação uma noção filosófica vazia para resolver esse problema, e não uma noção científica.

O marxismo resolve esse problema capital com uma teoria do juízo histórico que retoma em seu fundo a intuição pascaliana (ainda que não haja filiação entre Pas-

---

retomado em *Solitude de Machiavel et Autres Textes*, PUF, 1998. Esse artigo é uma discussão das teses defendidas por Ricoeur em uma conferência ("Objectivité et subjectivité em histoire", *Revue de l'enseignement philosophique*, junho-setembro de 1953), que contém uma crítica ao livro de Raymond Aron, *Introduction à la philosophie de l'histoire*, Gallimard, 1948.

cal e Marx) do fragmento de um *Tratado do vácuo*[19]. O que permitia que Pascal escrevesse, referindo-se aos antigos: "sem os contradizer, podemos afirmar o contrário do que eles diziam" era a intuição profunda de que a verdade em história não nasce da relação de um elemento da história com uma norma estranha à história, nem estranha ao tempo da história que envolve esse elemento histórico, mas sim da relação entre *esse elemento histórico e suas condições de existência*: assim, os conhecimentos astronômicos dos antigos eram *verdadeiros* absolutamente, uma vez que postos em relação não com uma verdade transcendente nem com uma verdade ulterior, mas com os meios de que os antigos dispunham, com suas "experiências", em suma, com as condições de existência dessas verdades. Ora, essas condições de existência são determinações empíricas, objetivas, absolutamente unívocas, que não dão ensejo ao relativismo histórico (o olho do antigo, a luneta do astrônomo do século XVII). No entanto, ao formular esse princípio, Pascal só resolvia em seu princípio o problema do juízo histórico: afirmava, de fato, que o juízo histórico só pode ter por fundamento o nível das condições de existência de um elemento da história, mas deixava aberto o caminho para um relativismo empírico. Realmente, acaso não seria possível opor entre si *a diversidade das condições de existência* das verdades históricas, para concluir daí que não há referência absoluta em história porque essas condições de existência são tomadas num devir que as faz variar de modo arbitrário? É esse o caminho seguido por toda uma corrente da historiografia moderna: no sentido pascaliano, poder-se-ia

---

19. *Préface pour le Traité du vide, in* Pascal, *Oeuvres complètes*, Gallimard, "Bibliothèque de la Pléiade", 1954, p. 535.

conceber uma civilização do olho nu, uma civilização da luneta astronômica. Podemos ler hoje obras sobre a civilização do arroz, do bambu, da eletricidade etc. (toda a geografia humana inspira-se em geral nesse princípio). Faltava àquela concepção explicar *de modo objetivo o processo de transformação* dessas condições de existência para refutar o último argumento do relativismo e do historicismo. Era preciso explicar em termos de objetividade a "necessidade da transição" (Hegel) de condições de existência determinadas para outras condições de existência determinadas. Em outras palavras, era preciso perceber não só essa relação, *mas a lei dinâmica objetiva dessa transformação das condições de existência da verdade histórica.* Ou seja, perceber na história *uma relação constante* que explique essa dinâmica da história como devir. Para constituir uma ciência da história era preciso depreender na própria história aquilo que permite que a ciência se constitua, a saber, *a generalidade* (Aristóteles), *a "constância"* (Husserl). Ora, onde descobrir essa constância na infinita diversidade e na aparente singularidade do conteúdo da história?

É a esse problema que a "hipótese" materialista da história responde. Para compreender bem o seu alcance, é preciso lembrar-se de que toda a filosofia clássica da história, com exceção de Rousseau, só conseguira evidenciar duas esferas da existência histórica. *Grosso modo*, a esfera das *condições sociais* (exemplo: o governo em Montesquieu, a política em Helvétius, a sociedade civil em Hegel) e a esfera da *ideologia* (espírito, costumes, moral, religião, filosofia). A filosofia clássica atingiu o ponto extremo de sua análise quando *correlacionou essas duas esferas* e pensou o desenvolvimento da história como *resultado dessa relação constante.* Mas é notável que essa relação, na maioria das vezes só expressava o papel determinante da ideologia sobre as condições sociais (cf. *Aufklärung* e Hegel). Nesse aspecto, Helvétius provavelmente é o único pensador clássico que, com sua teoria do condicionamento absoluto do espírito de um tempo pelas condições políticas e sociais e com o esboço de uma teoria do devir do "interesse público", pressentiu que, para explicar essa relação, era preciso recorrer a um termo mais profundo, mas ele só pressentiu essa exigência. Foi Rousseau que a expressou no segundo *Discurso*, ao mostrar que as condições sociais (ou seja, as relações dos homens entre si) dependem das condições econômicas (ou seja, das relações do homem com a natureza), mas não elaborou a teoria geral dessa relação, nem, evidentemente, desenvolveu sua teoria científica.

É essa inspiração que Marx retoma. Cf. *Criteco*, pp. 4-6[20]:

"Minhas pesquisas chegaram ao seguinte resultado: as relações jurídicas, bem como as formas de Estado, não podem ser explicadas por si mesmas nem pela chamada evolução geral do espírito humano; suas raízes estão, ao contrário, nas condições materiais de existência que Hegel, a exemplo dos ingleses e dos franceses do século XVIII, designava com o nome de 'sociedade civil'; mas a *anatomia da sociedade deve ser buscada na economia política*... O resultado geral ao qual cheguei e que, uma vez obtido, *serviu de fio condutor em meus estudos*, pode ser sucintamente formulado da maneira seguinte. Na produção social de sua existência, os homens estabelecem

---

20. Em 1978, Althusser retomará demoradamente e com bastante severidade esse trecho. Cf. *Marx dans ses limites*, *in Écrits philosophiques et politiques*, *op. cit.*, t. 1, pp. 409-16.

relações determinadas, necessárias e independentes de sua vontade; *essas relações de produção correspondem a um grau de desenvolvimento dado de suas forças produtivas materiais.* O conjunto dessas relações de produção constitui a estrutura econômica da sociedade, a base real sobre a qual se eleva uma superestrutura jurídica e política à qual correspondem *formas de consciências sociais determinadas.* O modo de produção da vida material condiciona o processo de vida social, política e intelectual em geral. *Não é a consciência dos homens que determina a realidade; é, ao contrário, a realidade social que determina a sua consciência.* Em certo estágio de seu desenvolvimento, as forças produtivas da sociedade entram em contradição *com as relações de produção existentes, ou – o que não passa de sua expressão jurídica – com as relações de propriedade no interior das quais elas se moviam até então.* De formas evolutivas das forças produtivas que eram, essas relações passam a ser entraves a tais forças. Então tem início uma era de revolução social. *A mudança que ocorreu na base econômica subverte de modo mais lento ou mais rápido toda a colossal superestrutura.* Quando se estudam tais subversões, é importante sempre estabelecer uma distinção entre a subversão material das condições econômicas de produção – que devem ser fielmente verificadas com a ajuda das ciências físicas e naturais – *e as formas jurídicas, políticas, religiosas, artísticas ou filosóficas, em suma, as formas ideológicas nas quais os homens se tornam conscientes desse conflito e o levam a cabo.* Do mesmo modo que ninguém julga um indivíduo com base na idéia que ele tem de si mesmo, também não se pode julgar uma tal época de subversão com base na consciência que ela tem de si; ao contrário, é preciso explicar essa consciência pelas contradições da vida material, pelo conflito existente entre as forças produtivas sociais e as relações de produção."

Portanto, três elementos fundamentais em toda sociedade, o que Marx chama, na *Ideologia alemã, Oeuvres philosophiques,* t. VI, p. 171, de:

"três fatores da história: força de produção, estado social e consciência".

Cf. também Stálin: *Materialismo histórico e Materialismo dialético* e *Sobre a lingüística.*

a) *Forças de produção*

Cf. *Obras filosóficas,* t. VI, p. 165: "os homens precisam estar em condições de viver para poderem fazer história".

P. 165: "A produção da vida material é condição fundamental de toda história, que deve ser realizada hoje, como há milhares de anos, a cada dia e a cada hora."

Ora, os homens *produzem seus meios de existência de modos* diferentes na história. *O "modo de produção" varia na história.* Em outras palavras, o modo de ação *do homem sobre a natureza varia* – à proporção que varia *o grau de desenvolvimento das forças de produção.*

Forças de produção = (Stálin)

– *Instrumentos de produção* (homens, animal, energia natural, vapor, eletricidade, átomo + ferramentas, máquinas...)

– + *homens que os manejam*

– + *experiência da produção*

– + *hábitos de trabalho*

"As forças produtivas... refletem o comportamento dos homens em relação aos objetos e às forças da natureza dos quais eles se valem para produzir bens materiais."

b) *Relações de produção* (infra-estrutura)

"Relações dos homens entre si no processo de produção" (Stálin[21], p. 142).

Cf. Marx, *Trabalho assalariado e capital:*

"Na produção, os homens não atuam apenas sobre a natureza, mas também uns sobre os outros. Eles só produzem colaborando de maneira determinada e intercambiando atividades. Para produzirem, estabelecem entre si contatos e relações determinadas, e é somente dentro dos limites desses contatos e dessas relações sociais que se estabelece sua ação sobre a natureza, que se faz a produção."

"O conjunto dessas relações de produção constitui a estrutura econômica da sociedade, a base real...", *Criteco,* p. 5.

Relações de produção "relações econômicas" – *estrutura econômica da sociedade,* formas econômicas de produção e repartição (exemplos: estrutura econômica da sociedade escravagista, feudal, burguesa).

"Relações de produção existentes ou, o que não passa de sua expressão jurídica, *com as relações de propriedade no interior das quais elas se moviam até então",* cf. Marx, *Criteco,* p. 5

As classes sociais refletem a divisão social dos homens no quadro das relações econômicas, ou seja, relações de propriedade dos meios de produção.

Exemplo: Escravidão Stálin p. 148
Feudalismo – 148
Capitalismo – 148

21. *Matérialisme historique et Matérialisme dialectique,* Éditions sociales.

c) *Superestrutura*

Cf. *Criteco,* p. 5.

Se considerarmos uma *sociedade determinada na história,* parecerá que estamos diante de uma totalidade determinada de elementos inseparáveis, de uma unidade profunda.

Exemplo: Forças de produção – relações de produção

na realidade nem { mecânica genética
teoria do tipo ideal

mas teoria funcional do desenvolvimento.

Exemplo: *relações de produção:* não são produzidas mecanicamente pelo grau de desenvolvimento das forças de produção (o que pode levar Marx a crer: *"o moinho movido pelo braço humano dará a suserania; o moinho a vapor dará o capitalismo industrial", Miséria da filosofia*).

Eles têm *um sentido,* desempenham um papel no processo do desenvolvimento das *forças de produção.* Seu papel é comparável ao papel desempenhado pela forma em biologia: ao mesmo tempo *produto* do desenvolvimento do ser vivo e *condição* de seu desenvolvimento.

Exemplo: as relações de produção capitalista (liberdade de produção, liberdade de trabalho, propriedade privada dos meios de produção, trabalho assalariado, classe capitalista e proletariado) representam *uma forma* na qual se exerce a partir de certo período o desenvolvimento das forças de produção (*industrial*): essas relações foram *produzidas* pelas exigências do exercício e do desenvolvimento das forças de produção, mas *para possibilitar seu exercício e seu desenvolvimento* – donde a expressão de Marx: *"as relações de produção são... formas evolutivas das forças produtivas".*

Estão, pois, a serviço dessas forças de produção, representam *condições de exercício* e de desenvolvimento das forças de produção: *as forças de produção produzem, pois, suas próprias condições de desenvolvimento* (do mesmo modo que em biologia a *forma* de um ser vivo representa as condições formais de desenvolvimento[22]).

É a natureza *funcional* das relações de produção que possibilita compreender a "necessidade da passagem" de condições sociais determinadas a condições sociais diferentes, ou seja, as revoluções.

Cf. Marx, *Criteco,* p. 5:

"De formas evolutivas das forças produtivas que eram, essas relações passam a ser entraves a tais forças. Então tem início uma era de revolução social."

Portanto, é a contradição entre as forças de produção e as relações de produção, ou seja, a contradição entre as forças de produção desenvolvidas e as condições de exercício dessas mesmas forças, condições ultrapassadas pelo desenvolvimento das forças de produção, que explica as *revoluções sociais* e esclarece a fórmula do *Manifesto*: a história é *história da luta de classes,* pois a contradição entre forças de produção e relações de produção tem repercussões, ocorre e se decide no nível das relações de produção entre as classes, segundo o interesse que as ligue às novas ou às antigas forças de produção e às antigas relações de produção.

Essa teoria funcional possibilita situar convenientemente a teoria da *superestrutura e da ideologia,* que desempenha também papel funcional. Cf. *Criteco,* pp. 5-6.

Isso quer dizer que a *superestrutura* desempenha um papel funcional a serviço das relações de produção e das classes, que são sua realidade final.

Exemplo: instituições jurídicas e políticas = o Estado é um instrumento de dominação da classe dominante.

---

22. No texto datilografado, um grande espaço em branco separa a palavra "desenvolvimento" do parêntese.

Exemplo: as ideologias refletem os objetivos ou as aspirações das classes em luta. Também aí as superestruturas são ambivalentes, quer auxiliares, quer obstáculos ao remanejamento das relações de produção.

Cf. "papel imenso" da luta política e das ideologias. Cf. Stálin[23], pp. 154-5.

Percebe-se então que a *totalidade* de uma sociedade histórica determinada compreende em si o próprio princípio de seu devir e de sua transformação: a contradição entre forças de produção e relações de produção.

É essa relação fundamental, essa contradição fundamental (e suas relações derivadas – cf. superestrutura) que dá à história esse elemento de generalidade, a "constância" que lhe possibilita constituir-se como ciência. Conforme diz Marx:

"a subversão material das condições econômicas de produção deve ser fielmente verificadas com a ajuda das ciências físicas e naturais".

É *o elemento absoluto*, empiricamente determinável, ponto arquimediano que possibilita a constituição da ciência histórica. Cf. Lênin: *Amigos do povo*, p. 92[24].

---

23. *Op. cit.*

24. "Ce que sont les Amis du Peuple", *op. cit.*: "Até agora os sociólogos tinham dificuldade para distinguir, na rede complexa dos fenômenos sociais, aqueles que eram importantes e os que não eram (aí está a raiz do subjetivismo em sociologia); para essa distinção eles não conseguiam encontrar um critério objetivo. O materialismo forneceu um critério perfeitamente objetivo ao detectar as 'relações de produção' como estrutura da sociedade e ao apresentar a possibilidade de aplicar a essas relações o critério científico geral da repetição... A análise das relações sociais materiais... imediatamente possibilitou constatar a repetição e a regularidade, bem como generalizar os sistemas dos diferentes países para chegar a uma única concepção fundamental: a *formação social*. Somente essa generalização possibilitou passar da descrição dos fenômenos sociais (e de sua avaliação do ponto de vista do ideal) para a sua análise estritamente científica que detecta, por exemplo, o que distingue um país capitalista de outro e analisa aquilo que lhes é comum."

FRAGMENTO[1]

Reina sobre a concepção de história no século XVIII um preconceito tenaz. O movimento filosófico, a Enciclopédia em particular, não teria demonstrado realmente ter senso de história. Acaso não vemos Voltaire, d'Holbach, Helvétius, Diderot e Rousseau invocar, na crítica ou justificação de uma instituição, não a sua gênese, mas a razão; não a necessidade histórica, mas a natureza? (cf. crítica de Mably e Rousseau contra Montesquieu, que só considera o "direito positivo", cf. crítica da história em Rouillé d'Orfeuil[2], Rousseau etc.). Os ideólogos que ex-

1. Os arquivos de Althusser contêm uma documentação à qual ele deu o título de "Conferências sobre a filosofia da história no século XVIII", com um projeto manuscrito de introdução a essas conferências, dificilmente editável, e sua transcrição datilografada parcial, que publicamos aqui. Apesar de apresentarem grande proximidade filosófica e cronológica em relação ao curso de filosofia da história publicado neste volume, essas análises parecem corresponder a um conjunto distinto. Talvez se trate da conferência de 13 de novembro de 1954, mencionada em Yann Moulier Boutang, *Louis Althusser. Une biographie*, Grasset, 1992, t. 1, p. 465.

2. Cf. Augustin Rouillé d'Orfeuil, *L'Alambic des loix ou Observations de l'ami des François sur l'homme et sur le loix*, 1773. Essa obra pode ser bai-

pressavam as exigências da vanguarda da história teriam prescindido dela para justificá-la. Ou melhor, eles a teriam rejeitado, invocando uma razão e uma natureza não histórica.

Mais que isso. Seria de outra corrente que nos chegaria a consciência autêntica da história. Da corrente de Boulainvilliers, Montesquieu etc., enfim, da corrente dos "feudalistas", que esquadrinhavam o passado da França na esperança de encontrar provas para suas pretensões, expondo fatos para fundamentar direitos, história para justificar a razão.

No entanto, cabe reconhecer que recorrer à história não constitui consciência da história. Quando, para darem à corrente feudalista argumentos políticos contra a monarquia absoluta, Boulainvilliers e Montesquieu remontam ao direito germânico, à liberdade que unia nos bosques renanos o rei franco e seus pares, representam a decadência daquelas instituições originárias, destruídas pela aliança do rei com a plebe, de fato recorrem ao passado, mas contra o presente, recorrem à história, mas contra sua própria essência. Pois a história se confunde menos com a rememoração de seu passado do que com a compreensão de sua superação. O paradoxo de Boulainvilliers e de seus discípulos é recorrer ao passado da história contra o presente da história, recorrer à história para negar a história. Por trás da imagem do "positivo", dos fatos, eles defendem simplesmente o direito de um passado superado à existência presente: a história, para eles, não é o processo real da superação das formas e das instituições sociais, mas o direito histórico de um ideal

---

xada no seguinte endereço: http://gallica.bnf.fr/scripts/catalog.php?CT=N049706.

retrógrado. E seus adversários, como o Abade Dubos, ao segui-los no terreno da argumentação, não demonstram mais senso histórico do que eles. Ao se justificarem como "originários" o feudalismo e a monarquia absoluta, só se está pensando na história sob a categoria da eternidade, que é sua própria negação.

O senso histórico, no nível dessa polêmica, não pode se confundir com o recurso ao passado. Ao contrário, resume-se na compreensão da superação, na consciência da novidade. Se a examinarmos nesse aspecto, em seus limites que são, sem dúvida, estreitos, não poderemos negar senso histórico à filosofia do Iluminismo. E podemos, ao mesmo tempo, compreender o sentido de sua aparente negação da história.

Ao rejeitar o uso da história, ao "descartar todos os fatos", Rousseau não oculta suas razões. Para ele, a história nada mais é que o argumento da ordem estabelecida, quando não da ordem superada (cf. também Rouillé d'Orfeuil, citado por Carcassonne[3]). Caberá negar, por essa razão, que a filosofia do Iluminismo teve consciência aguda da novidade radical de seu próprio tempo e da distância que o separava do passado? A crítica à Idade Média no Iluminismo é ao mesmo tempo a crítica a um tempo e a uma ordem superados e a crítica a uma concepção anistórica do passado.

Mas como justificar esse presente novo e o novo ainda não desenvolvido que ele contém, uma vez que se renuncie a encontrar o seu original no passado? Àquela geração de filósofos formados nas polêmicas históricas só restam dois recursos possíveis, que na verdade se con-

---

3. Ely Carcassonne, *Montesquieu et le Problème de la Constitution française au XVIII*[e] *siècle*, PUF, 1927.

fundem. O recurso à consciência histórica e o recurso à razão.

Voltaire, quando defende uma monarquia absoluta "burguesa" que o século de Luís XIV lhe promete e cujo advento ele espera em seu próprio século, sabe muito bem que, opondo-se aos "feudalistas", está assumindo o partido do "novo" contra o "originário", sabe muito bem que precisa defender essa "novidade" com um argumento que escapa aos partidários das "origens". Por isso diz: "tudo mudou segundo os tempos e segundo as vontades dos reis que se adequavam aos tempos". Mas, ao mesmo tempo que esboça assim uma teoria – evidentemente bem formal ainda – da necessidade de superar o passado, ou seja, uma teoria da gênese e do condicionamento históricos, é da natureza e da razão que ele deduz a ordem nova cujo surgimento histórico mostra. Contradição? Esta não existe em seu pensamento, pois, para ele, a novidade histórica do presente consiste precisamente no reinado triunfante das Luzes e de uma razão que o passado havia conspurcado. A história, para ele, está no domínio do devir real, da novidade, mas o que muda nessa história é a relação entre a razão e seu contrário, o erro, a relação entre as Luzes e a superstição.

O exemplo de Voltaire vale para a maioria dos filósofos do Iluminismo. A rejeição da história ao modo de Boulainvilliers ou Montesquieu nada mais é que a rejeição de uma história que não reconhece o devir: o recurso à natureza e à razão, embora implique a rejeição a essa história, é inseparável de uma história do triunfo da razão e da natureza, ou seja, de uma nova forma de consciência que implica o reconhecimento do devir na história.

Evidentemente, essa história da razão está compreendida na própria razão, pois é a epifania temporal de uma razão eterna e se reduz à tomada de consciência da razão por si mesma. Donde seu formalismo. Mas essa razão e essa natureza que envolvem a história com sua própria manifestação e mostram nisso os limites da concepção do Iluminismo possuem um sentido polêmico inequívoco. Por falta de "direitos de antiguidade", por falta de uma teoria científica que possibilite não só pensar, mas também explicar, a superação do passado e o advento do novo na história, só existe um meio para justificar o presente ou o futuro da história: o recurso à razão e à natureza. Na falta de demonstrar a necessidade histórica da ordem nova, recorre-se à demonstração "racional". A natureza e a razão não passam de sucedâneo de um argumento histórico.

HELVÉTIUS REVOLUCIONÁRIO (1962)[1]

Se Helvétius, que era homem de excelente educação, capaz de receber bem os amigos, com tamanho público no mundo parisiense da cultura da época, causou tanto escândalo com seus textos, foi decerto porque não era um simples pedagogo ordinário. No entanto, lendo seus textos, encontramos toda uma série de fórmulas que lembram não só o espírito, mas também a letra, das obras dos pedagogos de seu tempo, em especial de Rousseau. Então, começaremos ingenuamente por considerá-lo um pedagogo e por perguntar por que esse pedagogo causou tanto escândalo.

Para começar, ele tem uma consciência extremamente aguda das contradições nas quais se desenvolve a educação contemporânea. Contradições que se mostram, saltam à vista de quem examina os métodos correntes da educação: uma aprendizagem do latim que se estende

1. Editamos aqui o texto do programa de rádio "Analyse spectrale de l'Occident", transmitido pela RTF em 10 de fevereiro de 1962 e publicado pelo INA em dois CDs intitulados *Anthologie sonore de la pensée française*. Para mais detalhes, ver a apresentação deste volume.

durante seis ou sete anos letivos, aprendizagem das palavras, ignorância das coisas, enfim, um método educacional formalista que Helvétius, como o próprio Rousseau, qualifica de escolástico. Esse ensino humanista, puramente escolástico, está em contradição com as necessidades do tempo, ou seja, com o desenvolvimento das artes, das ciências e das técnicas do tempo, ilustrado, em especial, por todos os desenvolvimentos da Enciclopédia. Sente-se nesse momento a necessidade de formar homens que sejam algo mais do que simples retóricos.

É essa primeira tomada de consciência que inspira em Helvétius toda uma série de reformas, que não são originais nele, já encontradas em Locke e também em Rousseau. Por exemplo, abolição do ensino à base de latim: devem ser ensinadas às crianças as línguas nacionais, bem como as ciências e as técnicas, submetendo-as à educação natural dos objetos, ou seja, aprendizado da física no manejo dos corpos sólidos, da dinâmica no manejo dos corpos líquidos etc. Ou seja, elas deverão ser postas em condições tais que a própria natureza lhes ensine suas leis: passa-se das palavras às coisas. O mais importante, porém, é que Helvétius vai um pouco mais longe (Rousseau, aliás, também chega até aí) na tomada de consciência das origens dessa contradição da educação. Helvétius declara que, não só nas famílias, mas também nas escolas, as crianças aprendem toda uma série de preceitos de conduta que estão em contradição com o curso do mundo. Ensinam-lhes preceitos de virtude, mas, quando as crianças se tornam adultas, o mesmo pai que lhes ensinou preceitos de virtude ensina-lhes naquele momento preceitos totalmente cínicos, destinados a possibilitar-lhes o sucesso no mundo, quer se trate do mundo político, do mundo social ou do mundo econômico. E então [aparece][2] uma contradição fundamental entre a moral ensinada às crianças, os preceitos que lhes foram ensinados pelos pais e professores, e as leis imanentes que governam a necessidade do mundo – e esse mundo é, evidentemente, um mundo social. E assim desembocamos numa segunda tomada de consciência, não só da contradição dos métodos da pedagogia, como também da contradição fundamental que comanda essa primeira contradição.

Se nos restringirmos ao plano da educação entendida como pedagogia, se confrontarmos o pensamento de Helvétius com o de Rousseau, seremos obrigados a constatar que, em muitos aspectos, seus projetos se interseccionam ou mesmo se sobrepõem completamente. Mas o que impressiona realmente, em especial nos capítulos de *De l'esprit* e *De l'homme,* em que Helvétius examina suas relações com Rousseau, o que impressiona realmente é que Helvétius faz a Rousseau certo número de críticas que, embora ligadas a problemas pedagógicos, ultrapassam bastante o horizonte desses problemas pedagógicos. Em especial, Helvétius critica Rousseau por acreditar na bondade original do homem. E também lhe critica o fato de atribuir importância desmedida àquilo que ele chama de "organização do homem", ou seja, sua constituição orgânica. E Helvétius também critica Rousseau por acreditar na existência de um instinto moral inato. Essas críticas nos levam a descobrir, por trás das polêmicas, ou, ao contrário, dos acordos, sobre problemas pedagógicos, um pano de fundo teórico que distingue radicalmente Helvétius de Rousseau. E isso nos dá acesso àquilo que chamarei de segundo sentido da palavra educação

2. Essa palavra não está presente na gravação.

em Helvétius, que não é um sentido pedagógico, mas uma educação estendida, como ele mesmo me disse, em sentido bem amplo, que diz respeito não à aprendizagem proposta ao homem pequeno, mas à produção dos homens na história universal. Em outras palavras, por trás do vocábulo educação, temos em Helvétius uma teoria da história humana. E é essa teoria que talvez seja interessante examinar agora.

Se quisermos caracterizar a concepção que Helvétius tem da história humana, do ponto de vista desse conceito generalizado da educação, deveremos dizer que ele considera que o homem, ao nascer, não traz, por assim dizer, absolutamente nenhuma estrutura à sua própria existência (o homem nasce num estado de plasticidade absoluta), sendo inteiramente formado por aquilo que Helvétius chama de acaso, que, conforme vemos rapidamente, é de fato comandado pelas estruturas do ambiente nas quais o indivíduo se situa. O acaso para a criancinha, cuja natureza é absolutamente virgem e pura passividade, é em primeiro lugar o meio familiar no qual ela vive, os pais com os quais ela tem contato, a ama-de-leite que a alimenta e lhe diz esta ou aquela palavra, alguma punição que a criancinha tenha recebido. Do ponto de vista desse conceito de acaso, que nele aparece não estruturado, o que Helvétius pensa é na verdade influência de um meio que, desde a primeira infância do indivíduo, é estruturado: trata-se do meio familiar. E a segunda educação, em sentido amplo, recebida pelo homem pequeno, é a educação que ele receberá quando se tornar adolescente, depois maior de idade, ou seja, quando entrar em contato com o meio mais vasto do que o pequeno meio da infância familiar, ou seja, com o meio de seus amigos mais próximos e depois com a sociedade em seu conjunto. E é este segundo meio que, nesse momento, agirá sobre ele na forma do acaso e, em certa medida, em grande medida, imprimirá nele seus próprios caracteres e o constituirá, produzirá, para falar apropriadamente. Isso faz Helvétius representar a história do homem como a história da produção integral do homem pela influência do meio sobre um indivíduo concebido como uma natureza puramente plástica. E é essa visão geral, digamos, que nos permite compreender a dupla refutação a que Helvétius se dedica quando critica em especial as teorias de Diderot e as de Rousseau. Em outras palavras, para Helvétius, o homem não está na dependência de sua organização, no sentido de Diderot, ou seja, na dependência de sua constituição fisiológica, nervosa, [das][3] disposições internas de seu cérebro. Diderot dirá: se abríssemos o cérebro de um tolo, veríamos por que ele é tolo; de um gênio, veríamos por que é gênio. Veremos em breve que o determinismo absoluto por parte do ambiente, em Helvétius, é propriamente a figura da liberdade humana, enquanto o determinismo radical em Diderot por parte da organização interna do indivíduo é, para Helvétius, figura do determinismo não da liberdade, mas, ao contrário, da fatalidade.

O segundo adversário refutado por Helvétius a partir de suas próprias posições é justamente Rousseau, uma vez que, para Rousseau, não se tem (diga o que disser Helvétius) influência preponderante da organização do indivíduo sobre sua história – para Rousseau, o indivíduo não é organicamente predeterminado a este ou àquele destino. No entanto, o que mais impressiona Helvétius é uma outra forma de estrutura inata que o indi-

---

3. "sobre as" na versão gravada.

víduo traz ao mundo ao nascer e ao se desenvolver (o indivíduo de Rousseau): é justamente aquela disposição instintiva à sensibilidade moral, que ele descobre nele, que lhe é dada ao nascer (basta remeter-se ao segundo *Discurso*, sobre a origem da desigualdade entre os homens, para ver que Rousseau atribui ao homem, como qualidade originária, como estrutura fundamental do ser humano, a liberdade, e essa liberdade é essencialmente concebida por ele como uma liberdade moral, ou seja, como o equivalente do instinto moral. Helvétius também refuta essa estrutura originária da natureza humana, porque é uma estrutura que comandaria todo o destino da humanidade – e ele quer que o homem esteja perfeitamente nu, ou seja, sem nenhuma estrutura originária, submetido, por conseguinte, a todas as influências exteriores do meio. Estamos aí diante de um radicalismo tal, que talvez nunca tenha sido enunciado, de um radicalismo da influência do meio sobre o desenvolvimento do homem, ou seja, de uma produção integral do homem por sua própria história. Quando Helvétius diz que o homem é inteiramente formado pelo acaso, descobrimos, como indiquei há pouco, que, na educação da criancinha, a primeira forma de acaso é o meio familiar imediato; na educação do adolescente e do homem feito, a segunda forma de acaso é o meio social ambiente que o cerca, um meio muito mais vasto, porque abrange toda a sociedade. E acredito que, se quisermos enunciar o pensamento mais profundo de Helvétius, é o pensamento que tentaria pensar o conjunto desses meios, desses diferentes meios que o homem atravessa ao longo de sua existência individual, num conceito único. E esse conceito único, é surpreendente encontrá-lo em Helvétius na forma do conceito de governo.

A sociedade é resumida por Helvétius naquilo que ele chama de seu governo, ou seja, o conjunto de suas leis que comandam seus costumes, que comandam suas instituições, que comandam até o detalhe da educação, por conseguinte até as formas mais sutis da influência do meio sobre o indivíduo. E é nesse momento, digamos, que vai ocorrer a viravolta de todo o pensamento de Helvétius, quando Helvétius talvez nos revele seus subentendidos, seu pensamento mais profundo, que decerto constitui a origem do escândalo que suas obras causaram na época. Mas acredito (Helvétius disse isso em seus próprios termos várias vezes – aqui poderiam ser citados textos muito precisos) que essa teoria generalizada da educação era, a seu ver, a pressuposição teórica que lhe possibilitava pensar uma reforma radical da humanidade por meio de uma reforma radical de seu modo de governo. De fato, se os homens se tornam tolos, falsos, gênios por viverem nesta ou naquela forma de governo, se ficar demonstrada a onipotência do governo sobre a formação e o destino dos indivíduos, a conclusão daí extraída por Helvétius é radical, mas muito simples: basta mudar a forma de governo para mudar a natureza humana e o destino de todos os indivíduos. Ou seja, pode-se imaginar, a partir de uma reforma do governo, uma reforma da sociedade, de tal modo que os homens deixem de ser falsos, deixem de ser viciosos, deixem de ser tolos, podendo-se, de alguma maneira, produzir gênios à vontade, em todo caso podendo-se produzir, para suprir as necessidades da sociedade, homens que tenham disposições tais que satisfaçam de antemão às funções que a sociedade lhes destina.

Somos obrigados a constatar que o destino desse radicalismo teórico é simplesmente um reformismo reles.

Pois, definitivamente, após fundamentar essa idéia numa teoria geral da educação, numa teoria geral da história, é muito difícil dar a essa idéia uma forma de realização que não seja a forma dominante da utopia do século XVIII, ou seja, o recurso ao déspota esclarecido. E Helvétius, afinal, não propõe nenhum método revolucionário que seja capaz de aplicar seu pensamento revolucionário. Todo seu esforço político se limita a depositar as esperanças no advento de um príncipe, de um déspota que seja suficientemente esclarecido para compreender que é necessário reformar o governo, impor o reinado da virtude, obrigar necessariamente, como diz ele, os homens à virtude e transformar a natureza humana por meio da transformação do governo. Ele aplicará a teoria geral da educação de Helvétius à humanidade e também será o pedagogo, ou seja, nessa teoria geral da educação política, também se encontrará um setor que será o da educação no sentido pedagógico, no sentido estrito de que partimos no início – ou seja, serão reformados os colégios. Mas a educação no sentido amplo do termo, ou seja, no sentido político do termo, está inteiramente nas mãos de um indivíduo miraculoso que ou surgirá um dia no mundo político, ou terá genialidade de compreender a profundidade do pensamento de Helvétius e de se render às suas evidências – ou seja, será suficientemente esclarecido para fazer a reforma que Helvétius espera da história.

As críticas que Helvétius faz a Rousseau talvez tenham, em definitivo, um significado que pode nos esclarecer ao mesmo tempo sobre o caráter radical de sua teoria e sobre o caráter reformista de sua tomada de consciência política. É que, em definitivo, ele se propõe um objetivo em cujos meios não pensa. Não digo que Rousseau pense nos meios de uma verdadeira reforma política, mas direi que ele é claramente muito mais consciente das contradições vividas pela sociedade de seu tempo. Em especial, Rousseau não acredita que uma reforma política geral possa ser atingida por aquilo que poderíamos chamar de reforma do entendimento, ou seja, pela defesa da verdade. Rousseau não acredita que a verdade esclarecerá os espíritos pelo simples fato de ser enunciada – no fundo, essa é a utopia que domina todo o pensamento do Iluminismo na França (e na Alemanha, em toda a Europa, naquele período), é a idéia de que a verdade pode ser eficaz por si mesma, e é um pensamento que Helvétius compartilha. Pois bem, Rousseau não tem essa convicção: Rousseau acredita que o combate entre verdade e erro é um combate que assume forma humana, que não é um combate de abstrações, mas um combate que opõe os homens entre si, num nível muito mais modesto, muito mais material, muito mais concreto. Isso faz que eu, pessoalmente, seja propenso a concluir que o radicalismo de Helvétius é um radicalismo que permanece abstrato, que permanece puramente teórico, e que as contradições que Helvétius critica em Rousseau talvez sejam, no fundo, indício, em Rousseau, de um pensamento mais profundamente sensível às contradições reais e às condições efetivas não só da existência dos homens, de seu crescimento, da história humana, mas até dos problemas políticos de seu tempo.

MAQUIAVEL
(1962)

O que impressiona, no caso de Maquiavel, é uma singular desproporção entre o destino de seu pensamento, por um lado, e o status desse mesmo pensamento, por outro.

Destino de seu pensamento: não há escritor político que tenha provocado tantas reações, tantos comentários, tantas indignações, tantas aprovações[a].

As 4 interpretações de Maquiavel[1]

1) [2] [b] mencionar também a interpretação "historicizante" de Croce: Maquiavel puro teórico objeti-

a. Essas interpretações. Como se dividem? (folha anexa).

b. (na parte recente)

1. Integramos aqui a "folha anexa" à qual se refere a anotação de Althusser à margem. Ela substitui a seguinte frase, riscada à mão no texto datilografado: "Deixo de lado por enquanto o sentido e o conteúdo dessas reações, ou seja, o sentido dessas interpretações."

2. A primeira interpretação é inicialmente designada como quarta no texto datilografado, já que Althusser modificou depois à mão a ordem de exposição dessas interpretações.

vo e neutro. Fez ciência da política, sem paixão. Disse as coisas como elas são, elas podem servir a uns e a outros.

2) Maquiavel como maquiavélico... aceito, denunciado como o cínico imoral da política. Lido pelos monarcas absolutos, pelos políticos do absolutismo no estrangeiro – ou criticado (ou seja, aprovado) por eles (cf. Frederico[3]). O espírito diabólico da política. Esses leitores de Maquiavel dividem-se em seus discípulos cínico-práticos e seus críticos indignados.

3) interpretação "democrática" de Maquiavel. Opõe os *Discorsi*[c] ao *Príncipe.* Maquiavel, republicano que disse ao povo a verdade sobre os tiranos. Para sua edificação. Para armá-lo contra os próprios tiranos. Para desmascarar os tiranos. Cf. Rousseau e toda a tradição do Risorgimento. Cf. de Sanctis[4], Mazzini etc.

4) Gramsci (Hegel). Cf. texto de Hegel[5] (sobre-

---

c. Espinosa
Rousseau

3. Trata-se de *Anti-Maquiavel*, de Frederico II da Prússia.

4. Francesco De Sanctis, *Storia della lettura italiana*, t. 2, reedição Milão, Feltrinelli, 1956.

5. As anotações de classe contêm aqui o seguinte trecho: "*Die Verfassung Deutschland:* a Itália não tem Estado, como a Alemanha. Mas a Itália teve um teórico para pensar sua ausência de Estado, Maquiavel (Estado nacional unificado). Hegel defende Maquiavel e sua idéia de utilizar o cinismo contra o cinismo." Cf. Hegel, "Sur la constitution de l'Allemagne", *in Écrits politiques*, 10/18, 1996, pp. 125-9. A referência a Gramsci é mais desenvolvida nas anotações de classe: "Cf. Gramsci, *Cadernos da prisão:* há uma unidade profunda na obra de Maquiavel. Ele também pensa na obra de Maquiavel como num mito que pode tornar-se real. Uma antevisão da realidade. Maquiavel chegou a indicar meios para resolver esse problema [...] Exército nacional."

tudo impressionante em relação às duas primeiras interpretações)[6]

Constato simplesmente que essas interpretações contraditórias (Maquiavel maquiavélico ou não, Maquiavel teórico da violência pura ou do sentido político da violência) – que essas interpretações, em suas próprias contradições, supõem certo *objeto* por interpretar, supõem a existência de um pensamento problemático em si mesmo, é verdade, mas bastante consistente para dar ensejo à interpretação e à contestação. Quero dizer que em tantos teóricos, tais como Espinosa, Hobbes, Montesquieu e Rousseau, para só considerar estes, não teria havido tanta atenção ao pensamento de Maquiavel se Maquiavel só tivesse sido um cronista do tipo de Guicciardini ou de Commynes, seus contemporâneos. Estes também escreveram sobre política, sobre os meios que deveriam ser empregados para governar os homens, eles também conceberam regras baseadas em exemplos. No entanto, não foram *reconhecidos* pelos teóricos, implícita ou explicitamente, como autores dignos de ser comentados, criticados ou defendidos. As interpretações impiedosas de Maquiavel impõem, inevitavelmente, a idéia de que seu pensamento contém em si mesmo um verdadeiro fundo teórico, que está em causa nesses debates.

Contudo, se considerarmos o status desse pensamento, desse mesmo pensamento, teremos dificuldades para atribuir-lhe o status de pensamento teórico no *sentido clássico do termo.* Os mesmos teóricos que os citam e debatem *tratam* Maquiavel como teórico, mas não dizem positivamente que ele *é* teórico. Vejamos Espinosa. No

6. Aqui termina a "folha anexa".

capítulo I do *Tratado político*, que se abebera profundamente em Maquiavel, assiste-se à oposição entre filósofos que trataram de política numa modalidade de utopia ou de crítica moral (sendo a utopia uma forma velada de ilusão moral em política) e políticos instruídos pela experiência indefinidamente repetida da história humana das cidades-Estado. Ao lado dos políticos encontram-se homens que refletiram sobre essa experiência concreta dos políticos e trataram dela: "As regras comuns e os negócios públicos foram objeto de estudo por parte de homens muito perspicazes, hábeis ou astuciosos que estabeleceram instituições ou delas trataram."[7] Embora ele não seja nomeado nesse trecho, em que se fala daqueles *homines acutissimi*, é fácil reconhecer Maquiavel entre eles, pois adiante, quando o menciona, Espinosa lhe dá o mesmo adjetivo: *acutissimus*[8].

Mas justamente essa perspicácia, para Espinosa, é a perspicácia de um empírico, e não de um teórico, perspicácia de um prático, não de um filósofo. O propósito de Espinosa consiste justamente em 1) reconhecer que toda verdade que se possa enunciar sobre política não está do lado da utopia ou da crítica moralizante dos filósofos mais religiosos ou menos religiosos, mas do lado da prática, do lado dos empiristas; 2) mas ao mesmo tempo Espinosa quer conferir à verdade cega inserida nessa prática a forma da razão teórica: "Dedicando-me à Política, não quis aprovar nada que fosse novo ou desconhecido, mas apenas estabelecer por meio de razões seguras e indubitáveis aquilo que mais se coaduna com

---

7. O *Tratado político* de Espinosa (aqui I, 3) é citado por Althusser na tradução de Charles Appuhn (hoje disponível nas edições Garnier-Flammarion).

8. *Ibid.*, V, 7, e X, 1.

a prática."[9] Eis aí, portanto, o destino de Maquiavel. Reconhecido como um empirista genial, mas limitado a seu empirismo. Preso à matéria desse empirismo, sem acesso à forma específica da *teoria*.

E, na verdade, se nos voltarmos para esses teóricos, constataremos que Maquiavel é estranho ao mundo de seus conceitos. Toda a teoria política se desenrola em conceitos específicos: estado de natureza, contrato social, contrato de associação, contrato de submissão, estado civil, soberania política etc. Esses conceitos e a problemática a eles associada (natureza do vínculo social, origem das sociedades, fim e destinação do poder político) são então constitutivos de toda teoria política propriamente dita. Eles constituem propriamente *a política como objeto teórico*. Tudo o que é externo a essa problemática, mesmo em se tratando de observações profundas, pertence a um domínio pré-teórico, exatamente como a experiência da agrimensura pertence ao domínio pré-geométrico, que existe como geométrico depois que seu objeto foi constituído, definido por definições, axiomas e postulados. Da mesma maneira, poderíamos dizer que o objeto político como objeto teórico está definido, para os autores clássicos (séculos XVI–XVIII), pelos conceitos específicos cuja lista eu dei – e toda reflexão que não se situe em seu nível não está no nível da teoria. Esse critério é a conde-

---

9. *Ibid.*, I, 4. À margem, uma seta remete a um acréscimo manuscrito que figura no verso da folha datilografada: "posição muito próxima em Fichte: *Über Machiavelli als Schriftsteller* (1807) – o pensamento político de Maquiavel 'baseia-se inteiramente na vida real', mas ficam absolutamente fora de seu horizonte 'as mais elevadas visões sobre a vida humana e sobre Estado do ponto de vista da Razão'. *O príncipe* não é 'um tratado de direito público transcendental, mas um livro de técnica para uso de um príncipe". Trad. fr., Fichte, "Sur Machiavel écrivain", *in Machiavel et Autres Écrits philosophiques et politiques*, Payot, 1981.

nação teórica de Maquiavel: como ele não tem os conceitos que constituem e definem o objeto político, ele não tem esse objeto e fica fora dele.

Eis, portanto, todo o paradoxo. Autor cujo pensamento não encontra lugar no campo reconhecido da *teoria* política, logo um empirista. Mas, ao mesmo tempo, um pensador levado a sério pelos próprios teóricos, alguém cujo pensamento teve um destino excepcional, de tal ordem que é impossível não se dissimular nele um verdadeiro valor teórico, ou então, diretamente, um significado teórico, ou, indiretamente, um significado capaz de dizer respeito à própria teoria clássica. Quero dizer que, de maneira mais ou menos confusa, em seu próprio escândalo, em seu caráter anfibológico (ele era despótico ou republicano?), em seu caráter enigmático, era como se fosse reconhecido no pensamento de Maquiavel *um alcance teórico latente*, preocupante, que os clássicos não podiam expressar e reconhecer, mas que acabaram por admitir indiretamente, mesmo que por meio de um mal-estar diante dele[10]. E, realmente, ainda que não se encontrem em Maquiavel os conceitos clássicos da formalização da política como objeto, encontram-se *outros* que são apenas de Maquiavel, ou quase: o par fortuna-*virtù*, a teoria do começo do Estado, uma teoria geral da história etc. O que eu gostaria de sugerir é que a contradição entre esse reconhecimento prático ou latente do sentido teórico do pensamento de Maquiavel, por um lado, e a negação de qualquer alcance teórico do mesmo pensamento por parte dos teóricos, por outro, que essa contradição talvez seja a oportunidade e o meio de formular o problema da própria natureza do objeto teórico nos clássicos. Se Maquiavel tem valor teórico, é o valor teórico do objeto da teoria

10. Esta frase é um acréscimo manuscrito à margem.

política que está sendo afetada, contestada em suas pretensões e, de alguma maneira, julgada por esse questionamento prévio que é essa teoria não reconhecida de Maquiavel. Em outras palavras, tentar responder à pergunta "Maquiavel é mais do que empirista?" pode nos levar para o caminho do questionamento da própria teoria política clássica, não para destruí-la ou refutá-la, mas para esclarecê-la acerca de seu sentido, depois de elucidado o sentido próprio da teoria de Maquiavel.

para tentar responder a essas duas perguntas "qual é o sentido profundo de Maquiavel?" e "qual é o sentido de sua solidão teórica?" gostaria de comentar certo número de temas do *Príncipe*, sugerindo certo modo de lê-lo.

introdução e conclusão do *Príncipe*.
depreender seus temas políticos e teóricos.

Introdução do *Príncipe* (dedicatória)

Maquiavel menciona seu "conhecimento das ações das grandes personalidades, que conheci de *longa experiência*[11] *das coisas modernas* e da *leitura contínua*[12] *dos antigos*" (289)[13].

---

11. A partir da palavra "experiência", uma seta remete ao seguinte acréscimo manuscrito, no alto da página: "tema da *experiência*, fato, *tocar* a realidade efetiva ficha *método*".

12. A partir da palavra "leitura", uma seta remete ao seguinte acréscimo manuscrito, no rodapé da página: "ficha história / tema do passado / os antigos: φ da história – cf. ficha/antiguidade por quê? mesma matéria → permanência da natureza h[umana] / conseguidas, Roma, Esparta (mito) / → φ experimental da história", a palavra "Roma", circulada e comentada com "não humanista".

13. Os textos de Maquiavel são citados na coleção "Bibliothèque de la Pléiade", Gallimard, 1952.

consciência de sua novidade[d]: "a novidade de sua matéria e sua gravidade". *id.*

pode ele, sendo de "pequena e baixa condição", falar "do Príncipe"? "No entanto, ouso discorrer sobre o governo dos Príncipes e apresentar suas regras."

comparação: para desenhar as montanhas é preciso estar na planície, assim como para desenhar as planícies é preciso estar no cume dos montes.

... "do mesmo modo para conhecer bem a natureza dos povos, é preciso ser Príncipe, e, para conhecer a natureza dos Príncipes, ser do povo" ... *id.* (*esser popolare*[14]).

Isso significa que Maquiavel é "do povo", e que é o "povo" que conhece os Príncipes e sua natureza!!!!

/// cf. Montesquieu[15]: subir num campanário para abarcar o todo! Ele estaria mais para Príncipe! ///[e16]

---

d. da novidade

e. → cf. Merleau-Ponty

14. *"esser popolare"* é um acréscimo manuscrito.

15. Provável referência: "Quando chego a uma cidade, sempre vou para o campanário mais alto ou para a torre mais alta, a fim de ver todo o conjunto, antes de ver as partes; e, ao sair, faço o mesmo, para fixar minhas idéias", Montesquieu, "Voyages", *in Oeuvres complètes*, Gallimard, Bibliothèque de la Pléiade", t. I, 1949, p. 671.

16. Referência provável a Merleau-Ponty, "Note sur Machiavel", *in Signes*, Gallimard, 1960, onde é assim comentado o mesmo trecho de Maquiavel: "O poder é envolvido por um halo, e sua maldição – como, aliás, a do povo que não se conhece mais que ele – é não ver a imagem de si mesmo que apresenta aos outros."

Invocação final do *Príncipe*[17]

1) "os tempos que correm" são tais, que um *Príncipe novo* pode "ganhar honra" (367)

os tempos que correm: "na Itália, não falta matéria para introduzir qualquer forma que se queira" (369)

matéria: circunstâncias, homens[f].

2) havia necessidade de grande rebaixamento, de grande miséria e servidão para preparar a redenção (368).

"era preciso que a Itália fosse conduzida aos limites nos quais a vemos: que ela fosse mais escrava que os judeus, mais serva que os persas, mais dispersa que os atenienses, sem comandante nem ordem, derrotada, pilhada, despedaçada, invadida pelos estrangeiros, em suma, que ela suportasse todas as desgraças"[g].

que ela atingisse o cúmulo dos males, o maior rebaixamento[h]... para oferecer grande carreira de glória ao Príncipe novo... (sim, mas também idéia de que da maior negação sairá a mais alta afirmação? Pensa-se no jovem Marx: é preciso formar uma classe de cadeias radicais... na Alemanha! o rebaixamento da Alemanha condição da "revolução humana"... fenômeno também da desigualdade de desenvolvimento[i].

---

f. matéria = "fortuna" (cf. p. 304).

g. cf. o mesmo tema p. 304.

h. → Teoria dos ciclos, decadência

i. Cf. *Príncipe*, p. 304: "a fortuna, quando quer tornar *grande um Príncipe novo*, cria-lhe inimigos..., para que ele tenha a oportunidade de superá-los e, pela escada que os inimigos lhe oferecerem, subir mais alto".

17. Trata-se do último capítulo do *Príncipe*: "Exortação a tomar a Itália e livrá-la dos bárbaros". Acima desse título, à mão, no alto da página datilografada: "'a Marselhesa do século XVI'. Quinet. Um manifesto político. Gramsci".

3) no maior rebaixamento, todos esperam o Príncipe novo.

"com que grande afeição ele seria recebido em todos esses lugares..., com que sede de vingança, com que fé tenaz, que piedade, que lágrimas. Que portas se lhe fechariam? Que povo lhe recusaria obediência? Que vontade se oporia a ele? Que italiano lhe recusaria homenagem?"[j] (370-371).

4) tudo é favorável, o tempo, os homens, a matéria. Basta que um príncipe novo saiba que *nova forma* empregar. Maquiavel a indicou no *Príncipe.* O Príncipe, com ela, ganhará honra; o povo, vantagem (367-368). Nova forma? A fraqueza dos italianos nas batalhas formadas "provém da insuficiência dos comandantes" (369)... os homens são bons tomados em si mesmos. É preciso um comandante que tenha suas próprias tropas, nacionais, que as treine, "o novo tipo de tropa usada, mudança de sua formação" (370), para expulsar os estrangeiros e criar a unidade da nação.

vemos, dessa simples análise, brotar

A) *Certo número de temas teóricos*

1) atitude metodológica realista de Maquiavel. Recusa da aparência, seja ela ética elaborada em utopias refletidas – ou imediata (a da opinião vulgar). Em suma, uma filosofia da aparência e da realidade.

2) certa filosofia experimental da história, e seus pressupostos (a experiência contém toda a verdade sobre

j. relação com as massas.

a história; a experiência do passado é, em sua essência, idêntica à experiência do presente). Por quê? Porque os homens sempre são os mesmos, e a história se repete (teoria cíclica).

3) certa filosofia da ação histórica: par fortuna-*virtù* (deixemos isso de lado por enquanto).

B) Ao mesmo tempo, certo número de temas políticos, organizados de certa maneira e agrupados em torno de um *tema central*: advento de um Príncipe Novo.

Tema insistente, constantemente repetido por Maquiavel e que esclarece todo *O príncipe.*

novidade de sua empreitada... e novidade do *Príncipe.*

do plano do *Príncipe* se depreendem esse tema e suas conseqüências.

Cf. Plano[18]

1) I a XI. Os diferentes principados existentes: reflexão sobre as diferentes formas possíveis de uma comunidade: todos os possíveis.

2) XII a XIV. Armamento.

3) XV a XXIII. Todos os outros métodos.

4) XXIV a XXVI. Conclusão:

- Bases históricas
- Ação política
- Objetivo histórico

---

18. "Cf. Plano" é um acréscimo manuscrito. O texto datilografado de Althusser não contém nenhuma indicação referente ao plano do *Príncipe*, ao contrário das anotações de classe que usamos aqui.

Qual[19] é o modelo desse Príncipe Novo: déspota, monarca moderado, chefe de uma república?

isso pode ser visto diretamente através dos mitos de Maquiavel

a) não a Igreja...
b) não os tiranos (turcos, César)
c) mas...
- Roma
- França e Espanha
- César Borgia.

(cf. folha)[20]

situação de Maquiavel julgada por seus próprios referenciais e seus próprios mitos

Mitos[21] negativos:
- *Igreja* romana
- ***tirania*** | turcos | César

1) Roma antiga (o passado).
2) França e Espanha: o presente, mas fora da Itália.
3) O próprio modelo italiano: César Borgia. Mas também seu fracasso – que denuncia o estado de impotência da própria Itália.

19. Essa frase é precedida no texto datilografado por um "1." difícil de interpretar.

20. As análises seguintes, contidas numa única página, parecem constituir a "folha" em questão.

21. As três linhas seguintes constituem um acréscimo manuscrito no alto da página do texto datilografado de Althusser.

Cada mito-referencial é específico.

Roma: não a Roma dos humanistas, nem direito, literatura e filosofia. Mas a organização político-militar de Roma; e sua existência como prova da possibilidade do presente. O Risorgimento... a ressurreição da grandeza da Itália unida.

Mas um contramito: César... ver por que Roma republicana... Maquiavel republicano? É a República que interessa Maquiavel em Roma?

França e Espanha. O modelo aqui se define melhor: ideal francês: equilíbrio rei–barões–povo. Rei–nobres–povo. Os três poderes... Não se fala em república! Ao contrário: evidência de que 1) é preciso uma monarquia absoluta para constituir uma nação. 2) o melhor governo combina os três poderes[k].

César Borgia. O mito do herói político, as condições de sua ação; comparar com Guicciardini. O mesmo pano de fundo, mas o conservadorismo de Guicciardini e o espírito revolucionário de Maquiavel[l].

---

k. Fernando de Aragão

l. Contramitos... 1. Igreja
2. tirano – turcos
– César

I[1]. PONTO DE PARTIDA: REVISÃO DOS PRINCIPADOS

Portanto, um Príncipe Novo, para constituir um Estado nacional, ou seja, uma unidade política que não existe na Itália – que só existe realmente no estrangeiro (França, Espanha) ou que existiu na Itália no passado (mito de Roma).

Um Príncipe Novo que dará Forma Nova à *matéria existente,* que deverá partir da matéria existente, que deverá modelá-la. O antiutopismo de Maquiavel manifesta-se nessa preocupação realista: a unidade nacional será feita com os homens como eles são, com a matéria italiana como ela é, a partir de sua realidade e de sua diversidade caótica. Não projeção de uma utopia sobre uma matéria, mas procura da *inserção* do plano político na própria matéria, nas estruturas políticas existentes.

1. Esta parte é designada como segunda parte no texto datilografado, mas não é precedida por uma primeira parte. As anotações de classe não contêm nenhuma indicação de capítulos. Retificamos a numeração dos capítulos do conjunto do curso.

No entanto, estado puramente negativo, de impotência generalizada dos pequenos Estados italianos, aquela situação de decadência geral (negativo absoluto no qual se acumulam todas as contradições: fraqueza dos Estados, ocupação estrangeira, devastações etc., descritas na invocação final) é tal que impõe o plano de regeneração nacional, pela constituição de um Estado Novo, por um lado, mas ao mesmo tempo *impossibilita* ou quase conferir a esse processo um *ponto de aplicação, um começo.* A matéria, em seu conjunto, exige uma forma nova, mas a matéria está em tal desordem, é ela a tal ponto ausência de forma, contém em si tão pouco esboço, desenho dessa forma, o ponto central em que a forma poderia começar a nascer, que é *impossível* fixar de antemão na matéria o lugar *de nascimento da forma.* A "matéria" política da qual Maquiavel fala quando tem em vista a situação italiana não é sequer comparável à potência aristotélica, que é ao mesmo tempo falta da forma, mas aspiração à forma, e contém (assim como o bloco do mármore no qual certos veios sugerem a forma que lhe será dada pelo escultor) seu esboço futuro. É ainda menos comparável à forma interior contida pelo momento hegeliano da história (que amadurece nele, sem saber, a forma implícita que, rejeitada a antiga forma existente, aparecerá no advento da nova época). Não: a matéria é puro vazio de forma, pura espera informe de forma. A matéria italiana é uma potência vazia, que espera *de fora* que uma forma lhe seja trazida e imposta.

É essa exterioridade radical da forma em relação à matéria que justifica a ingenuidade e a profundidade das análises singulares dos onze primeiros capítulos do *Príncipe.* Por que essa *revisão geral* dos principados existentes? Por que essa descrição geral e exaustiva da "matéria" italiana à espera de sua Forma Nova? Senão porque, ao declarar que essa matéria espera e exige uma forma nova, Maquiavel é incapaz[a] de prever, a partir dessa matéria, o lugar de nascimento, o começo, as condições concretas do início da Nova Forma? A *necessidade* do inventário exaustivo das formas negativas existentes nada mais é que o reconhecimento da *contingência* radical da aplicação da Nova forma à matéria existente. Em outras palavras, a necessidade da nova forma tem como condição a contingência radical de seu começo e de seu nascimento.

Essa é, a meu ver, a razão de ser do exame dos diferentes principados na primeira parte do *Príncipe.*

ler o primeiro capítulo que fundamenta a enumeração. acompanhemos a análise[b]:

1. Principados hereditários

Maquiavel passa rapidamente. Estados fáceis de conservar. Basta não "transgredir nem infringir a ordem dos ancestrais" (291). Nesses Estados o Príncipe é *"natural"*, faz parte da ordem das coisas. É protegido por sua antiguidade e pelo esquecimento das origens. Não há razão para mudar; o esquecimento da origem de seu poder faz as vezes do poder. "A antiguidade e a longa continuação do poder hereditário abolem, *com a lembrança de sua origem,* as razões de uma mudança" (291). Indicação inte-

---

a. não τόπος
espaço sem lugar
cf. "foi o acaso que deu origem aos diferentes Estados"
Discorsi?

b. 6 tipos de principado

ressante: o longo hábito tornou o Príncipe *natural*. Esse longo hábito tem como efeito (e fundamento) o *esquecimento das origens*. Essa natureza do Príncipe nada mais é que o hábito transformado em natureza. Descobrir as origens ou invocá-las provocaria uma mudança (mesmo tema em Montaigne e Pascal). Estado em sono, do qual nada se pode esperar por si mesmo.

2. Principados mistos (ocupa dois capítulos, o longo capítulo III e o IV)

Examina uma questão capital para Maquiavel. A questão do *crescimento de um Estado* por meio de anexações. Propriamente, questão da constituição, por extensão e anexações sucessivas, do Estado nacional. Cf. França pp. 292-3[c]: "Se esses Estados ou províncias incorporados por conquista a uma senhoria mais antiga do que a conquistada forem da mesma nação e da mesma língua... para possuí-la basta ter extinguido a linhagem do Príncipe que comandava, pois, quanto ao resto, se forem conservados os antigos privilégios, e se não houver diferenças de costumes, os súditos viverão em paz, como se viu em Borgonha, na Bretanha, na Gasconha e na Normandia, que estão a tanto tempo sujeitas à Coroa da França... em pouco tempo esses Estados Novos constituirão com o antigo um único e mesmo corpo."[2]

esse objetivo: constituir *um único corpo* com Estados anexados pela conquista, porém, suscita alguns proble-

c. *Príncipe*, 292-293.

2. Tradução ligeiramente modificada por Althusser.

mas delicados, caso os Estados não tenham os mesmos costumes e a mesma língua.

quando se conquistam Estados de línguas, costumes e governos diferentes, é preciso ter fortuna e habilidade. Diferentes meios: ir lá morar. Colônias (sem ocupação armada). Enfraquecer os vizinhos fortes, com o apoio dos fracos. Prever de longe.

cf. 5 erros de Luís XII na Itália (297): 1) arruinou os menores. 2) aumentou na Itália o poder de um poderoso (o Papa). 3) introduziu um estrangeiro muito poderoso (o espanhol). 4) não foi morar na Itália. 5) não criou colônias.

Paradoxo aparente dessa distinção: Estados com a mesma língua e os mesmos costumes, Estados de língua e costumes diferentes, problemas específicos suscitados por sua conquista e sua anexação duradoura, exemplo de Luís XII e seus erros – esse paradoxo parece levantar a dúvida de se saber se, no segundo caso, ainda se trata do projeto da constituição do Estado nacional. Vê-se isso claramente no exemplo da França na França. Mas não se vê isso muito bem no exemplo da França na Itália. Contudo, esse exemplo, na mente de Maquiavel, diz respeito ao problema italiano. Basta comparar o exame dos erros de Luís XII ao exame da conduta irrepreensível de César Borgia para convencer-se disso. É que a Itália, para Maquiavel, não é uma nação que tenha, em todo o seu território, *os mesmos costumes* e até *a mesma língua.* O exemplo do reino de Nápoles (antigo Estado marcado pela conquista normanda, que lá instaurou uma ordem feudal poderosíssima, o feudalismo à francesa) é exemplo de um Estado *quase estrangeiro* para o resto da Itália, sentido como tal pelos italianos do Norte e do centro[d]. Não temos, portanto, nesse caso uma variação imaginária *irreal* ou estranha ao horizonte dos problemas reais da constituição do Estado nacional: mas um dos problemas específicos dessa constituição. A consciência dessa constituição deve defrontar o problema da conquista, da anexação de províncias que são como que estrangeiras à nação e, no entanto, devem ser-lhe integradas.

3. Caso das *cidades livres*, as que "viviam sob suas próprias leis" (capítulo V)

Povos livres. Difícil anexá-los e governá-los. Única solução: ou destruí-los (arrasar as cidades: "não há maneira mais segura de usufruir uma província do que arruiná-la"[3] (302), ou nela morar, e[4] mantê-la "por meio dos cidadãos"

caso contrário, rebeliões infinitas, pois as repúblicas guardam "lembrança de sua antiga liberdade", que não as "deixa em paz"... As repúblicas *nunca* esquecem sua liberdade (302-303).

Esse caso das cidades livres representa para Maquiavel um caso-limite. Manifestamente inspirado pelo exemplo de Florença ou Veneza, em todo caso pela lembrança das cidades livres do período da comuma italiana. O Príncipe Novo pode ver-se diante do caso de ter de ocupar e anexar uma cidade livre. Dois métodos: ou arrasá-la (para destruir com ela seu espírito de indepen-

---

d. cf. questão moderna do *mezzogiorno*

3. Tradução ligeiramente modificada por Althusser.
4. O fim da frase é um acréscimo manuscrito.

dência) ou nela residir e "mantê-la por meio dos próprios cidadãos", caso não se queira destruí-la (302). No entanto, esse caso-limite quase excluído da situação italiana atual. Cf. *Discorsi,* Livro II, capítulo 2: as terríveis dificuldades dos romanos para conquistar e subjugar os povos livres: "Por isso, em vez de um único país que pode hoje gabar-se de possuir cidades livres <trata-se da Alemanha: mas liberdade das cidades alemãs é excludente de um Estado nacional>, os tempos antigos nos mostram uma infinidade de povos que gozavam de liberdade em todos os países... Na época de que falamos, a Itália, a partir daqueles Alpes que separam a Toscana da Lombardia, até sua ponta que olha para a Sicília, era povoada de Estados livres..." (516-517), mas hoje a Itália não os têm mais...

4. Estados fundados por indivíduos (VI a VIII)

partem do nada, devem tudo a seu mérito *(virtù)* ou tudo à fortuna (alheia). "Principados inteiramente novos..."

3 casos: fortuna no início (Borgia)
virtù no início (Sforza)
Banditismo puro... (VIII)

situação típica da origem para Maquiavel. Situação-limite também: o indivíduo que sobe ao poder sem tê-lo ocupado antes, de algum modo. E, a partir daí, dessa situação por ele criada (*virtù*) ou que lhe adveio (fortuna), ele lança os fundamentos de seu poder...: não mais depender de outrem.

5. Principado civil (capítulo IX)

Estado no qual um particular se torna Príncipe por ser chamado a essa função, seja pelos grandes, seja pelo povo. Desta vez, ponto de partida do poder em forças sociais que *intervêm diretamente*, que são diretamente *ativas* no estabelecimento do Principado. Por isso, é chamado *civil*: no sentido de que o poder do Príncipe não vem de si mesmo, de sua *virtù* ou da fortuna (anônima), mas de uma intervenção de um grupo social.

O interesse despertado por esse caso consiste em *mostrar o pano de fundo social* do mundo político, que de outro modo permanece mais ou menos anônimo.

Teoria dos dois "humores" (vocabulário médico, freqüente em Maquiavel). Toda cidade é composta de dois *"humores"*: o povo e os grandes.

"Em toda cidade se encontram esses dois humores" (317) constantemente em luta. Por que essa luta? "O povo não gosta de ser comandado nem oprimido pelos mais poderosos. E os poderosos têm vontade de comandar e oprimir o povo."

É essa luta de duas classes que provoca o recurso ao Príncipe. Os grandes querem um Príncipe, porque "não podem resistir ao povo", querem um Príncipe que os proteja para poder, "à sombra dele, saciar seus apetites". O povo, ao contrário, quer um Príncipe para se proteger dos grandes, "para ser defendido debaixo de suas asas" dos excessos dos grandes (317).

Portanto, origem de classe do governo do Príncipe, origem *visível* nesse caso.

Mas o interessante no exame desse tipo de principado é a pergunta formulada por Maquiavel: como o Príncipe se manterá melhor no poder, quando a ele chamado nessas condições? Ele observa que o príncipe do *povo* tem situação mais garantida, mais estável, e que o Príncipe dos grandes fica em situação precária, sempre ameaçada. "Aquele que chega com a ajuda dos ricos a ser Príncipe" é mais ameaçado, pois é Príncipe entre seus iguais "e não pode comandá-los nem moldá-los à sua vontade" e, para contentar os grandes, precisa prejudicar o povo. Ao contrário, o Príncipe chamado pelo povo não é ameaçado por ele, que não se pretende seu igual... e é possível contentar o povo sem prejudicar os outros, pois "o desejo do povo é mais honesto que o dos grandes, que procuram atormentar os pequenos..." (317). Donde as duas conclusões:

a) o príncipe do povo só precisa *conservar* a amizade do povo

b) o príncipe dos grandes: "aquele que, contra o povo, pelo favor dos grandes, se torna Príncipe, deve... procurar ganhar o povo... tomá-lo sob sua proteção"[5]... Em todos os casos, seja qual for sua origem, "é necessário que um Príncipe se *faça amar* pelo seu povo" (319).

6. Principados eclesiásticos

Governam-se sozinhos... Não precisam de fortuna nem de *virtù*... "pois são mantidos pela grande antiguidade que há nas instituições da religião"... Os príncipes têm súditos e não os governam!! Ironia de Maquiavel. "Como são governados por razão superior, à qual o espírito humano não pode atingir, deixarei de falar deles; pois, sendo erigidos e mantidos por Deus, seria coisa de homem presunçoso e temerário discorrer sobre eles"

5. Tradução ligeiramente modificada por Althusser.

(322). Discurso estranho, compreensível quando comparado à virulenta condenação que Maquiavel faz à política da Igreja romana. Incapaz de unir a Itália, ela nunca foi capaz de proibir os outros de unificar-se. "A Igreja, não tendo sido nunca suficientemente poderosa para apoderar-se de toda a Itália e não tendo permitido que outro a ocupasse, foi a causa de que esse país não pudesse ser reunido sob um único dirigente[6]..." (*Discorsi*, I, 12, p. 416). Pois "um país só pode ser realmente unido e prosperar quando obedece por inteiro a um único governo, seja ele monarquia ou república. Assim é a França, assim é a Espanha. Se o governo da Itália inteira não está assim organizado, seja em república seja em monarquia, isso devemos apenas à Igreja" (*id.*, 416).

Será possível dizer que essa análise das diferentes formas existentes de principado confirma absolutamente o sentido que eu lhe havia atribuído no começo? Em outras palavras, que essa *matéria* está realmente *vazia*, e que essa enumeração das formas existentes é em si mesma absolutamente *neutra*, que Maquiavel, antecipando-se à última regra cartesiana, realiza uma *enumeração exaustiva* que tem o sentido de depreender um espaço homogêneo e vazio de possíveis puros sem nenhum privilégio? Ou então não haverá, no próprio âmago desse puro espaço dos possíveis certo número de zonas de sombra e de outras zonas mais iluminadas, que admitem já algumas preferências? Dão já, por tabela, algumas indicações positivas?

Três pontos nesse sentido parecem dignos de nota.

---

6. Tradução ligeiramente modificada por Althusser.

a) primeiro: *há tipos de Estado dos quais nada há que esperar.* São os velhos Estados hereditários reduzidos ao hábito, a uma existência natural, ao sono histórico. Também são os Principados eclesiásticos, que de certa maneira se apresentam tão elevados acima da política (mantidos pela ação de Deus...), que se situam aquém da política, do nível político. São, enfim, os Estados conquistados e estabelecidos por puro banditismo, também fora da política como tal, porque monstros históricos. Porque os métodos do Príncipe não têm outro fim senão saciar sua crueldade, que é pessoal e não política, ordenada para um fim político autêntico.

b) segundo: os *Estados novos,* ao contrário, despertam grande interesse, quer tenham sido constituídos por homens cuja promoção política se deva à fortuna ou à *virtù*, quer tenham sido esses homens chamados ao poder por uma classe social. Nos dois casos (Estado da fortuna-*virtù* ou Estado formado pela intervenção de uma classe social), esses Estados revelam que [...][7] o acordo entre o Príncipe e o povo constitui o verdadeiro "fundamento" de seu poder e de sua perenidade.

c) terceiro: ausência das *repúblicas.* No início do *Príncipe,* Maquiavel se desculpa: "deixarei de lado as repúblicas..." (290), pretextando que falou delas nos *Discorsi.* Mas não acredita possível o advento do Estado nacional a partir de uma república. Por uma boa razão, é que as repúblicas na Itália só existem na forma da corrupção. E uma república corrompida (cf. *Discorsi,* I, 18, p. 431) só tem futuro se "o seu governo for impelido para o Estado monárquico, e não para o Estado popular".

---

7. O texto datilografado contém aqui um "no".

Nesse fundo, portanto, desenham-se de fato preterições e preferências, ou se não preterições, nuances indicativas. Tudo é dominado pelo capítulo sobre os Estados mistos, que desenha o futuro próximo do Estado Novo: a conquista e a anexação de outras províncias, para constituir o Estado nacional.

II. EXÉRCITO E POLÍTICA

Problema militar, idéia fixa de Maquiavel. Cf. exortação final do Príncipe. O Príncipe deve ser, acima de tudo, um comandante de guerra. O que falta aos italianos são capitães, que os tornem tão valorosos reunidos em tropas quanto os são isoladamente. "Antes de qualquer coisa, é necessário dispor de suas próprias armas" (370) e conferir nova forma à organização militar.

1) maus exércitos (que pululam na Itália)
   a) mercenários: não querem bater-se.
   b) auxiliares: tropas que pertencem a outra nação. Rei da França.
   c) tropas mistas: exército francês sob Luís XII (cavalaria francesa, infantaria suíça)[1]
2) Bom exército: *tropas nacionais*.

exemplo de César Borgia: passa sucessivamente dos mercenários aos auxiliares e depois às tropas nacionais

1. O texto datilografado só contém a indicação dos três tipos de exército, seguida a cada vez de um grande espaço em branco; os comentários são extraídos das anotações de classe.

formação de um exército nacional indispensável a todo Príncipe Novo.

"nunca houve Príncipe Novo que desarmasse seus súditos, mas, ao contrário, encontrando-os sem armas, sempre lhas deu; pois, armando-os, essas armas se tornam tuas e aqueles que te são suspeitos tornam-se fiéis, aqueles que o eram continuam sendo e, de súditos, fazem-se teus partidários"

"O Príncipe Novo num novo Principado sempre armou seus súditos..." (353)

exército nacional, condição de independência. O povo em armas: "Roma e Esparta durante muito tempo estiveram em armas e com liberdade. Os suíços são muito armados e muito livres..." *Príncipe,* 326.

e condição da liberdade: quando os cidadãos estão armados, não há temor de tirania.

projeto de Maquiavel. Criar *milícias urbanas e rurais*: arregimentar os camponeses nas milícias do mesmo modo como os citadinos. Ou seja, fazer do exército algo que se assemelhe ao futuro projeto dos jacobinos: amalgama, crisol da unidade nacional[a].

primado da infantaria: espécie de democracia militar. Crítica de Maquiavel contra a técnica dos mercenários: diminuindo o número de infantes e aumentando o número de cavaleiros. A verdadeira combatividade é a dos infantes...

o que mais ressalta o sentido político da concepção militar de Maquiavel é sua atitude em relação aos proble-

---

a. Cf. Gramsci

mas técnicos da arte da guerra. Todos os problemas técnicos, para ele, estão subordinados à força constituída pela união dos cidadãos no exército nacional: exemplo *a artilharia*. Para ele, esta não modifica a arte da guerra. Os problemas continuam os mesmos.

nem as fortalezas, nem o dinheiro (o dinheiro não é o nervo da guerra, mas sim os bons soldados. *Discorsi*, II, 10, pp. 538-40).

Qual é o sentido geral dessa obsessão de Maquiavel pelos problemas militares?

1) convicção de que a força militar é indispensável para realizar o grande projeto. Um príncipe sem exército não passa de profeta desarmado. Ninguém. Convicção de que, mesmo quando um comandante consegue ganhar a confiança do povo durante algum tempo, tal como Savonarola, esta pode ser perdida, e ele, portanto, não pode basear-se inteiramente nela, devendo *obrigar o povo a crer* quando já não crê espontaneamente. Logo, força necessária para constituir, aumentar e conservar o Estado Novo.

2) convicção de que essa força deve ser nacional e popular. De que a força que deve possibilitar a realização do projeto da nação deve ser independente do exterior: deve ser *homogênea na obra que deve realizar*. De que o exército deve ser o próprio povo em armas. De que o exército deve ser a antecipação de seus efeitos. Ou seja, o exército não deve ser apenas uma força técnica, a serviço de uma política, mas deve ser, ele mesmo, *uma força política* e, de alguma maneira, a antecipação refletida dos fins que possibilitará atingir.

Pode-se dizer que na longa tradição moderna que redunda em Clausewitz e Lênin, Maquiavel pode ser considerado o primeiro teórico consciente da *natureza política* da guerra e da necessidade de dar às formas e aos meios da violência *um conteúdo político.*

3) Maquiavel tem consciência direta dessa implicação, do significado político da guerra e dos problemas militares.

Príncipe (324)

"Os principais fundamentos de todos os Estados, tanto os novos quanto os velhos e os *mistos,* são boas leis e boas armas."

... mas as leis não bastam (profetas desarmados), o mais importante são as armas.

O essencial é que o essencial seja bom, ou seja, que as *armas sejam boas.* Boas armas implicam *boas leis.*

E "como não é possível ter boas leis onde as forças nada valem, e, se as armas são boas, também é bem razoável que as leis sejam boas, deixarei de falar das leis e tratarei das armas" (324).

para Maquiavel falar das armas é falar das leis.

III. MÉTODOS DE GOVERNO

Se todas as leis já estão contidas em germe nas boas armas, é porque essas armas são, por essência, políticas. A política é a guerra travada por outros meios... quais são esses meios?

3 pontos essenciais na teoria geral dos métodos de governo em Maquiavel.

1) uma teoria da violência
2) uma teoria da aparência
3) uma teoria das relações com o povo.

1. Teoria da violência e dos meios

É essa teoria que constituiu o escândalo de Maquiavel. A teoria de que os fins justificam os meios (cf. Mounin[1], lembrando o processo de Kamenev e as censuras de

---

1. Georges Mounin, *Machiavel*, Club français du livre, 1958, reedição Seuil, 1966. Cf., por exemplo, pp. 177-8 dessa reedição: "É indubitável que *O príncipe* é uma lição de maquiavelismo, e que Maquiavel quis passar o ensinamento que ali se encontra. Nenhum comentário do mun-

Vychinski: o senhor elogiou Maquiavel... declarando que nunca se poderá lavar Maquiavel do elogio feito ao procedimento de César Borgia, quando mandou executar na praça de Cesena o governador que ele tinha dado à Romanha, para pacificá-la e expulsar os pequenos feudalistas bandidos: Remiro de Lorqua).

toda a t[eoria] de Maquiavel se resume nesta frase: "*O que se deve condenar não é a violência que repara, mas a violência que destrói*" (*Discorsi*, I, IX, p. 405). A propósito de Rômulo, que mata o irmão e o associado para assumir o poder do novo Estado que acaba de fundar: "Um espírito sábio nunca condenará alguém por ter usado de um meio fora das regras ordinárias para governar uma monarquia ou fundar uma república. O desejável é que, se o fato o acusa, o resultado o escuse... O que se deve condenar não é a violência que repara, mas a violência que destrói."

Portanto, existe uma lei interna à violência, que comanda ou veda seu uso. Só é aceita a violência positiva, construtiva, e não a violência destrutiva, negativa.

cf. caso daqueles que se apoderam de um Estado por puro banditismo: *Príncipe*, 314: Agátocles. "Não se poderia dizer que é virtude matar concidadãos, trair amigos,

---

do jamais escamoteará o capítulo XVII... Nada tampouco pode fazer, por exemplo, que a execução de Remiro de Lorqua, tão celebrada como os fins dos fins por Maquiavel, seja uma política típica do bode expiatório." Ou então p. 187: "Vychinski..., durante processos em Moscou, também atacou a ideologia dos acusados, criticou o culto que Kamenev prestava a Maquiavel e combateu sua teoria, de que Maquiavel ainda era um valor *atual*."

não ter fé, piedade, religião (...) a bestial crueldade de Agátocles e sua desumanidade, com inúmeros atos de banditismo, não permite que ele seja reputado entre as mais excelentes personalidades."

Portanto, a violência e o uso dos métodos contrários à moral só se justificam no *caso legítimo* de um fim justo: a fundação ou a conservação de um Estado.

Essa violência e esse cinismo político é [*sic*] absolutamente indispensável no caso da fundação de um Estado Novo. "O Príncipe, sobretudo se novo, não pode de boa-fé observar todas as condições nas quais alguém é considerado homem de bem. Pois, para manter seus Estados, ele é freqüentemente obrigado a agir contra a palavra dada, contra a caridade, contra a humanidade, contra a religião... Ele deve não se afastar do bem, se puder, mas saber entrar no mal se houver necessidade" (342). Ou ainda de maneira mais clara: "Entre todos os Príncipes, ao Príncipe Novo é impossível evitar o nome de cruel."[2]

O problema dos fins [e] dos meios apresenta-se, portanto, em Maquiavel, num contexto extremamente preciso e estruturado

a) Os fins só justificam os meios quando são *bons fins.* A violência, a crueldade, o cinismo, a falta à palavra dada etc. só se justificam quando não estão a serviço das paixões pessoais de um indivíduo, mas sim de uma tarefa histórica *boa em si mesma.* Na violência geral da Itália submetida às desordens, à espoliação dos pequenos prín-

---

2. *Le Prince, op. cit.*, p. 338.

cipes, às devastações das invasões estrangeiras, no *elemento geral da violência* que é a realidade da matéria italiana, só se pode sair da violência por meio da violência, mas desde que essa violência seja construtiva, reparadora e positiva, resolutiva. Todo o resto é pura utopia, utopia dos escritores filósofos e moralistas, ou utopia política concreta de Savonarola: sua não-violência voltou-se contra ele. Ou ainda a utopia humanista de Florença em relação a Pisa: ela produziu violências mais cruéis do que as que gostaria de evitar. Portanto, é a *realidade* desses fins que constitui a norma interna e silenciosa do emprego de toda violência ou de todo meio estranho à moral.

A conseqüência dessa natureza condicional da violência é que os fins requerem apenas meios adequados, que podem ser violentos e imorais, mas também meios morais e não violentos. Todos os capítulos do *Príncipe* em que Maquiavel analisa o problema da *crueldade,* o problema da sordidez, o problema da fidelidade ou da má-fé nas promessas etc. são dominados por esse critério, que pode ser assim resumido: os bons fins políticos exigem todos os meios, sejam eles violentos ou não, imorais ou não. Todos os meios, mesmo os maus, ou mesmo os bons.

b) essa técnica inteligente da violência, do cinismo, etc. é então acompanhada pela possibilidade de outros métodos. Os homens nem sempre são tais que se torne indispensável governá-los com esses métodos. As situações nem sempre são tais que seja preciso recorrer à crueldade, à má-fé etc. Os homens podem ser governados por medidas eticamente boas. Em outras palavras, a definição das condições de aplicação da violência implica, fora desses limites, condições de aplicação da não-violência.

cf. célebre capítulo XVIII do *Príncipe*:

"há duas maneiras de combater, uma pelas leis, outra pela força: a primeira é própria dos homens; a segunda é própria dos animais; mas, como a primeira freqüentemente não basta, é preciso recorrer à segunda. Por isso é necessário que o Príncipe saiba bem agir como animal e como homem..." (341): é aquilo que os antigos ensinaram em termos velados quando disseram que Aquiles foi educado pelo *Centauro Quíron:* meio homem meio animal.

c) portanto, a política é ao mesmo tempo freqüentada *pela lei* e no entanto relegada, na maioria das vezes, à força. Mas essa força não cega. Mito m[aquiaveliano] do animal: leão e raposa[a]

"aqueles que simplesmente querem agir como leões não entendem nada" (341) força pura vã.

Ser raposa: saber dominar o uso da força pela inteligência, para adaptá-la a seus fins.

2. Uma teoria da aparência

No entanto, esse complexo: meios e fins são postos em jogo numa totalidade humana: a totalidade da *aparência*.

em outras palavras, ação do Príncipe, baseada na realidade da relação entre seus fins e seus meios, é exercida num contexto da *opinião* dos homens que ele governa. Essa opinião é dominada pela idéia da virtude e da bondade moral, das qualidades ético-religiosas.

---

a.

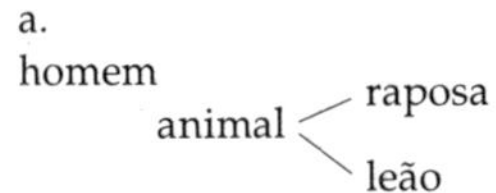

não chocar a aparência dos homens. Os homens vivem espontaneamente na aparência das virtudes morais e religiosas. Não se chocar contra elas.

cf. ficha *aparência*.

os homens julgam pelos olhos e não pelas mãos... categoria muito espinosista da imaginação (cf. modelo da imagem e da imaginação para os cartesianos: o visual, o imediato visual: o sol visto a 200 passos... cf. oposição cartesiana entre o pedaço de pau que se vê quebrado e *ao toque* não quebrado...)

aparência espontânea dos homens ligada ao presente, à imediatez do presente (cf. também Espinosa).

aparência no segundo grau: *religião* (mesmo estilo de Espinosa, mas não reflexivo. Em Espinosa a religião aparece como reflexão ideológica sobre o imaginário espontâneo).

não modificar a estrutura do mundo imaginário no qual a política se desenrola, agir politicamente é agir constantemente em dois planos: no plano dos objetivos e dos desígnios reais, dos fins e dos meios reais, mas levando em conta o elemento ideológico imaginário e ético-religioso no qual se move o povo. O político é aquele que conhece a essência dessa aparência e, no entanto, a utiliza sem querer destruí-la[b]. Consciência não teorizada da existência das ideologias da consciência das massas (o

---

b. cf. ficha *religião* baixo.

pequeno número não conta)[c] – de uma relação interna orgânica entre ideologia e essência da política – e ao mesmo tempo da impossibilidade de reformar essa consciência ideológica espontânea. Não há reforma do entendimento, exatamente como em Espinosa. Tudo será diferente no século XVIII.

3. Uma teoria da relação entre o Príncipe e o povo

meio-termo entre amor e ódio...

cf. Espinosa. O mesmo tema.

amor... nível da aparência
ódio... nível da realidade contrária

temor sem ódio nem desprezo... bom uso da imaginação e das paixões

(ficha *medo*)
(conspirações) cf. Espinosa[3]

em apêndice: teoria do retorno às origens.
cf. Espinosa. TP X, 1
cf. Maquiavel, *Discorsi*, III, 1 (607-611)[4]

---

c. (ficha *reputação* dentro baixo. *Príncipe* 343).

3. As duas linhas acima são manuscritas.

4. O texto datilografado de Althusser não contém aqui nenhuma especificação sobre esse "retorno às origens". O fim desse capítulo é extraído das anotações de classe.

Voltar ao princípio vital:

- dar um grande golpe;
- ter um grande homem;
- ter um princípio regulador do retorno aos princípios (a cada cinco anos: retomar o poder). Ocultar a origem de um Estado. É a cabeça que deve redescobrir a origem do Estado.

É desse modo que Maquiavel se aproxima da teoria política clássica. A razão profunda desse retorno é o fantasma do começo absoluto que Maquiavel afirma incessantemente, sem saber: aí algo de político *começa, nasce.* Essa obsessão é radicalmente diferente da política clássica: é preciso pensar a inexistência.

O pensamento clássico pensa apenas as condições de possibilidade de um consentimento já estabelecido: problema de direito. Para ele, problemático é o advento. Aquilo que ele pensa em negativo os outros nem sequer pensam.

IV. FORTUNA E *VIRTÙ*: UMA TEORIA DA AÇÃO?

Conceitos célebres.

sua origem. Voga da teoria da fortuna: os acontecimentos da Itália: "Essa opinião readquiriu crédito em nossa época pelas grandes revoluções que vimos e vemos todos os dias, ultrapassando todas as conjecturas humanas."

Príncipe 364-365

contraposta à fortuna: a *virtù*: figura de uma consciência que impõe ordem, preserva a ordem estabelecida dos ataques da fortuna etc.

3 figuras da fortuna:

1) uma figura da espontaneidade insondável, imprevisível e negativa da fortuna: a fortuna como transbordamento dos rios[a1]. Então recurso contra essa forma nega-

---

a. cf. texto p. 365.

1. "Comparo-a a um daqueles rios que costumam transbordar, rios que, encolerizando-se, inundam as planícies ao redor, destroem as

tiva e negadora: erguer diques durante a calmaria. Usar o tempo calmo para erguer diques contra os transbordamentos da natureza[b].

Príncipe XXV pp. 365-6.
(a Itália *sem diques*)[2]
(cf. textos)

instaurar uma ordem. Preservá-la. Necessidade humano-política contra o irracional. Uma continuidade. Constituir um tempo e uma realidade política estáveis. Constituir a necessidade. A *virtù* é então equivalente psicológico-caracterológico exigido por essa empresa. O estilo humano corresponde a essa empresa. A figura da consciência corresponde a essa instauração da necessidade histórica. Fazer que a história se torne esse rio que corre entre os diques humanos da ação e da previsão. Voluntarismo da *virtù* como condição de possibilidade da constituição dessa ordem da necessidade histórica.

Contudo, no mesmo momento em que Maquiavel desenha assim a vocação e a *função* da *virtù* em face da

---

b. "fortuna–natureza?
política–cultura?
↓
a necessidade política é cultura, por fazer, por constituir – se a fortuna é natureza <imagem da natureza que se purga: inundações etc. equivalem a revoluções humanas – cf. Rousseau + tarde: as revoluções humanas substituíram as revoluções naturais>.

árvores e as casas, roubam terras de um lado para dá-las do outro; todos fogem diante deles, todos cedem a seu furor, sem poder opor dique algum."

2. Linha manuscrita.

matéria irracional da fortuna, no mesmo momento em que enuncia que o destino da *virtù* é transformar a história em curso histórico, em continuidade histórica inteligível porque dominada pela ação humana, nesse mesmo momento ele percebe o caráter abstrato da *exigência* da própria *virtù*. Sente que essa *virtù*, que deve ser a origem de toda necessidade, está, por sua vez, submetida no homem que deve ser seu portador a uma *contingência radical*. Vemos aqui[c] *a reprodução*, no nível dos conceitos abstratos a que se resumem o problema e o desígnio de Maquiavel, o sentimento contraditório de uma necessidade dependente de uma contingência radical. Em outras palavras, ao mesmo tempo que afirma que tudo depende da *virtù*, que a *virtù* deve opor violência à fortuna (que é mulher, "donna") para lhe impor sua lei, para submetê-la à sua própria continuidade inteligível, Maquiavel é incapaz de definir a própria *virtù* de outra maneira que não seja por seus próprios efeitos. Ele é incapaz de defini-la de outra maneira que não seja pela resolução na ação, pela continuidade na ação, pela capacidade de ir até o fim de seu empreendimento, pela radicalidade na necessidade. A *virtù*, portanto, é inteiramente pensada a partir daquilo que deve produzir, e não a partir de uma necessidade que a produza. De fato, se nos voltarmos para o homem que, historicamente, manifestou essa *virtù*, constataremos que ele *poderia não a ter tido*. E descobrimos, por trás dessa teoria da *virtù*, um segundo estrato de reflexão, que diz respeito àquilo que se poderia simplesmente designar com uma constatação da diversi-

---

c.
dupla abstração
 a) caráter humano
 b) a própria fortuna

dade dos caracteres: existem temerosos, audaciosos etc., existem, pois, homens marcados por sua natureza e incapazes de mudá-la, sendo eles de tal modo, que seu sucesso se torna então *puro produto da fortuna*. Em outras palavras, a exterioridade radical da *virtù* em relação à fortuna inverte os próprios termos do problema. O próprio voluntarismo radical da [*virtù*][3] está submetido à necessidade irracional da fortuna. Cf. o caso simbólico de C. Borgia. A fortuna lhe arrebatou aquilo que lhe dera, apesar de seus esforços para transformar a contingência do começo em necessidade histórica. Portanto, equivale a dizer que os diques não estavam suficientemente altos, e que a obra do primeiro construtor de diques fica durante muito tempo à mercê do acidente irracional, que é uma obra humana quase desesperada de querer constituir uma história humana; mas esse não é o único ensinamento de sua empresa; o outro ensinamento é o destino obscuro que a fortuna reservou a César Borgia depois de seu fracasso. Perdido o poder, ele passou a ser apenas um homem de guerra que sabia combater, um simples chefe de bando que foi vender seus serviços ao rei da Espanha e acabar numa morte banal, quando sitiava uma praça-forte de segunda ordem. Sua *virtù* então não tinha serventia? Era o mesmo homem. O que havia mudado, conforme diz Maquiavel a propósito de outros exemplos, eram os tempos e a fortuna. Como se a própria fortuna, durante certo tempo apenas, tivesse alçado aquele homem a uma *virtù* latente nele, mas a tal ponto oculta, que ninguém podia conhecê-la, a não ser por suas obras, e a tal ponto frágil, que foi enterrada em suas próprias obras. Como se a própria *virtù*, nele, não passasse de fenômeno da fortuna.

3. Althusser escreveu "da fortuna", evidentemente por engano.

2) outra figura da fortuna, desta vez positiva, mas dissimulada. Desígnios ocultos da fortuna. No primeiro caso, fortuna pura irracionalidade sem desígnio, sem finalidade: é o homem que dá fins à desordem. É o homem que represa o rio e faz o rio. No segundo caso, a própria fortuna tem seus fins: é ela que os persegue, sem o conhecimento dos homens.

Discorsi, II, 29, 596-597 (texto)[4].

a fortuna verdadeira providência a perseguir seus desígnios. É ela que suscita a *virtù* quando precisa. A *virtù* nada mais é que fenômeno da fortuna – e não o seu contrário; a necessidade não é produto da *virtù*, mas a *virtù* é produto da necessidade[d].

Idéia de necessidade, mas oculta. Os "homens ignoram qual é seu objetivo"... Só lhes resta ser *virtuosos* e *ter esperança*. O curso do mundo, obscuro para o homem, não lhe deixa outro recurso senão ser virtuoso, sem saber se sua virtude algum dia coincidirá com o curso do mundo.

pode-se dizer que nessas duas figuras opostas Maquiavel passa de um contrário a outro. É ora a *virtù*, ora a fortuna que endossa a necessidade, e o acaso, o negativo e o positivo... impossível síntese. Que reflete com exatidão a situação política de Maquiavel, a impossibili-

---

d. Teoria que desemboca em toda uma tradição: hegeliana = *necessidade dos grandes homens*.

4. "Essa é a marcha da fortuna: quando ela quer levar a cabo um grande projeto, escolhe um homem de espírito e *virtù* tais que lhe permitam reconhecer a ocasião assim apresentada. Do mesmo modo, quando prepara a derrocada de um império, põe à sua testa homens capazes de apressar a queda. Se houver alguém bastante forte para detêla, ela faz que ele seja massacrado ou lhe subtrai todos os meios para fazer algo que seja útil."

dade em que ele está de mostrar o vínculo entre a necessidade que anuncia o novo Príncipe e a contingência radical de seu surgimento. Aquele que deve fundar a ordem, fazer da história um rio pacífico a correr entre seus diques, é ao mesmo tempo requisitado pela situação, por uma necessidade surda mas cega da história, a fortuna no sentido n.º 2 – mas ao mesmo tempo é ele que deve pôr na desordem dos tempos, no puro negativo da fortuna, o positivo e a ordem da necessidade que sua *virtù* produzir. Toda a laceração da consciência de Maquiavel se reflete na laceração desse conceito.

3) no entanto, no horizonte (como uma esperança?[5]) uma concepção nova da fortuna, que supõe resolvido o problema da síntese: cf. *Discorsi*, III, 9, pp. [640]-642 (retomando numerosos trechos do *Príncipe*): "Considerei mais de uma vez que os homens vencem ou fracassam segundo saibam ou não orientar sua conduta pelas circunstâncias... o homem que menos erra o caminho é aquele cuja marcha depara circunstâncias favoráveis... É daí que nos advêm as desigualdades da fortuna: os tempos mudam e nós não queremos mudar. Daí também advém a queda das cidades, porque as repúblicas não mudam suas instituições com o tempo..." Aqui a fortuna (negativa) nada mais é que a incompreensão humana da necessidade dos tempos, aqui estamos numa necessidade de direito inteligível ao homem. Toda a (má) fortuna humana é a incompreensão e a cegueira humana para as transformações dos tempos, ou seja, para o fenômeno de crescimento e de devir das sociedades. E a fortuna posi-

5. O ponto de interrogação é um acréscimo manuscrito, que substitui uma vírgula inicial.

tiva é a capacidade dos homens de adaptar-se às situações existentes e à evolução delas. Então o próprio sentido de *virtù* muda. No mesmo capítulo Maquiavel diz: "O que garante às repúblicas vida mais longa e fortuna mais constante do que às monarquias é o fato de poderem, graças à variedade de gênio de seus cidadãos, adaptar-se com muito mais facilidade do que estas às variações dos tempos" *Discorsi*, III, IX, 641. Citação do caso de Fábio ao lado do caso de Cipião. Já não se tem *virtù* no sentido de poder criador da necessidade histórica, mas *virtù* no sentido de compreensão da situação e adaptação à necessidade[6]. *No entanto, nesse caso das repúblicas,* o problema da produção da *virtù* está ao mesmo tempo resolvido – não na forma insolúvel do *surgimento contingente de um homem dotado de virtù* justamente exigida pelas circunstâncias – mas na forma da *reserva de homens com gênios diferentes capazes de responder a todas as situações.* Mas ao mesmo tempo é notável tratar-se aqui expressamente de repúblicas e muito pouco de monarquias, ou seja, de uma forma política pertencente ao passado, e não ao presente, e que não convém à solução do problema fundamental de Maquiavel.

Acredito poder dizer que essa utopia republicana, para Maquiavel, representa justamente a solução da antinomia do problema político da fortuna e da *virtù*. Esse regime é a história constituída e posta sob o abrigo da fortuna pelos próprios recursos dos homens que ele produz. A política, quando já não é da alçada de um homem, mas de todos os homens de uma república, garante seu próprio futuro produzindo, na multidão de seus

---

6. Esta frase é um acréscimo manuscrito.

cidadãos, a solução para os problemas que a fortuna possa apresentar-lhe.

Mas o único obstáculo é que a república que resolve o problema teórico fundamental do Novo Estado não pode ser esse Novo Estado. Logo, a contradição é insolúvel. E a *virtù* nada mais é que o desejo de um programa impaciente e impossível.

CONCLUSÃO

Antes de concluir gostaria de fazer uma última indagação: tudo o que a obra *O príncipe* apresenta de teoria (que culmina na teoria da fortuna e da *virtù*) é uma teoria desarmada, tão desarmada quanto o projeto realista de Maquiavel. Uma teoria que se nega no exato momento em que se enuncia, que, assim como o projeto que traduz, é indispensável e impossível. Mas estará aí tudo o que se encontra de teórico em Maquiavel? As análises do *Príncipe* acaso não remetem implícita ou explicitamente (cf. exórdio) a uma ou duas teorias mais gerais que seriam *o fundamento* das análises e das conclusões políticas de Maquiavel? Em outras palavras, acaso não se encontra em Maquiavel o equivalente à empresa de Espinosa, que queria "estabelecer por razões certas e indubitáveis o que mais se coaduna com a prática"[1]? Acaso não encontramos um nível de reflexão em que estão *fundamentadas* as teorias práticas do *Príncipe*? Em outras

1. Espinosa, *Traité politique*, I, 4 (trad. fr. Appuhn).

palavras, não haverá em Maquiavel, como fundamento de seu pensamento político, tanto uma teoria da natureza humana quanto uma teoria da história?

1) O problema da *antropologia* maquiaveliana.

A maioria dos textos de Maquiavel está repleta de reflexões sobre o comportamento humano, que sugerem a presença de uma teoria da natureza humana. Cassirer[2] (*Myth of the State*) chega a sugerir que Maquiavel realizou em política uma revolução teórica comparável à de Galileu. Crítica das ilusões dos sentidos (aqui ilusões morais e religiosas) e descoberta de leis constantes que permitem explicar todos os fenômenos. Descoberta de uma essência constante por trás de todos os fenômenos, possibilitando essa elucidação universal. Em Galileu o movimento. Em Maquiavel a "natureza humana". A "natureza humana" seria a essência oculta, única, universal, que permite explicar a diversidade de todos os fenômenos históricos – independentemente de todas as ilusões da consciência moral ou religiosa[a].

cf. Maquiavel: "Quem comparar o presente com o passado verá que todas as cidades e todos os povos *sempre foram e ainda são animados pelos mesmos desejos, pelas mesmas paixões*. Assim é fácil, por meio de um estudo exato e bem refletido do passado, prever o que deve acontecer numa república" (*Discorsi*, I)[3].

---

a. verificar

2. E. *Cassirer, The Myth of the State*, Yale UP, 1946 (trad. fr. *Le Mythe de l'État*, Gallimard, 1993).

3. *Discours*, I, 39, p. 467.

uma mesma natureza, afetada pelas mesmas paixões: tal seria o fundamento do conhecimento da história (da identidade da história passada e da história presente), da previsão e da ação política.

a política de Maquiavel teria uma antropologia como verdadeiro fundamento.

Qual?

de modo algum uma antropologia de caráter *ético ou religioso*. Os homens não nascem dotados de instinto moral ou de uma consciência capaz de discernir o bem do mal. Bem e mal são conceitos que nascem no seio das sociedades. Categorias do homem social.

antropologia profana, que identifica o homem com o *desejo* (cf. Espinosa: o homem é seu desejo)

"os desejos do homem são insaciáveis: está em sua natureza querer e poder desejar tudo, não está em sua fortuna conseguir tudo". Disso resulta um descontentamento habitual e o enfado com aquilo que ele possui; é isso que o faz criticar o presente, louvar o passado, desejar o futuro, e tudo isso sem motivo razoável[b] (*Discorsi*, II, Prefácio).

o homem é desejo. E o desejo é infinito (mau infinito)[c]: "a natureza criou os homens[4] de tal modo que eles

b. (cf. Espinosa.)

c. desejo infinito
homem finito

4. Althusser parece aqui retraduzir o texto de Maquiavel. Na tradução (errônea nesse ponto) da Pléiade, à qual ele se refere habitualmente, lê-se aqui "o homem".

possam desejar tudo sem poder obter tudo, de tal forma que, sendo sempre o desejo maior que a faculdade de adquirir, o resultado é o descontentamento daquele que é possuído e a pouca satisfação daquele que possui..." (*Discorsi*, I, capítulo 37).

a infinitude do desejo: sempre maior que seu objeto possuído. Insatisfação perpétua com o adquirido. Portanto, o desejo é em si mesmo desejo de mudança, desejo de novidade: "os homens são desejosos de coisas novas" (*Discorsi*, III, capítulo 21).

No entanto, quando se considera essa antropologia, que se apresenta espontaneamente como fundamento das análises políticas de Maquiavel, percebe-se que entre os conceitos por ela propostos (homem idêntico a seu desejo, homem ávido de mudança, homem insatisfeito com sua condição, homem satisfeito com a aparência, categorias estas muito próximas das retomadas por Espinosa), que entre os conceitos por ela propostos, de um lado, e as análises que ela pretende fundamentar, por outro, não existe *elo*; não existe *dedução* ou *gênese*[5]. Em Maquiavel não se tem o equivalente a uma teoria antropológica genética como a que se encontra em Hobbes ou Espinosa. Em Hobbes, por exemplo, a infinitude do desejo humano (unido a outros atributos da natureza humana: medo da morte, linguagem, capacidade de prever o futuro) é um princípio originário a partir do qual são deduzidas todas as categorias de uma teoria da sociedade. Em Hobbes, a antropologia (teoria da natureza humana), assim como em todos os teóricos da filosofia políti-

5. A palavra "gênese" está circulada à mão.

ca, serve de princípio genético e fundamento à própria teoria. Quando considera, nos seus próprios termos, "a sociedade como dissolvida", Hobbes a decompõe em seus elementos últimos, que são os homens, e é a partir da essência dos homens, portanto da natureza humana, que ele a recompõe em seguida, para pôr à mostra a sua essência. Em Maquiavel a antropologia parece ser, por um lado, o fundamento de sua teoria política – ao mesmo tempo que lhe é *estranha*[d]. Não se percebe a relação existente entre a natureza humana maquiaveliana e as teorias políticas de Maquiavel. Se é que há nexo, este não é explicitado, permanece latente.

Na verdade, acredito que seria possível afirmar que a antropologia maquiaveliana não serve de fundamento à sua teoria política, porque não é uma verdadeira antropologia. Só tem aparência de antropologia, não tem sua realidade nem seu status. Nada mais é do que ela mesma. O que ela comporta? Partirei desta simples observação: Maquiavel rarissimamente fala do *"homem"*, ou da *"natureza humana"*: na maioria das vezes, quando fala de desejo, maldade etc., de gosto pela aparência... fala de *homens* no plural. E esse plural não é tanto indício de generalização quanto indício de coletividade[6], quero dizer a designação de homens considerados em grupo em relações sociais e políticas. Por exemplo o sentido dessa infinitude do desejo humano. Maquiavel fala dela, aparentemente, como se se tratasse de um atributo originário da natureza humana. Mas, na realidade, os exemplos

---

d. antipsicologismo de Maquiavel

6. "Coletividade" é uma correção manuscrita, que substitui "generalidade".

que ele dá são sempre exemplos políticos extraídos de situações políticas concretas. Na luta entre os dois humores que constituem um povo, na luta entre os grandes e os pequenos, entre os grandes e o povo, a infinitude do desejo dos grandes consiste em nunca se contentar com as posses conquistadas sobre o povo, em sempre querer mais, em querer ampliar seu poder e sua dominação. O desejo do povo, uma vez que infinito, consiste em não se contentar com a servidão e a exploração, mas em pretender obter direitos mais amplos. Em outras palavras, a infinitude do desejo humano se confunde aí com uma situação conflitual sem saída, com o mau infinito de uma dialética sem superação[e]. Aliás, basta variar a relação e pensar, por exemplo, nos estados de principado *civil*, em que Maquiavel examina as duas soluções possíveis, a do príncipe dos grandes e a do príncipe do povo[7], bem como as respectivas vantagens para o Príncipe chamado a governar pelos grandes ou pelo povo, para perceber que, no caso dos grandes, depois que estes puseram no poder o príncipe de sua facção, seu desejo continua sua trajetória infinita[8] (eles querem cada vez mais, motivo pelo qual o príncipe é por eles ameaçado, e sua existência é precária) – ao passo que, se o príncipe chamado é o príncipe do povo, o desejo satisfeito do povo não tem a mesma atitude do desejo dos grandes triunfantes. Por essa mesma razão, pode-se ler alhures, em Maquiavel, um elogio[f] à razão do povo, que é habitada por um instinto seguro (quase divinatório) das medidas que devem ser

e. e classes
f. (*id*. em Espinosa)

7. *O príncipe*, capítulo IX.
8. "infinita" é um acréscimo manuscrito.

tomadas, dos magistrados que devem ser escolhidos etc., como se suas paixões se auto-superassem em inteligência espontânea. Seria possível multiplicar os exemplos das inversões dessa antropologia, mostrar, por exemplo, que o gosto pela novidade, que parece constituir, a partir do desejo humano, um traço essencial da natureza humana, se apresenta também como *medo* da novidade: segundo a situação social e as relações políticas. Por isso, em especial, as inovações radicais da fundação de um Estado são tão precárias e frágeis. Nesse exemplo analisado por Maquiavel[9] percebe-se realmente o sentido dessa inversão paradoxal: os homens que gostam da novidade esperam vantagens dela, os homens que a recusam temem perder suas vantagens. Aqui também, o conteúdo dado ao conceito antropológico vazio do desejo humano só tem relação longínqua com uma teoria da natureza humana, mas uma relação muito estreita com o estado de equilíbrio conflitual das forças sociais antagônicas.

Portanto, eu concluiria que a ausência de dedução genética das formas sociais e políticas a partir de uma teoria da natureza humana denuncia o caráter *factício* da antropologia maquiaveliana. Digamos: ele adotou como antropologia justa aquilo que lhe era necessário em termos de conteúdo e conceito (desejo infinito) para rejeitar qualquer antropologia ética ou religiosa; não adotou suficientes conceitos nem se deu muito trabalho para fundar neles sua teoria política pela razão fundamental de que por trás da aparência superficial de uma antropo-

9. O texto datilografado contém aqui parênteses vazios. Trata-se, provavelmente, de uma referência ao *Discurso*, I, 37: "Divididos entre a cupidez de conquistar mais e o medo de perder sua conquista, os cidadãos passam das inimizades às guerras, e das guerras se segue a ruína de sua terra e o triunfo de outra."

logia (ou de uma teoria da natureza humana) ele descreve na verdade *comportamentos políticos e sociais.* Sua antropologia, na medida em que existe, permanece negativa e crítica. De resto, ela só é positiva como a aparência de sua política.

2) Ocorrerá coisa diferente com a *teoria maquiaveliana* da história? Em outras palavras, se Maquiavel não conseguiu basear sua política numa antropologia, ou se esse não foi seu objetivo, será possível dizer que, situando-se em outro nível, não mais no nível antropológico, mas no nível histórico (teoria da história), ele conseguiu fundamentar sua teoria política numa teoria histórica?

Com efeito, é possível considerar, segundo admite o próprio Maquiavel, que a teoria antropológica revela, por trás de si mesma, uma teoria mais profunda: a teoria da história. Se a teoria antropológica das paixões humanas não é a teoria das paixões do homem (estilo século XVII), mas a teoria das paixões das cidades e dos povos (como ele diz explicitamente: "Quem comparar o presente com o passado verá que todas as cidades e todos os povos sempre foram e ainda são animados pelos mesmos desejos, pelas mesmas paixões...", *Discorsi,* I)[10], então é possível um fundamento no nível do devir das cidades inseparáveis de suas paixões, no nível do devir das paixões políticas e sociais.

Vejamos isso.

teoria da história em *Discorsi,* I, 2, pp. 384-7

10. *Discursos,* I, 39. As palavras "cidades", "povos", "desejos" e "paixões" estão circuladas à mão no texto datilografado.

retoma a teoria dos ciclos Platão-Políbio. 3 tipos de governo e seus tipos degenerados.

cf. ficha

o ciclo fatal dos Estados. *Discorsi,* 386.

Monarquia-tirania; aristocracia-oligarquia; governo popular-licença anárquica–monarquia...
círculo infinito. Mas...

a) "é esse o círculo que todos os Estados estão destinados a percorrer. Raramente, é verdade, nós os vemos voltar às mesmas formas de governo; mas isso provém do fato de que sua duração não é suficientemente longa para que eles possam sofrer várias vezes aquelas mudanças antes de serem derrubados. Os diversos males que os atormentam causam seu cansaço, tiram-lhe progressivamente a força e a sabedoria e logo os sujeitam a um Estado vizinho, cuja constituição está mais saudável. Mas, se conseguissem evitar esse perigo, nós os veríamos girar infinitamente nesse mesmo círculo de revoluções".

portanto, esse ciclo é subvertido pela luta entre os Estados, que modifica o curso das coisas. Matéria diferente...

b) depois: ideal: *anular os vícios dos 3 governos* compondo o verdadeiro governo das 3 vantagens dos outros 3 (em suma, deter o círculo???: príncipe + grandes + povo...) "mais sólido e mais estável"[g] do que todos os outros que são ruins...

---

g. ler pp. 386-7

criar um governo que escape ao círculo

em suma 1) o círculo é quebrado pelas intervenções externas dos governos através de suas lutas, que põem fim a governos; 2) é possível escapar disso criando esse governo misto.

"uma combinação dos três poderes que criou a constituição perfeita"[11]. Roma (*Discorsi*, 397).

Eu diria: também aí assistimos a um curioso fenômeno, bastante comparável àquele que ocorreu no nível da redução antropológica de que falamos.

Aqui também estamos diante de um processo infinito: o dos ciclos, de sua repetição ("nós os veríamos girar infinitamente nesse mesmo círculo de revoluções", diz Maquiavel sobre os Estados). Mas, assim como a infinitude do desejo em seu próprio nível não pode fundar a realidade efetiva da política humana, tampouco a infinitude dos ciclos polibianos pode fundar, em seu próprio nível, a realidade histórica para Maquiavel. Essa infinitude é abstrata, e sua abstração aparece nas duas circunstâncias indicadas acima:

1) a infinitude do ciclo é interrompida pela intervenção de outro Estado no ciclo do primeiro (conquista-luta);

2) e, sobretudo, toda a teoria dos ciclos é posta em xeque pela constituição desse governo misto que reúne as vantagens dos três bons governos: príncipe + grandes + povo. Como interpretar essa síntese, a não ser como uma síntese que possibilite a esperança de escapar à lei da própria infinitude na constituição do governo que combina (e neutraliza mutuamente) os princípios específicos e benéficos dos três governos fundamentais?

---

11. *Discours*, I, 2, p. 388.

Eu diria, pois: a infinitude do ciclo da história é abstrata. Concreta é a luta entre os Estados, luta que interrompe a infinitude do ciclo, até que sobrevenha o Estado misto tão bem-composto, que é como que um desafio à infinitude do ciclo.

Assim como antropologia, a teoria da história cíclica não pode fundamentar a política de Maquiavel, a não ser que ela se suprima em seu conteúdo para confundir-se com a realidade descrita por Maquiavel (a luta entre os Estados, sua conquista mútua) e com o projeto ideal do Estado Novo capaz de escapar, graças à sua constituição interna (os 3 poderes) à fatalidade da infinitude abstrata, então desprovida de sentido e utilidade.

Como, para concluir, caracterizar a posição específica de Maquiavel em relação à filosofia política clássica?

Como já dissemos no começo desta exposição, ele granjeou a reputação de *empirista* porque suas descrições do comportamento político e dos métodos políticos são estranhas às categorias que definem o objeto político da reflexão clássica. Não se fala em estado de natureza, contrato social, estado civil, contrato de associação ou submissão. Acabamos de ver outra característica de seu pensamento: sua incapacidade de *fundamentar-se* numa antropologia ou numa teoria cíclica da história (que, aliás, é de natureza antropológica).

Essa dupla exclusão, tanto do objeto clássico da filosofia política, quanto da operação de fundamento teórico de suas descrições e de suas conclusões políticas, constitui toda *a solidão de Maquiavel*[12], mas ao mesmo tempo

---

12. Cabe lembrar que em 1977 Althusser proferirá na Fondation nationale des sciences politiques uma conferência intitulada "Solitude de Machiavel" (*in Solitude de Machiavel et Autres Essais*, PUF, 1998).

é reveladora, pois indica o nexo orgânico que existe, na filosofia política clássica, entre a natureza do objeto político e a operação de fundamentação desse objeto. A singularidade e a solidão de Maquiavel ressaltam, por contraste, a especificidade da reflexão política clássica, que só pode pensar seu objeto político nas categorias que o constituem como tal desde que *fundamentada* numa antropologia filosófica que, por sua vez, pode redundar numa filosofia da história (cíclica).

Contudo, não se poderia dizer que essa solidão de Maquiavel seja a solidão de uma crítica. Maquiavel não está além da operação teórica clássica e de sua fundamentação; está *aquém*. Pode-se até considerar que o fracasso de suas tentativas antropológicas e histórico-filosóficas refletem mais uma *impotência de fato*, uma incapacidade para expressar o que ele tinha para dizer em conceitos filosóficos consagrados, do que uma verdadeira consciência crítica. Será preciso esperar vários séculos para que seja conscientemente recusado e criticado o esforço de fundamentação filosófico-antropológica do objeto político como tal. Digamos, pois, que ele é crítico sem querer, ingenuamente, tanto por sua impotência quanto por sua recusa (sua recusa: recusa de esboçar uma antropologia ética, mesmo para constatar seu fracasso). Ele está aquém[h] da filosofia política e, *a fortiori*, aquém de sua crítica consciente.

Mas essa situação de isolamento corresponde à *percepção*, à apreensão de uma realidade, ou melhor, de um problema que foi propriamente encoberto e obnubilado pela teoria clássica. Quando nos interrogamos sobre o sentido geral da teoria clássica dos séculos XVII e XVIII,

---

h. e por isso além

sobre seu sentido geral e sobre o sentido de suas variações, percebemos que o problema fundamental que a preocupa é um *problema específico,* que pode ter em comum certo número de características ou certo número de conceitos com a teoria política dos antigos (Platão, Aristóteles, Epicuro etc.), mas que é ininteligível fora dessa especificidade: esse problema é o da *monarquia absoluta.* Quer se trate de combater o princípio da monarquia absoluta (como nos monarcômacos ou nos teóricos de inspiração feudal), quer se trate, ao contrário, de justificá-lo (como em Bodin) (ou em Hobbes), quer se trate, sob a aparência teórica abstrata do equilíbrio ou da intervenção dos conceitos (os diferentes tipos de contrato social, por exemplo, a relação entre estado de natureza e estado civil etc.), de infletir o conteúdo da monarquia absoluta existente no sentido da burguesia do terceiro estado ou, ao contrário, no sentido dos elementos feudais, quer se trate, enfim, com Locke e depois Rousseau, de preparar a dissolução e a sucessão da monarquia absoluta, o problema político da reflexão situa-se no *campo não problemático da existência da monarquia absoluta.* Trata-se de uma situação de fato existente: a existência dos Estados nacionais constituídos, unificados, estáveis. É essa realidade efetiva, existente, que comanda a reflexão política e todos os seus problemas próprios: problema da divisão dos poderes, problema da soberania, do caráter absoluto do poder, das relações entre os cidadãos e o Príncipe, problema do direito ou do não-direito à insurreição etc. Mas, uma vez dada, essa realidade não é problemática para a reflexão clássica. Em outras palavras, a reflexão clássica não formula, sob a aparência da gênese da sociedade, o problema da constituição dos Estados nacionais e do advento da monarquia absoluta[i]. Ela só formula, sob a aparência dessa falsa gênese, o problema da essência interna das relações políticas existentes: problema do consentimento popular ao poder e do remanejamento das relações entre os poderes que o compõem e equilibram.

Maquiavel, por sua vez, e é isso o que constitui sua singularidade, formula justamente *o problema esquecido* pela reflexão clássica: o problema da constituição do Estado nacional, problema do surgimento da monarquia absoluta[j]. Não digo que ele resolve esse problema, digo apenas que sua consciência teórica tem como conteúdo *esse problema,* e que esse advento torna-se, para ele, *um problema em estado puro,* um problema tão agudo, que nada, na matéria por ele analisada, lhe sugere a antecipação de uma resposta. Digo que esse problema é, para ele, um problema puro, uma vez que ele não se sente em condições de resolvê-lo na prática: "Quanto a mim – diz ele –, lamento o destino que deveria ter-me recusado o conhecimento dessas importantes máximas, ou ter-me dado os meios de pô-las em prática" (*A arte da guerra,* VII, 17)[13]. Nos Estados existentes, o problema só se apresentou através de sua solução, o problema foi mascarado pela solução, e em seguida não se refletiu no problema, mas na solução. Ele está diante de um problema que lhe é proposto de fora, mas que ele propõe a propósito da Itália, ou seja, um país sem condições de resolvê-lo e até de formulá-lo em termos reais. Por esse motivo, Maquiavel se acha na situação privilegiada de ser testemunha

---

i. ?

j. reprimido (acumulação primitiva do Estado)

13. *In* Maquiavel, *Oeuvres complètes, op. cit.*, p. 902.

imaginária de um acontecimento real, ou testemunha real de um acontecimento imaginário. Toda a sua teoria se resume no pensamento desse acontecimento, e toda a sua teoria, todos os seus conceitos próprios (fortuna / *virtù*, retorno aos princípios, enumeração dos possíveis etc.) nada mais são que o pensamento impotente desse evento, do advento desse evento. Por isso, no nível dos conceitos, ela é nesse ponto contraditória e, em definitivo, ela se desfaz no próprio momento em que se faz. Por isso ela se esgota na definição do Príncipe Novo e do Principado Novo, ou seja, na obsessão do *absolutamente Novo,* sem conseguir pensar a forma de advento dessa Novidade. Por isso ela se esgota conceitualmente na "ciranda" dos conceitos onde ela tenta captar as condições desse evento puro: a fortuna e a *virtù.*

No entanto, essa própria impotência teórica é testemunho de uma percepção real: a percepção de um *começo* radical, de uma nova forma de organização e de existência política, irredutível a qualquer redução teórica de fundamento e qualquer dedução, a percepção de um fato[14] irreversível da história moderna. Só Maquiavel é testemunha desse fato, a única testemunha que tentou pensar esse fato como um problema, tendo sido encoberto por todas as teorias ulteriores do fato consumado, ou seja, da solução.

No entanto, e por essa razão[15], ele ficou como um peso na consciência de todas as teorias ulteriores. Porque ele não cabia nas visões da justificação antropológica do fato político, porque ele falava de força a provocar e ga-

14. A palavra "fato" está circulada à mão.

15. "e por essa razão" é acréscimo manuscrito.

rantir o consentimento, e não da origem ética ou racional do consentimento, porque ele subvertia os termos do problema e os conceitos consagrados. Porque ele lembrava as origens efetivas de uma organização política que se acreditava sem origens. É por isso que, como todo peso na consciência, ocorre-lhe assombrar a consciência teórica de seus sucessores. Só vou dar dois exemplos. O de Espinosa e o de Rousseau.

Exemplo de Espinosa: o discutido problema do papel da insurreição popular num Estado cujo governo se tornou odioso para os cidadãos. Era de se esperar que esse partidário declarado da democracia (que é para ele a essência interior e originária de todos os governos, a norma da qual os diferentes governos não passam de variantes) defendesse a idéia de que a insurreição (como dirá Locke alguns anos depois) pode regenerar um governo, chamá-lo de volta a seu princípio interno, que é o consentimento dos cidadãos. Ora, Espinosa se detém diante dessa conclusão e declara que a insurreição é perigosa para um Estado. Aí reaparece a inspiração maquiaveliana, aquela experiência da precariedade do Estado, da precariedade do Novo Estado que, nascido da desordem dos pequenos Estados antigos, pode reincidir na antiga anarquia, ou seja, propriamente na inexistência. A experiência dos Países Baixos, da invasão espanhola, a difícil constituição das Províncias Unidas estão ainda demasiado próximas para excluir a possibilidade de que uma insurreição interna redunde na supressão pura e simples do próprio Estado. Em Locke não ocorre o mesmo. O Estado existe, sua continuidade está fora de questão, apenas suas formas podem mudar, mas sua existência está garantida, e tudo o que pode advir em seu seio nada mais é que uma dialética de renovação, e não de destruição.

Exemplo de Rousseau. Provavelmente o último autor que ecoou de longe a experiência de Maquiavel. Em sua teoria da *precariedade* do contrato social, na consciência aguda que ele tinha (cf. segundo *Discurso,* cf. *Projeto de Constituição para a Polônia,* cf. até mesmo o *Contrato social*) da possibilidade de ruptura da própria unidade do Estado, da reincidência no estado de guerra. Consciência que seria preciso comparar à sua teoria da constituição da sociedade, ou seja, ao fato *radicalmente novo,* à novidade radical, sem passado da sociedade política dos homens. Mas sobre esse aspecto podemos voltar a falar.

FRAGMENTOS[1]

Hobbes–Maquiavel

ver a diferença entre Hobbes e Maquiavel. *O elemento* fundamental de Hobbes é o medo. O medo em Maquiavel é um *meio* de governo entre outros. O medo não é universal, não é o elo entre os homens. Um dos paradoxos de Maquiavel é que seus conceitos não são conceitos políticos individualistas, ele não faz uma psicologia do indivíduo, faz uma psicologia dos grupos sociais. Quando fala dos "homens", sempre são homens considerados *em grupos*. Não há dedução das relações sociais a partir dos comportamentos moleculares dos *indivíduos*

---

1. Publicamos aqui certos fragmentos conservados nos arquivos de Althusser em meio às suas notas preparatórias para o curso sobre Maquiavel. Como os apontamentos de classe às vezes são muito concisos, não é possível saber até que ponto esses fragmentos foram utilizados durante o curso realmente dado; em todo caso é certo que o fragmento intitulado "Situação de Maquiavel" foi usado, como mostra uma carta a Franca Madonia de 26 de janeiro de 1962, da qual citamos longo trecho na Apresentação desta edição.

isolados. É extremamente curioso ver que essa pressuposição de toda teoria política está ausente nele.

Por quê?

O *elemento* fundamental de Maquiavel é o uso político da *violência*, que não é o medo. Que a utiliza, mas não se baseia nela. Completamente estranho a uma teoria individual da constituição da sociedade.

O elemento de Hobbes é o medo, com sua dupla dimensão: concorrência e luta política. Mas no seio de um organismo que é já a solução dos problemas do individualismo econômico.

o indivíduo em Maquiavel é aquele que constitui o Estado. É ele a forma dessa matéria que são os homens, a vida e os conflitos deles etc. Comparar com a situação singular do príncipe em Hobbes (aliás, ele pode ser indivíduo singular ou assembléia etc.): ele está fora da operação: não é parte do contrato. Portanto, é porque já está instalado no poder. Porque sua ascensão ao poder *não é problemática*.

Com Hobbes o contrato diz respeito a *cada* indivíduo; o indivíduo, portanto, tem um estatuto jurídico no contrato (que reflete seu estatuto econômico, já adquirido). O indivíduo por excelência, o Príncipe, não é um indivíduo... mas todos os outros, sim. Em Maquiavel, o Príncipe é o único indivíduo histórico. Os outros homens são *grupos sociais* dos quais nenhuma solução pode surgir, nem como indivíduos nem como grupos.

Hobbes filosofia teórica do consentimento. Maquiavel, filosofia da fundação. Uma filosofia da fundação sem falar do direito da fundação.

Por que Maquiavel não formula nenhum problema de direito? Ou por que os problemas de direito que ele formula (limite do medo, da má-fé etc.) (limites da violência) só são formulados dentro de uma situação de fato, por sua vez sem outro direito senão sua própria urgência-evidência?

Filosofia de um período de surgimento de uma forma política nova.

*

teoria da ação?

o mal-estar de uma leitura de Maquiavel. Nele todos os problemas são traduzidos, ou melhor, traduzíveis, numa teoria da ação, numa teoria da ação humana, baseada numa teoria possível da natureza humana (o que Espinosa fará?).

O próprio Maquiavel pode abonar semelhante tradução. "Os homens são assim" etc.
E também a ação política que ele descreve sempre é a ação de um indivíduo. Pelo menos na maioria das vezes.

Laceração de Maquiavel. Preso a essa tentação, mas constantemente retido contra ela.

Ver bem que não há teoria da natureza humana. Não há teoria moral, é verdade, mas também não há teoria da natureza humana no sentido da psicologia de uma natureza humana.
Ele diz as coisas francamente no nível em que elas se situam, no nível das abstrações reais da política, no nível

dos fenômenos de massa, dos fenômenos sociais, mesmo quando estes assumem forma individual. Ele os diz assim, mas não sabe, não sabe exatamente o que diz. Sabe o que quer, mas não sabe exatamente o que diz, não sabe exatamente em que campo se situa a sua teoria: psicológico? político? Ele hesita quando tenta fundamentá-la... ou então a sua política é confundida com uma antropologia? Ele tem por antropologia apenas a antropologia daquilo que ele descreve, percebe e quer: a política e só ela.

O embrião de teoria da natureza humana que se encontra nele nada mais é que a transposição mistificada de sua teoria política. Além disso, supondo-se que nele se encontre uma teoria, um embrião de uma teoria da natureza humana... Mas esse próprio embrião indica uma solução para o enigma ulterior das evidências passivas, não criticadas das teorias da natureza humana. É porque a teoria da natureza humana nada mais é que a projeção mistificada, pensada como fundamento das categorias político-sociais. Ele lança assim luzes ofuscantes sobre a seqüência dos teóricos: estes, fundamentando sua política numa teoria da natureza humana, não sabem, não vêem que são vítimas dessa projeção (autores e vítimas), não vêem que sua antropologia, sua psicologia (entre aspas) nunca passa de abstração de suas próprias categorias políticas pensadas como o fundamento originário dessas próprias categorias. Em Maquiavel percebemos em estado nascente tanto a impossibilidade dessa projeção quanto a sua possível tentação. De uma forma ingênua, mas a própria ingenuidade de seu fracasso (como de sua tentação – sua tentação não é tentativa) é uma ingenuidade clara, confessa, sem máscara, mais esclarecedora do que todas as dissimulações das abstrações do pensamento político clássico.

Um único autor talvez escape então a essa tentação: Espinosa. Sua teoria da natureza humana na verdade quase refutada por seu uso. O que resta da teoria da natureza humana num pensamento que considera a política como algo que pertence à imaginação, que se desenrola entre as aparências da ideologia, da religião, das organizações do poder e tende inconscientemente à produção de formas sociais que não é possível deduzir de uma verdadeira origem antropológica (no contrato)? Se a imaginação é *um mundo,* se a política pode ser apreendida diretamente como mundo e se é nesse mundo, como totalidade, que as condutas e os efeitos da política adquirem sentido, o que resta de uma antropologia originária?

*

Situação de Maquiavel

difícil falar de Maquiavel. Porque ele se encontra numa situação de distância, atraso e antecipação ao mesmo tempo, assombrado pela França e pela Espanha, mas também pelo fantasma retrospectivo de Roma, portanto se encontra numa situação de miragem histórica, numa situação desrealizante – e ao mesmo tempo ele se dá como o próprio realizável, dotado de uma vontade de realismo implacável e consciente.

É esse contraste que torna tão difícil falar dele, porque para ele o difícil não é falar de seus pensamentos, mas *pensá-los.* A maioria dos temas de Maquiavel está em estado de obsessão, mais que de pensamento. Ele gira em torno deles, permanece fixo num ponto central a cujo lugar exato não consegue chegar, fala deles constantemente, mas nunca diz exatamente aquilo de que fala e aquilo que quer dizer.

Condutas sentidas, problemas pressentidos, estruturas políticas esperadas do futuro, o papel político previsto do Príncipe Novo, tudo isso ele tenta vincular a conceitos já existentes, antigos, médicos, biológicos, cíclicos (o velho ciclo polibiano) ou a conceitos antropológicos que percorrem o pensamento ocidental desde a Antiguidade... Mas não entra neles realmente. Não pode entrar de pleno direito. Esses conceitos não batem com o que ele *sente e pressente.* Ele os abandona tão logo entra em contato com eles. Mal os toca já os deixa de lado. Volta a eles como se volta a uma referência possível, mas sem convicção.

Toda a laceração e a vagueza de sua consciência decorrem do fato de ele se reduzir à obsessão teórica não enunciável (não há conceitos que a ela correspondam) de um *advento* sem precedente, de um advento único no qual ele mesmo está preso e lacerado: o advento de um futuro político, de uma forma política não desenhada não prefigurada na realidade. Um advento não formalizável, não conceituável, em nenhuma forma, antiga ou moderna. A história real, que não escapa à sua vontade nem a seu pressentimento, apanha-o desprevenido de conceitos.

*

Maquiavel pensamento cego que vive sua consciência sem poder situá-la, vinculá-la a conceitos existentes, que vive um projeto e suas condições mas fora de qualquer ciência

uma consciência sem ciência mas também sem teoria

uma consciência fenomenológica contemporânea do advento de um problema de uma categoria fundamental, que o apreende através de uma espécie de bruma conceitual mas é incapaz de lhe dar estatuto

reveladora por suas exclusões mais do que por suas afirmações

obcecado por estruturas e figuras teóricas latentes, mas não explicitadas e recusando-se (ou malogrando quando tenta) às figuras teóricas filosóficas.

ROUSSEAU E SEUS PREDECESSORES FILOSOFIA POLÍTICA NOS SÉCULOS XVII E XVIII (1965-1966)[1]

1. Nos apontamentos de classe, este curso se intitula "Filosofia política no século XVII antes de Rousseau", correspondendo certamente ao título enunciado pelo próprio Althusser. No entanto, como o fim do curso foi dedicado a Rousseau, fomos obrigados a modificar o título.

É importante conhecer o acervo de conceitos teóricos implicados na rejeição inicial de Rousseau a seus predecessores, Hobbes e Locke. Deixaremos de lado Espinosa, cuja ausência, aliás, é notável.

Metodologia. Status da filosofia política em relação à filosofia

Em primeiro lugar, pode surpreender o descrédito da filosofia política reinante na filosofia francesa. Descartes silencia. Grócio, Pufendorf e Hobbes são estranhos para o pensamento francês do século XVII. No entanto, todas as obras políticas contêm um verdadeiro pensamento teórico, um φιλοσοφειν explícito. A relação entre uma teoria política e uma teoria filosófica parece ter fundamento. O que muda é a relação com a matéria histórica; a relação mais direta é a da filosofia política. A filosofia é reflexão em segundo grau através dos objetos trazidos pela filosofia política.

Objetos da filosofia política. Podem ser concebidos ingenuamente: os objetos como tais, temas de reflexão da filosofia política, podem ser considerados idênticos para nós. Donde juízo de realidade sobre os objetos como sendo dados. A partir daí, estudam-se as variações dos diferentes pensamentos em relação aos objetos, as variações do mesmo objeto nos diferentes pensamentos. Esse caminho nos põe na perspectiva do autor, mas o status dos mesmos objetos varia segundo os diferentes autores, podendo aparecer novos objetos diferenciais. A razão de ser da posição relativa de um autor pode ser definida por essas variações: aparecimento de novos objetos, variações de situação.

Donde a necessidade de uma crítica que seja uma sistemática dessas variações. É aí que se deve pôr em evidência o conteúdo teórico que sustenta esses diferentes objetos, determina sua articulação, fixa sua posição. Necessidade de depreender a única problemática teórica que explica o ordenamento dos objetos, problemática não obrigatoriamente expressa pelo autor.

A partir daí haverá uma dualidade de conceitos:

- objeto;
- problemática teórica.

Aparece então o conceito de objetivos reais, de preocupações fundamentais próprias aos filósofos. Esses objetivos políticos também variam: pode-se diagnosticar sua presença por trás da sintomática geral em que consiste a problemática teórica dada. Isso é possível, pois os problemas dos séculos XVII e XVIII são em grande parte esquecidos por nós, e a *virtù*, por exemplo, o problema da precariedade do Estado, de Maquiavel a Rousseau, é um *leitmotiv*. Na verdade, é o problema do desaparecimento completo dos Estados que está aqui ligado à formação da Europa ocidental.

Tem-se então a percepção de uma inversão

Percebe-se então que aquilo que parece ser um objeto dado para a filosofia é um objeto constituído teoricamente em função da problemática para atender a seus objetivos. Uma parte dos objetos é assim fictícia, feita sob medida, para as necessidades da causa (cf. estátua de Condillac, objeto para o empirismo filosófico, experiência filosófica de Condillac sobre o objeto da estátua). Hobbes adota uma psicologia que se mostra como produto de sua problemática. Donde um status ambíguo dos objetos, como subprodutos ideológicos de uma problemática. Donde um status instável, evidentemente instável, da filosofia política, que está sempre padecendo da doença que quer curar, afetada pelos problemas que quer resolver. Pode-se então instaurar uma reflexão sintomática. Depreender aquilo que possibilita que um pensamento se guie: segundo sua própria sintaxe e sua própria semântica.

I. CONCEITOS FUNDAMENTAIS DA PROBLEMÁTICA POLÍTICA DOS SÉCULOS XVII E XVIII

1. A sistemática teórica baseia-se em três conceitos:

- estado de natureza;
- estado civil, política;
- rompimento do contrato.

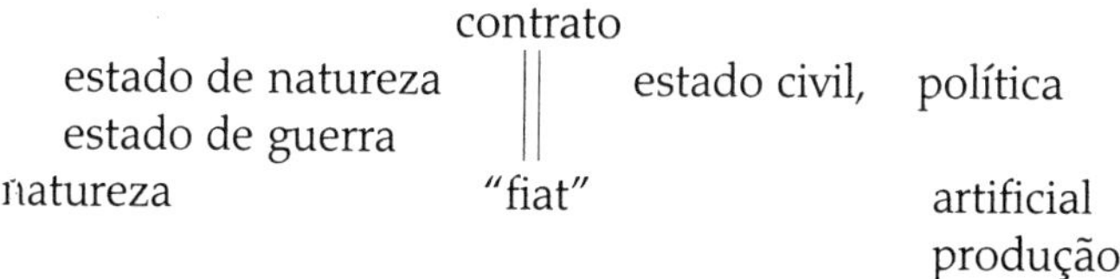

Esses três conceitos formam um todo.

Temos também outro tipo de argumentação na mesma época que exclui o contrato, ordem linear, sem contrato: Vico, Montesquieu. Temos aqui outro conceito, o de sociabilidade natural, baseada no *zôon politikón* de Aristóteles (Espinosa pensa no primeiro sistema, mas é efetivamente contaminado por essa problemática e ocupa posição à parte).

Aparentemente, trata-se de expor a *genêse* das relações sociais, da sociedade civil. Essa origem nos projeta no aquém da sociedade, num nada social, o estado de natureza. O estado de natureza desempenha assim o papel teórico de *origem* e paradoxalmente o papel de *reserva ideal* (os filósofos depositam o fim de sua demonstração, o ideal político, na origem postulada). Pascal, por sua vez, sabia que formular o problema da origem de uma instituição era o mesmo que a abalar: a negação a tocar nas origens num Estado está ausente nas filosofias do Direito natural. Reserva ideal, ou seja, fantasia política.

Esse estado de natureza divide-se em estado de guerra, produzido pelo desenvolvimento do estado de natureza. Donde o contrato social, que põe fim às contradições do estado de guerra. O contrato é um ato pelo qual uma sociedade se constitui, com suas instituições. O conceito de contrato postula contratantes iguais, ou seja, sujeitos jurídicos iguais, *cogito* jurídicos (Espinosa rejeita a possibilidade do contrato, porque rejeita a possibilidade teórica do *cogito*). Supõe também que o ato inaugura algo de novo e artificial (dado com a linguagem em Hobbes). Trata-se de uma ruptura declarada com a tradição da desigualdade natural dos homens, como fundamento da tradição medieval. Artificial é a humanidade da produção, da cultura consentida.

Pode-se então indagar a realidade dessa gênese: será ela uma história ou uma análise de essência, de essência da ordem social, análise das leis que governam os homens em sua relação social? A origem torna-se então problemática, e não estará tudo no presente? O contrato, assim, é permanente, sustenta-se, habita todo presente. Para Rousseau, o que é ele? Gênese e origem essencial se sobrepõem.

2. O contrato social

Têm-se estruturas diferentes do conceito de contrato, no âmago dessa mesma problemática

a) Contrato global entre o povo e o príncipe. Povo/príncipe Grócio.

É um contrato em última análise de um tipo de monarquia absoluta, regime feudal que se liberaliza.

b) Contrato firmado entre sujeitos jurídicos iguais. *Hobbes, mas para dar poder ao príncipe.* Contrato de doação em benefício de terceiro.

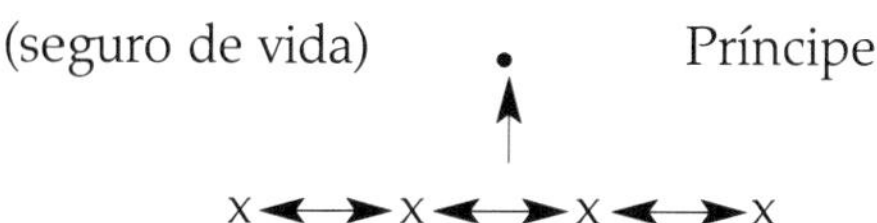

c) Contrato que se desdobra: contrato de associação dos sujeitos jurídicos em um sujeito coletivo, o povo; e contrato de submissão do povo, mas com reciprocidade.

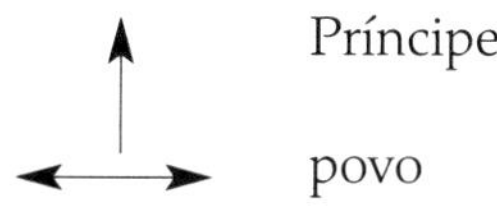

d) Rousseau. Um único contrato: o ato pelo qual o povo se torna povo (contrato de submissão) é também contrato de ordem jurídica, ato pelo qual o povo se torna soberano.

Será preciso ver como essas variações sobre o objeto contrato repercutem na sistemática geral.

II. HOBBES (*DE CIVE*)

Os três momentos essenciais da reflexão de Hobbes em *De cive* não são o estado de natureza, o estado civil e o contrato, mas

- estado de natureza;
- lei natural;
- contrato, estado civil, soberania.

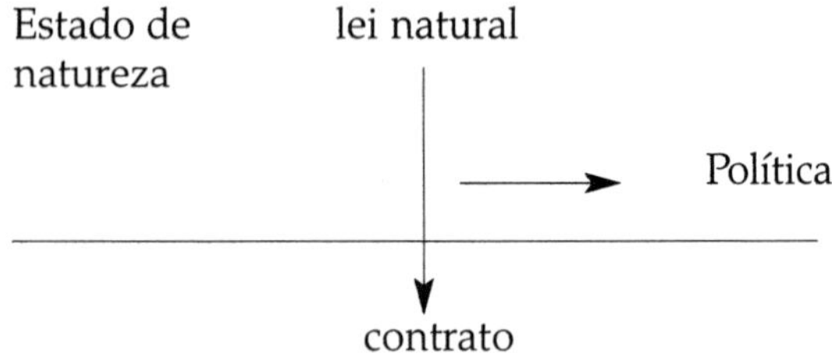

A. Estado de natureza

a) o estado de natureza é um estado de relação humana, não de solidão;

b) é um estado de liberdade;

c) é um estado de igualdade;

d) ou seja, reinado do direito natural;

e) que desemboca na guerra de todos contra todos;

f) guerra que constitui um estado de medo, miséria, morte universal.

a) O estado de natureza é um estado de relações humanas (≠ Rousseau, em que a solidão tem lugar preciso).

É um estado em que os homens não têm relações jurídicas e políticas, mas relações humanas. Hobbes, portanto, considera permanente a mecânica interior no estado de natureza atingido. Ambigüidade, portanto, dessa regressão que é essencial, e não histórica.

Esse estado de natureza é já de início considerado como social, constitui os próprios princípios interiores da sociedade. Esse estado é a essência do social, já dado nele: a sociedade mostra sua essência selvagem, ou seja, as relações humanas constitutivas, dissimuladas por trás das instituições.

Essa relação constitutiva, desvendada pelo estado de natureza, é o temor, ou seja, "uma apreensão de um mal por vir"[1]. Hobbes realiza uma leitura direta do comportamento efetivo dos homens. Como explicar essa ameaça universal?

b) O estado de natureza é um estado de liberdade.

Liberdade definida como "conservação e emancipação"; *definição materialista*

---

1. "Parece-me que esses senhores confundem temor com terror e aversão. Quanto a mim, entendo por esse primeiro termo apenas uma apreensão ou previsão de um mal por vir": *De cive*, I, 1, 2. Althusser cita o *De cive* na tradução francesa de Sorbière. Damos as referências de acordo com a seguinte edição: Hobbes, *Le Citoyen ou les Fondements de la politique*, Garnier-Flammarion, 1982.

– positiva no sentido de que o indivíduo se define por sua potência de desenvolvimento;
– negativa em relação ao mundo, no sentido de que é "a ausência de empecilho ao movimento"[2]. "Uma pessoa goza de maior ou menor liberdade segundo o espaço que lhe é dado."[3]

A liberdade postula uma definição negativa do meio como ausência de obstáculo, como meio vazio que permita o movimento. Um dos objetivos de Hobbes: vacuidade do meio em face da potência e do desenvolvimento do indivíduo que procura sua utilidade. A liberdade do estado de natureza procura realizar-se como se a realidade da liberdade correspondesse a seu conceito, como se o meio fosse vazio. Ora, o meio é um limite à essência da liberdade (≠ Rousseau, para quem o meio é essencialmente natural).

c) Estado de igualdade

Essa igualdade não é moral nem ideal, mas material: igualdade da potência material, ou seja, das faculdades do corpo e do espírito.

Hobbes vincula o conceito de igualdade ao empirismo: chances iguais de todos os homens no conhecimento, essa é sua tese.

Do mesmo modo, os homens são iguais em sua desigualdade física, no sentido de que todo homem pode matar todo homem: a morte é o critério da igualdade (≠ Rousseau: a morte não existe no estado de natureza, os homens morrem sem perceberem, a morte é um fato natural que o homem não apreende). Para Hobbes, a mor-

2. Cf. *De cive*, II, 9, 9, p. 189: "a liberdade outra coisa não é senão a ausência de quaisquer empecilhos opostos a algum movimento".

3. *Ibid.*, pp. 189-90.

te é o pior dos males, e a inclinação fundamental do homem é fugir da morte. A morte é a condição limite de homem. Na morte, o homem encontra a figura especular e o avesso de sua própria essência. A morte infligida por mão humana é a supressão de uma liberdade por outra liberdade que quer um meio (humano) vazio, ou seja, o desaparecimento da outra liberdade. A igualdade contém em si mesma uma contradição, motor da superação do estado de natureza.

d) Estado no qual reina o direito natural

É o direito do indivíduo a desenvolver-se. É a potência. A lei natural será idêntica à lei moral. Cf. Espinosa. O direito natural é constituído pelos mesmos princípios: identidade entre potência, direito, liberdade, utilidade. O indivíduo é o único critério: o direito de todos sobre todas as coisas é igual segundo o direito natural.

Não há comunismo primitivo, mas é um direito formal, abstrato, de todos sobre todo objeto. Ruptura com teoria moral do direito.

É o direito de antes do direito, de antes do direito jurídico: aí não entram em jogo noções morais. Esse direito que tem a utilidade por regra é inútil, é afetado pelo seu contrário, o direito de outrem. Nega-se na prática, não na teoria: seu fracasso manifesta sua pretensão, sua essência. A guerra de todos contra todos é ao mesmo tempo essência e fracasso desse direito. A negação prática do direito natural é seu fenômeno, ou seja, sua afirmação.

e) Guerra de todos contra todos

A guerra é a realização dessa contradição da liberdade em sua negação, é realização do direito.

Ciclo da guerra: Hobbes distingue três fases que podem engendrar a guerra:

– concorrência por um bem;
– desconfiança;
– guerra preventiva.

Essa gênese apresenta-se como um sistema universal: é um estado ao qual ninguém se pode subtrair, que atinge os homens não como um acontecimento, mas como uma condição, um estado. A guerra é fruto da liberdade. Essa dedução da guerra é uma transformação: a guerra pode aparecer como efeito, mas, sendo universal, aparece como condição de sua produção. A humanidade é obrigada à maldade pelo sistema da guerra, que preenche o meio vazio das liberdades. O sistema da guerra representa mais um sistema das relações humanas do que efeito da natureza humana.

Há aí uma necessária ambigüidade dessa teoria, que aparece no problema da maldade[4] (≠ Rousseau). Hobbes faz a si mesmo a pergunta, e se recusa a ser qualificado de pessimista: ele afirma que não há mais homens bons do que malvados, e que a condição de existência é a guerra. Para ele, os homens nascem "animais", dotados de paixões animais, busca pela utilidade que não são ruins em si mesmas, mas sim pelos efeitos que podem opor-se ao

4. Cf. Prefácio de Hobbes ao *De cive*, *op. cit.*, p. 73: "De modo que eu diria que um homem mau é o mesmo que uma criança robusta ou um homem que tem alma de criança; e que a maldade outra coisa não é senão ausência de razão em uma idade na qual ela costuma ocorrer nos homens, por um instinto da natureza, razão que deve ser então cultivada pela disciplina e que se encontra já bastante instruída pela experiência dos perigos e dos infortúnios passados. Portanto, quem não quiser dizer que a natureza fez os homens ruins, porque, quando os pôs no mundo, não lhes deu as disciplinas nem o uso da razão, precisará admitir que eles podem ter recebido dela o desejo, o temor, a cólera e as outras paixões da alma sensitiva, sem que haja necessidade de acusá-la de ser causa da maldade deles."

dever. E é a teoria da criança robusta: criança que, uma vez satisfeitos todos os seus desejos, fica comportada e se tornará malvada caso venha a ser contrariada. A maldade é apenas o efeito patológico que a transforma num subdesenvolvido mental. A maldade é definida negativamente como ausência de razão no homem. Isso quer dizer que a maldade descrita no estado de guerra é devida ao sistema de relações humanas no estado de guerra.

Tem-se aí a primeira forma de uma teoria da alienação: são os indivíduos, todos livres, iguais e sem outras relações senão as inter-humanas, que acabam por produzir o sistema universal da guerra de todos contra todos, contrária até ao fim que é o bem; querendo realizar sua natureza, eles a destroem. A essência de sua natureza, ao se realizar, destrói-se. A livre atividade dos indivíduos produz uma ordem das relações humanas, produto e contradição da essência deles, que os domina. Nada é aí acrescentado ao pressuposto da natureza humana. É a coexistência das naturezas humanas dos sujeitos livres que produz a [guerra]. Tem-se uma essência dada que se transforma em seu contrário, tem-se a produção de uma ordem contrária aos sujeitos que a produzem.

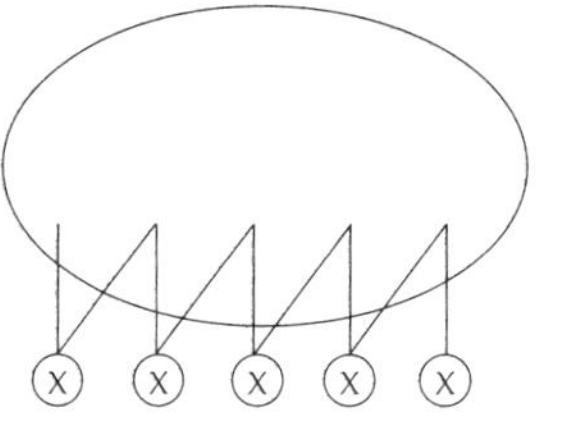

esquema de alienação

natureza humana

Marx criticará essa ausência de pressuposição que caracteriza os sujeitos: toda atividade humana se desenvolve num mundo dominado por suas pressuposições. O mundo que produz está situado num mundo prévio. Os sujeitos são momentos abstratos numa totalidade, pressupostos do exercício e da existência deles.

f) Estado de temor, miséria, morte universal

Estado de natureza e estado de guerra se intersecionam rigorosamente em Hobbes (≠ Locke, Rousseau).

Nesse estado, não há lugar para a indústria no sentido geral, ou seja, a cultura e a economia. A vida do homem está submetida à morte. A liberdade natural se volta contra si mesma, e todas as determinações do direito natural se voltam contra si mesmas: o direito de todos a tudo é desapossamento. A realização da liberdade humana produz sua negação: o estado de guerra se nega, numa contradição mortal.

Donde a necessidade de procurar a paz. É do âmago dessa contradição que nasce a busca pela salvação.

O que se realiza nessa contradição e em sua solução é o princípio do direito natural, a procura do bem do homem, ou seja, de sua utilidade. Quem define a paz como bem não será obrigado a modificar a própria verdade dos direitos naturais? Se a liberdade fracassa ao querer realizar esse meio vazio que se mostra como morto, não será necessário organizar o meio, reconhecer a plenitude de um mundo no qual se converterá então a liberdade que será submetida a essa organização?

Essa teoria se destaca por contraste do fundo da sociabilidade natural que ela recusa. Hobbes critica abertamente a teoria do *zôon politikón,* baseada na má observação da natureza humana.

O objetivo dessa teoria, presente no estado de natureza, é fundamentar a *teoria liberal,* ou seja, a liberdade humana como livre desenvolvimento. Isso aparece no mito do meio vazio, na doutrina da liberdade como potência utilitarista de expansão. É a tese do liberalismo individualista. Mas esse liberalismo produz seu contrário, numa contradição específica entre a liberdade e seu meio, o estado de natureza e sua realidade, o estado de guerra. A descrição do estado de guerra visa a uma realidade: a oposição entre a atividade do indivíduo que se desenvolve e as condições dessa atividade na concorrência – condição e contradição do desenvolvimento. A morte é efeito da concorrência, mas, como se sabe, é a morte infligida por mão humana.

Dois conceitos de morte:

- morte metafórica;
- morte infligida por mão humana.

O conceito de guerra de todos contra todos representa ao mesmo tempo a concorrência como livre desenvolvimento e a noção de luta política como guerra civil, digamos como luta de classe ligada a essa concorrência econômica.

Além disso, Hobbes tem como objetivo conservar, desenvolver o princípio do liberalismo individualista, mas superando o estado de guerra, ou seja, superando as violências provisórias da luta de classes e até a utilizando.

B. Lei natural

"Se os homens soubessem governar-se por si mesmos, se vivessem de acordo com as leis da natureza, só precisariam fazer política."[5]

---

5. *De cive*, II, 16, 14, p. 158.

A lei natural começa com o contrato, é sua mecânica prévia e reinará no estado civil e político. Essa problemática da lei natural é específica: em Locke a lei de natureza concerne ao conjunto dos domínios (estado de natureza inclusive); em Rousseau, não se sabe se a lei natural existe antes da sociedade civil.

Conteúdo dessa lei natural: reciprocidade dos comportamentos jurídico-morais. É uma lei jurídico-moral que prescreve a igualdade dos direitos na sociedade civil e a lei de amor ao próximo.

a) O estatuto da lei natural

Sem intervir no estado de natureza, o problema é saber como a lei natural pode surgir como algo de novo. O estado de natureza é um estado de guerra e se contradiz objetivamente: na extremidade do mal intervém uma reflexão sobre a miséria do estado de guerra, de onde sai a lei natural. Ela sai da infelicidade e das contradições. A reflexão sobre o estado de guerra determina as condições de possibilidade de uma lei, dessa vez positiva, ou seja, uma reestruturação da relação do homem com o homem. Produto de uma reflexão sobre os fatos, a lei natural é resultado de uma reflexão sobre o estado de miséria. Nessa reflexão, as paixões são substituídas pela razão: é a superação da liberdade como busca subjetiva do bem pelo reinado da obrigação. Fim da igualdade natural e início de uma desigualdade real. Portanto, o que fixa as condições de superação desse estado é um momento de reflexão no âmago do estado de natureza: os homens fixarão as condições para que reine a paz, ou seja, as leis fundamentais da natureza.

Origem e gênese da lei natural: Hobbes, ao fazer da lei natural o produto de uma reflexão, recusa-se a ver nessa lei um dever, o fruto de uma razão transcendente que ditaria por essência a lei natural. Ela não é um princípio de razão que transcende os fatos. Não é uma emanação laicizada de Deus, nem fruto do *consensus omnium*. Só contém as conclusões de um raciocínio sobre os fatos. "Máximas que a reta razão nos dita."[6] Cavilação: cálculo utilitário ditado pela razão. Toda infração à lei natural provém de um mau cálculo. Definição empirista, intelectualista, utilitarista.

Mas está então formulado o problema das condições às quais a razão deve submeter-se para aparecer. Para Hobbes, é a partir das paixões que a razão se desenvolve. "Temor da morte e desejo de obter comodidades" são os motores da razão. Nova intervenção da morte: a morte como ato de nascimento da razão. Para os clássicos, a morte é juiz natural da vida e princípio da razão: presença da verdade, a morte é negação do corpo, do fenômeno, é um acontecimento que destrói o acontecimento e mostra que a verdade está além do acontecimento. Nula de verdade, a morte remete à verdade do ser. Para Hegel, na morte o fenômeno atinge sua própria lei, que é desaparecer, a morte aclara o fenômeno sobre si mesmo, remete ao aquém, não ao além. Para Hobbes a morte remete à vida, não como sendo a verdade do fenômeno, mas como sendo a negação da vida. Ela nada tem de ambíguo, pertencendo como fenômeno ao mundo natural e como essência a um outro mundo. Ela é um evento da vida, mas o próprio contrário da vida, é o maior dos males. A morte desempenha um papel capital

– porque é o mal absoluto, a verdade de todo nada (e não o nada de verdade). Mal que não se pode aceitar

6. Prefácio de Hobbes ao *De cive*, *op. cit.*, p. 74.

nem suportar, porque negação fundamental da vida, que é conservação. Portanto, inversão do argumento ontológico: o maior mal não deve ser. A morte desvenda a prioridade da vida: para Hobbes, filosofar é aprender a não morrer.

– porque ela nunca está presente, sempre está por vir. O ser da morte é ser um evento ausente. Sempre por ser. O homem deve superar a imediatez da paixão presente, e assim a razão nasce, como nova paixão, paixão pelo futuro. Pela apreensão do futuro em função da morte nasce a razão que despoja o apetite brutal segundo o qual preferem-se os bens presentes aos bens futuros. O projeto de Hobbes baseia-se no seguinte pensamento sobre a morte: será preciso reestruturar o estado de natureza sem nenhuma instância exterior ao estado de natureza, utilizando a lei interna do estado de natureza, o temor da morte. Deve-se notar que essa morte é sempre violenta: o bem do homem passa pelos homens. Será preciso levar a sério o destino humano.

b) Conteúdo e preceitos da lei natural

A lei natural tem como conteúdo as condições da paz humana: entra-se no projeto de reestruturação do estado de natureza. Como reorganizar esse meio que não é vazio, para evitar a guerra? Encontrar o elo do homem com o homem que não constitua mais obstáculo ao homem. Donde a tábua das vinte leis.

Primeira lei: "É preciso buscar a paz." É preciso proceder a uma análise retroativa a partir do fim. A liberdade (meios) humana tem como obstáculo a liberdade humana. Essa liberdade não deve ser ilimitada: os homens devem renunciar a uma parte de seu direito em favor de outrem. Essa transferência não é positiva, já que a liberdade não tem conteúdo. É preciso renunciar a um direito que é, ele mesmo, negativo. "Não resistir", essa é a formulação da primeira lei. Isso supõe uma limitação recíproca: importa a reciprocidade, e ela intervém no contrato (entre dois indivíduos).

A essência do contrato é versar sobre o futuro; donde a necessidade do raciocínio e da linguagem, de signos que indiquem o futuro, vinculando os homens para o futuro. Isso implica que não se deve estabelecer contrato com aqueles que não falam: os animais, as crianças, Deus. Todas as formas de contrato especificam essa forma original que é limitação formal de duas liberdades. Donde:

- O contrato é apenas um ato da pura vontade abstrata, que se exerce na submissão ao temor, móbil do contrato. Entra-se em acordo por temor de, ou seja também, mais positivamente, no interesse de...
- O contrato firmado sob violência também é válido (cf. contrato de escravidão): o escravo consentiu para salvar a vida. O contrato de escravidão, efeito direto da coação da morte, é mesmo o contrato-tipo.
- O contrato tem limites: o contrato cessa quando tem como efeito a morte do indivíduo.

O efeito da reciprocidade formal provocará a desigualdade dos homens: o contrato quer obter um compromisso entre os homens para que estes deixem de ser obstáculos, isto por meio de um acordo formal que elimine qualquer igualdade de conteúdo. A forma da igualdade define o contrato, mas o conteúdo é desigual. A igualdade instaurada pelo contrato é uma igualdade de proporção. Tem-se aí a reivindicação do desenvolvimento da liberdade do indivíduo, mas reconhecimento da desigualdade como condição.

As outras leis são meios para possibilitar a realização do contrato.

"Observar a convenção feita."
"Evitar a ingratidão."
"Ser cordato."
"Ser clemente."
"Só punir em vista do futuro."
"Não ultrajar."

c) Significado da lei natural

O produto do raciocínio se diversificou em vinte leis, condições da paz humana. Mas, teoricamente, essas leis servem o triunfo da liberdade individual: passou-se da ordem da liberdade espontânea para a ordem da liberdade esclarecida pela razão. Portanto, identidade entre razão – pensamento do futuro – reciprocidade.

Qual é a essência dessa razão que garante a passagem para o estado civil? Tem-se uma razão de origem empírica afirmada como universal, apresentando-se como obrigação. Como o interesse pode tornar-se moral? Como passar do individual para o universal? Aí, ambigüidade de Hobbes, que chega a chamar de "divinas"[7] as leis da natureza e lhes confere eternidade[8]. Por que esse impasse?

Por causa do individualismo, agente interno de toda essa dialética. A razão aparece como algo ligado ao indivíduo: a razão nasce no indivíduo. Resultado da aquisição empírica do indivíduo, a razão é também algo para o qual se têm deveres.

---

7. O capítulo 4 do *De cive* intitula-se "A lei da natureza é uma lei divina".

8. *De cive*, I, 3, 29, p. 126: "As leis da natureza são imutáveis e eternas."

Hobbes insiste no fato de que a maioria dos homens não se eleva à razão. Postulado: é no indivíduo que deve nascer a razão, donde contradição com seu valor universal. Essa contradição entre gênese individual da razão e valor universal da lei natural tem como conseqüência provocar outra contradição maior: o homem que chega à razão opõe-se aos outros. Hobbes acredita que o homem racional seria irracional ao aceitar a lei natural quando os outros não aceitam essa lei, pois ele obteria o contrário mesmo da lei natural. Há ocasiões nas quais infringir a lei natural é ser seu protetor, para sobreviver. Donde cinismo prático como submissão à lei existente. Portanto, importam as relações existentes. Essa contradição entre universalidade da lei e não-realidade na verdade se resolve em "obrigação na consciência" na qual a lei sempre tem valor absoluto[9]. O lugar onde se localiza a consciência moral é a contradição entre universalismo moral e condições da atividade. A interiorização da lei moral na consciência só se produz na e por essa contradição entre a atividade do indivíduo tomada como norma e as condições dessa atividade. Donde a conclusão: a verdade da consciência moral e de seu contraponto: cinismo prático. O interesse individual é a base dos dois casos, reivindicado teoricamente em consciência e realizado na prática pelo cinismo. É radical a aporia entre a lei como norma transcendente e o fato empírico.

A contradição mais profunda é a que opõe a atividade do indivíduo às condições dessa atividade. A lei natural não é um imperativo categórico, mas hipotético: to-

---

9. *De cive*, I, 3, 27, p. 125: "Deve-se concluir que a lei natural sempre obriga perante o tribunal, como se diz, da consciência: mas nem sempre no exterior, a não ser quando isso pode ser feito com toda a segurança e sem incorrer em perigo."

das as obrigações têm um fim concreto (se queres a paz... deves querer seus meios). A moral nada mais é que ciência e meio que deve ser empregado nas relações humanas para atingir os fins do homem. Esse imperativo hipotético é por si mesmo impotente, porque

– o indivíduo pode perder o uso da razão;
– a maioria dos homens não se comporta de modo racional.

Afirmação simultânea de um cálculo empírico e de seu fracasso. Para obrigar, a lei natural deveria obrigar todos os homens, ser-lhes transcendente, desnaturação de uma natureza.

A lei natural, portanto, é um paradoxo, visto que não é uma lei verdadeira[10], mutação radical na natureza humana, mas imanente à empiricidade, ao estado de guerra. A ordem possível que é a lei natural é uma conclusão necessária acerca de um possível impossível no próprio âmago da ordem que ela tem o objetivo de organizar. A contradição de Hobbes é a confissão de impotência que mantém Hobbes na lógica de seu sistema: que o conteúdo da lei é refletido como um possível signo de que o conteúdo está desenhado como um puro possível, num *espaço vazio,* estando ausente a obrigação que deve dar-lhe efetividade. A reflexão sobre o mundo humano pleno desenha um mundo vazio, sem sanção, destinado a reconhecer o pleno. Esse vazio da obrigação está articulado com a recusa de procurar fora do mundo humano o fundamento dessa obrigação. Nada, nem Deus, nem a consciência moral, pode intervir: rejeição a qualquer trans-

---

10. *De cive,* I, 3, 33, p. 128: "Admito, porém, que aquilo que chamamos de leis naturais não são leis propriamente ditas, porquanto procedentes da natureza e consideradas em sua origem."

cendência. O vazio da obrigação é o reconhecimento de que o único pleno deste mundo é este mundo, ou seja, o medo, o temor, a violência.

C. Estado de sociedade

Hobbes preenche esse vazio com a teoria do poder. Esse vazio é ao mesmo tempo solução e condição de possibilidade.

a) Estado civil

O estado civil tem como objeto realizar as condições de realizibilidade das leis naturais. É preciso resolver a contradição entre as condições de paz dadas numa reflexão como um puro possível e as condições reais de sua efetivação. Encontrar uma garantia que obrigue os homens a observar as leis naturais, não no nível da razão que é possível puro, mas no nível das paixões, ou seja, das próprias condições materiais.

Essa garantia consiste em impedir que as paixões individuais atuem, por outra paixão: o temor. Não conduzir os homens à razão pela razão, mas organizar, estruturar o temor. Duas hipóteses serão recusadas como garantias. Recusa da convenção firmada entre os homens. Uma união voluntária dos homens não pode dar essa garantia. Um grupo restrito é ameaçado de fora, um grupo forte é ameaçado de dentro. Não há solução imanente no nível do acordo entre os homens, ou seja, do consentimento mútuo. Portanto, é preciso

- acordo dos participantes para a paz;
- temor que os dissuada de violar o acordo. Donde a necessidade do contrato que se refira a um

poder absoluto, que se destrua como contrato em sua própria condição de possibilidade.

b) Contrato político e poder absoluto

O que está em causa é a relação entre o contrato civil ou jurídico e o contrato político. Para Hobbes, o contrato civil baseia-se no contrato político (≠ Rousseau e Locke). Não haverá controle civil, vida econômica, se não houver contrato político.

Esse contrato político de submissão não é um simples contrato entre o príncipe e o povo (contrato feudal); um contrato de tipo príncipe/povo leva à anarquia, pois não há terceiros, não há juiz exterior para impor respeito ao contrato.

Esse contrato é dissimétrico, estruturado em dois níveis: entre todos os indivíduos da sociedade, em primeiro lugar, que concordam em não resistir e, depois, se põem em acordo para alienar uma parte de seus direitos ao príncipe.

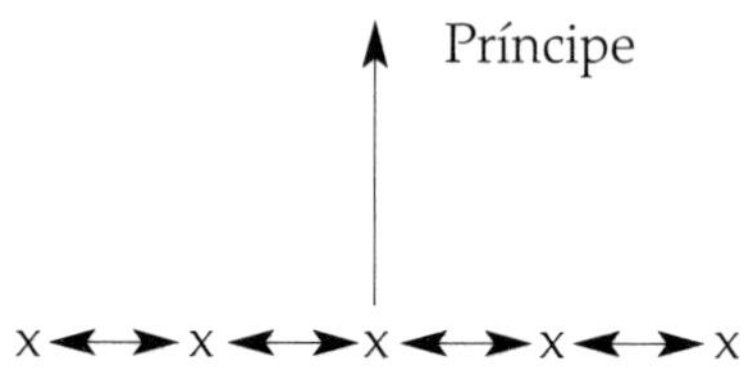

Dissimetria do contrato no sentido de que a reciprocidade (de todos os indivíduos) tem como conteúdo um terceiro que está fora do contrato; esse terceiro, por sua vez, recebe uma doação de direito. Entre o príncipe e o povo (depois do seu contrato) não há reversibilidade: o soberano não se compromete com nada: recebe. Nessa estrutura do contrato, estão contidas todas as contradições da lei natural: a imanência das relações individuais é projetada numa transcendência unilateral, que não se reflete nas relações unilaterais (tipo de contrato: "estipulação para outrem").

O conteúdo dessa transferência é negativo no sentido de que os homens se comprometem a não resistir ao príncipe. A alienação total identifica-se com a renúncia ao direito de resistir. A doação do direito, do lado do indivíduo, tem como conteúdo essa renúncia.

Aqui surge um problema, não consciente para Hobbes: como se explica que a instauração do poder absoluto, condição de possibilidade de todo contrato, esteja dependente de um contrato dos homens entre si? Parece haver um círculo, a condição necessária para sair do estado em que os contratos não são possíveis é representada por outro contrato. Nova contradição que Hobbes resolve: ele fala de "quase-contrato", ou seja, de uma realidade positiva, da existência do poder absoluto. O aspecto genético desaparece por trás da análise da essência das condições de possibilidade de todo contrato. Já não há história em Hobbes.

c) Poder absoluto

Hobbes defende uma tese radical: a essência de todo poder (monarquia como democracia) é ser absoluto. O poder é absoluto, ou seja, irrevogável. Não se pode desistir da doação do direito: o príncipe não tem nenhuma obrigação. Absoluto em sua essência e em sua duração.

Por que esse absolutismo? Não por causa do único contrato, mas porque o contrato é irreversível, não recíproco. Isso em direito: não se pode retomar o que foi alienado ao soberano, e que nele é inalienável. A razão profunda dessa tese é que o poder absoluto precede todo contrato, como requisito fundamental de toda organização racional da vida humana. O contrato não é real sem o poder político que o instaura. A condição de possibilidade da lei de natureza (determinante da própria lei de natureza) é o poder, que lhe dá sentido concreto. O poder é a condição da lei natural, e não sua expressão. Esse caráter absoluto não decorre das mesmas exigências do *a priori* das formas *a priori* de Kant em relação aos dados empíricos (a lei natural seria a estética do possível, cuja analítica seria o poder).

Esse poder se estrutura por repousar na unidade. O povo é a multidão governada, ou seja, uma soma sem vontade única, sem personalidade própria. A única unidade real é a unidade imposta pelo poder político. Dizer que o povo tem vontade comum é dizer que o povo pode tornar-se pessoa, e pessoa na individualidade da pessoa que o comanda. Hobbes chama de povo uma pessoa que unifica a multidão, e o povo pode ser *uma só pessoa,* o príncipe. O próprio príncipe é povo. A essência da soberania não é a vontade geral, abstração para Hobbes, mas a vontade do príncipe, em quem se fundamenta e efetiva a vontade de todos. Todo o Estado está compreendido na pessoa do príncipe.

A teoria do poder absoluto é a teoria de um indivíduo absoluto que, em relação a seus súditos, está no estado de natureza e uma restauração do estado de natureza entre uma única pessoa e todas. O poder absoluto é guerra de uma pessoa contra todas. Mas a guerra não pode ocorrer, pois só o soberano tem para si todos os poderes. O soberano tem sobre a cidade os mesmos poderes que um homem tem sobre suas faculdades.

Resultado: Hobbes recusa qualquer divisão dos poderes (executivo, legislativo, judiciário), que se confundem no mesmo homem. A confusão entre legislativo e executivo é específica aqui: o príncipe dita as leis, faz o direito. O rei é todos os poderes. Hobbes insiste no direito de propriedade, no direito de lutar contra as más doutrinas (Hobbes condena a liberdade de opinião).

Mas tudo termina numa grande contradição acumulada na doutrina dos deveres do soberano. Isto porque:

– O soberano deverá dar garantias a seus súditos: compreendendo que seu interesse é o interesse do povo, deverá refletir sobre sua própria situação de estado de natureza em relação ao povo. E por isso deverá garantir a paz e a indústria.

– Deverá enunciar o menor número de leis possível: ao poder absoluto incumbe o dever de ocupar o menor espaço possível na vida dos cidadãos, para deixar-lhes grande espaço. Encontra-se o ponto de partida do espaço vazio. *Paradoxo geral*: possibilitar a coabitação do absolutismo do poder soberano que deve intervir o mínimo possível. Absolutismo liberal. O problema não é solúvel. O absolutismo tem como fim o liberalismo, ou seja, o gozo dos resultados da indústria.

Temos, pois, dois níveis:

- o nível político (superar as oposições dos grupos humanos garantir a liberdade econômica);
- o nível econômico.

Essa dualidade dos níveis repete a dualidade da morte (na guerra civil e na concorrência); impedir a morte na guerra para garantir a morte na concorrência. O Estado tem uma função: deixar a economia correr. A teoria do ponto de vista absoluto é esboçada do ponto de vista burguês (≠ Bossuet), mas de um burguês que vive a guerra civil da primeira revolução inglesa (é já *a teoria da necessidade de uma ditadura de classe em período de transição*).

Hobbes nesse aspecto seria o começo de Robespierre/Marx.

III. LOCKE

A teoria de Locke parece ser o contrário da teoria de Hobbes, não tanto nas conclusões aparentes – liberalismo de um Estado reduzido ao mínimo, Estado juiz e carrasco, ou seja, poder penal que só sanciona as infrações à lei natural e de resto deixa correr, tendendo para o Estado nada –, porém, mais profundamente, no que se refere à essência interior da sociedade.

Hobbes quis uma teoria política que relaciona todas as determinações do Estado, do jurídico e da ética com um princípio não jurídico e não ético. No estado de guerra, o temor é declarado essência interna das determinações do Estado, em que direito e moral são simples efeitos do poder. Uma reestruturação do espaço submetido ao temor define o estado político: o temor está concentrado em um centro pontual em vez de ser suportado por uma infinidade de sujeitos. Também no que se refere ao primado da lei natural, Hobbes é revolucionário por apresentar essa lei natural como imanente à ordem de necessidade que reina no estado de guerra. A lei natural é produto dessa necessidade como sua lição, como um imperativo hipotético oriundo da experiência dessa necessidade, experiência reestruturada por um cálculo da razão, do interesse. Ela recebe seu tipo de uma outra instância, homogênea aliás com ela: o poder político que torna efetiva a lei natural é ainda o temor. Em nenhum lugar, nada que manifeste o surgimento de um dever puro, imposto por uma instância transcendente (a razão ou Deus). A única consciência própria do homem é a reflexão sobre a necessidade, e ela só se torna moral quando impotente. Essa consciência teórica se reduz na prática a ser apenas temor esclarecido.

Locke, por sua vez, afirma a lei natural como reinado universal. A lei natural reina em toda a ordem social, desde o estado de natureza até o estado civil. As leis positivas (inclusive seu limite) nada mais são que o fenômeno dessa lei.

Essa oposição, porém, contém uma semelhança formal. São duas tentativas de relacionar todas as determinações a um princípio único: Rousseau, por sua vez, trabalhará com mutações reais, desnaturação, transformação por ruptura. Em Hobbes e Locke, permanecemos na mesma imanência, na mesma problemática unitária e no mesmo tipo de solução. Mais precisamente, o status da lei natural apresenta semelhanças: a lei natural é aprendida, tem uma origem empírica. Locke desenvolve a tese da diferença entre o homem e a criança (cf. *puer robustus*), na teoria do poder paterno: compreende-se o poder paterno quando a criança deixa de ser criança, quando lhe chega a *razão,* por meio de aprendizagem. Essa origem empírica da razão, porém, se insere num contexto diferente nos dois. Locke não pensa o problema da lei natural: sua obrigatoriedade não lhe vem do poder, mas de si mesma (ao passo que Hobbes explicava a gênese da lei natural).

Em Locke, a lei natural obriga naturalmente, porque coincide com a razão. Não se vê a origem de sua obrigatoriedade, a menos que ela contenha por si mesma essa obrigatoriedade; Locke esquivou-se do problema de Hobbes.

A. Estado de natureza[1]

1. Sua estrutura

Locke começa[2] recorrendo ao estado de natureza. Por quê? A definição do estado de natureza é relacionada com um posicionamento político prático (dirigido contra Hobbes). Procura-se outra origem para evitar as desgraças.

Intervém a animalidade como fundamento das relações sob o aspecto da força e da violência. Maniqueísmo. "Quem não quiser dar ensejo a pensar-se que todo governo resulta unicamente da *força* e da *violência*, e que os homens não têm entre si outra regra de vida senão a regra dos *animais*, entre os quais o mais forte vence, semeando assim os germes da desordem e dos males, de tumultos, sedições e rebeliões sem fim (aquilo contra o que os defensores dessa hipótese se insurgem com tan-

---

1. A seqüência deste capítulo sobre Locke foi estabelecida a partir de um confronto entre as anotações datilografadas de Althusser, às vezes repletas de rasuras e dificilmente editáveis, e apontamentos manuscritos de classe.

2. Althusser cita o segundo Tratado de Locke na seguinte edição: *Essai sur le pouvoir civil*, trad. fr. de Jean-Louis Fyot, PUF, 1953. Cabe lembrar que, em 1960, Althusser redigirá uma resenha do livro de Raymond Polin *La Politique morale des John Locke* (*Revue d'histoire moderne et contemporaine*, 9, abril-junho de 1962, republicado em *Solitude de Machiavel*, PUF, 1998).

to ruído), deverá, necessariamente, encontrar *outra origem* para o governo, outra fonte para o *poder político* e outra maneira de designar e reconhecer as pessoas que o têm nas mãos..." (pp. 61-2). "Remontar à fonte" do poder político... (p. 63). Portanto, consciência aguda do caráter polêmico e crítico da teoria da origem. Cf. p. 136: os príncipes que se tornaram tiranos, "os súditos julgaram necessário exprimir com mais cuidado a origem e os direitos do governo, bem como encontrar os meios de reprimir os excessos e prevenir os abusos por parte do poder..."[3].

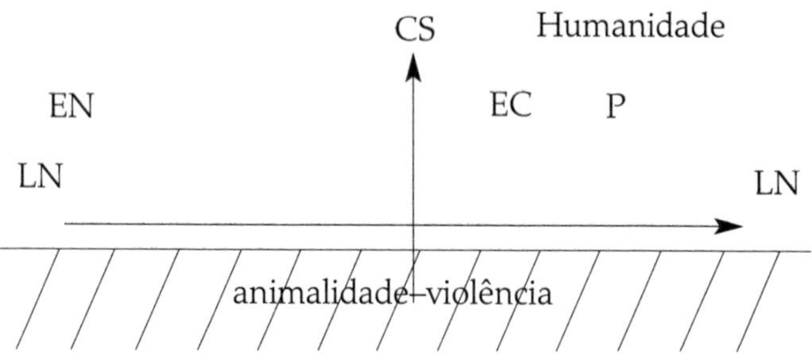

No estado de natureza, o status dos homens se divide em três categorias: liberdade, igualdade, fraternidade.

a) *Liberdade*: disposição dos bens "nos limites da lei natural sem pedir autorização"[4] (p. 63). Definição ne-

3. Na citação Althusser omite o fim do trecho de Locke: "que não aquelas informadas por Sir Robert Filmer a nós".

4. Nas notas datilografadas de Althusser, encontra-se uma citação mais longa do texto de Locke: "eles regulam suas ações e dispõem seus *bens* e pessoas como querem, nos limites da lei natural sem pedir autorização nem depender de nenhuma vontade humana".

gativa em que a liberdade é um estado de independência, embora não se trate de um estado de solidão (não estar no poder de um homem = não estar no estado de guerra). O estado de natureza é excludente em essência do estado de guerra.

Mas determinações positivas também: no estado de natureza, os homens não vivem na penúria. Têm bens. A propriedade existe no estado de natureza antes da sociedade civil. Essa liberdade só existe nos limites do direito natural[5]. No estado de natureza reina uma ordem ética.

b) *Igualdade.* Locke a define como reciprocidade de direitos. Os homens estão num "estado de igualdade, no qual todo poder e toda jurisdição são *recíprocos,* visto que ninguém tem mais que o outro..." (p. 63). A definição nada tem a ver com a igualdade de Hobbes. Essa igualdade baseia-se no fato de pertencer a uma mesma essência humana. A reciprocidade diz respeito a um poder de jurisdição: todo homem é juiz e carrasco.

c) *Fraternidade.* Justiça e caridade são deveres que os homens têm uns para com os outros. Locke[6] cita Hooker (p. 63). Os homens vêem que são da mesma natureza. E que cada um, desejando ser ajudado-amado pelos outros, deve ajudá-los-amá-los... Evidência natural da ajuda recíproca, dever baseado na identidade de natureza e situação.

---

5. O trecho correspondente às notas datilografadas de Althusser é bem diferente: "Ademais, essa liberdade está submetida à lei natural (e não ao direito natural como em Hobbes e Espinosa. No (já) estado de natureza reinado de uma ordem jurídico-ética)."

6. Para o fim da exposição sobre a fraternidade, utilizamos aqui a versão datilografada de Althusser, mais completa que a dos apontamentos de classe.

Isso nos remete à *liberdade:* ela não é *licença* (p. 64), fazer o que quero de acordo apenas com os impulsos do desejo e da paixão (Hobbes, Espinosa). A liberdade só tem sentido no campo da *reciprocidade dos deveres.* Como os homens são todos iguais e independentes, "nenhum deve prejudicar o outro na vida, na saúde, na liberdade ou nos bens..." (p. 64). E esse dever nada mais é que a recíproca daquilo que o homem deseja para si: conservar-se, conservar a saúde, a liberdade, os bens, a vida... As exigências do indivíduo projetadas sobre os outros indivíduos constituem o círculo no qual está inscrito o uso da liberdade individual, *desde o começo.*

2. Lei natural

"Aquilo que não tem outro objetivo senão nos proteger dos barrancos e dos precipícios" (p. 29)[7]. Ou seja, a fronteira entre o humano e o animal. Esse dever constitui o reconhecimento do reinado da lei natural no estado de natureza. "O estado de natureza é regido por uma lei natural que vincula cada um e a razão, que se confunde com essa lei, ensina a todos os homens..."

Lei natural dupla: dever de conservar-se-proteger-se e de proteger-conservar os *outros.*

a) Lei de antes das leis (positivas, escritas, codificas...), nem por isso deixa de existir, mas como lei não escrita: "A lei natural é uma lei não escrita que só pode ser encontrada no espírito dos homens..." (p. 64).

b) Apesar de não escrita, é promulgada, pois uma lei, para ser lei e obrigar, deve ser conhecida e para tanto promulgada (projeção das categorias do estado civil

7. No texto datilografado: "pp. 29 ou 98-9".

no estado de natureza): "ninguém pode ser submetido a uma lei que não foi levada a seu conhecimento por uma promulgação. Ora, essa lei só é promulgada ou notificada pela razão..." (p. 98).

c) [8]Identidade entre razão e lei natural. A lei natural é a lei comum da razão. Não é inata, mas está ligada ao aprendizado da razão.

d) Sendo idêntica à razão, aqueles que não são dotados de razão não podem conhecê-la: animais, crianças, loucos e idiotas. Essa identidade permite que Locke desenvolva toda uma teoria original do poder paterno sobre os filhos, para refutar as teorias políticas do poder paterno[9] (em geral Filmer; direito divino). Idéia: o poder do pai sobre os filhos não é identificável com o poder político porque os filhos não são livres, estão aquém da liberdade porque aquém da razão. A razão da criança está no pai que é racional, portanto livre por dois. Mas essa procuração termina assim que a criança atinge a idade em que também se torna racional, e então a relação en-

---

8. A versão dos apontamentos de classe, aqui publicada, provavelmente está mais condizente com a aula dada do que a versão do texto datilografado de Althusser: "Identidade lei-natural e razão. Essa promulgação da lei pode ser a revelação divina ou o uso da razão. 'A lei comum da razão...' (p. 72). 'É certo que tal lei existe, e que ela é também inteligível e clara para um ser racional que a estude, tanto quanto podem sê-lo as leis positivas dos Estados', p. 68. Essa lei *não é inata*. Ela é descoberta pela experiência e pela reflexão, ou seja, pelo uso da razão humana (que nada mais é que experiência e reflexão)." À margem desse trecho, encontra-se uma anotação manuscrita sobre o texto datilografado de Althusser: "Houve quem dissesse: contradição com o empirismo de Locke! Mas não certeza se a razão é aprendida."

9. Versão dos apontamentos de classe, sem dúvida preferível à do texto datilografado de Althusser ("as teorias paternas do poder político")?

tre o pai e o filho (unilateral) acaba sendo uma nova relação, não mais familiar, porém humana entre dois seres racionais.

e) [10]Identidade lei-razão-liberdade. O que funda essa identidade é o dualismo animalidade/humanidade. Essa lei é apresentada como lei moral eterna. Assim, Locke projeta no estado de natureza as determinações da lei natural (lei de razão) que Hobbes introduzia apenas no estado civil. O que isso acarreta como conseqüência (sem se recorrer ao temor ao príncipe para as impor como coercitivas) é que ele as pensa a partir do estado de natureza *como leis morais.* Mas esse reinado da lei natural onde Hobbes via o reinado do direito natural, esse reinado da obrigação jurídico-moral em lugar do poder não ético vai subverter o sentido dos conceitos clássicos, em particular do conceito de estado de guerra. Essa ampliação do conceito de lei natural vai modificar a estruturação do campo.

3. Aplicação da lei natural

Essa lei moral é apresentada como respeitada no estado de natureza. Em que condições é respeitada no estado de natureza? Para que seja respeitada, é preciso que cada

10. Este ponto, presente nos apontamentos de classe, corresponde a um trecho também presente, mas riscado, no texto datilografado de Althusser. Inversamente, este último contém um trecho que parece não ter sido proferido no curso: "Idéia de que a lei não limita a liberdade, ao contrário a orienta em conformidade com seu interesse. Ela a estabelece em sua essência verdadeira. Liberdade sem lei não é liberdade, mas licença... e essa licença = conflitos inumanos, conflitos de tipo animal (barrancos e precipícios). A liberdade humana rodeada pelo precipício da animalidade... tema importante que voltará no estado de guerra."

homem tenha o poder de ser juiz e carrasco. É aos indivíduos que cabe, por essência, o poder de julgar e reprimir. Cada um tem o direito de fazer respeitar sua interpretação da lei, da qual ele é juiz.

Paradoxo:

– A lei natural reina no estado de natureza.

– Ela é aplicada.

– Essa aplicação consiste no poder que cada um tem de julgar os atos alheios. E esse poder é de direito legítimo, porque movido pela razão.

Mas Locke tenta fundamentar esse paradoxo recorrendo à necessidade de direito da procedência da punição de um estrangeiro (um indiano) por um nativo do país! A punição do estrangeiro é possibilitada pela lei natural. "Se todo e qualquer homem não receber da lei natural o poder de punir as faltas cometidas contra essa lei, na medida em que ele a estima com toda a sabedoria, em que o caso o exija, não vejo como os magistrados de uma comunidade poderão punir um estrangeiro, pois em relação a este é impossível que o poder daqueles ultrapasse o poder que qualquer homem pode naturalmente exercer sobre outro" (p. 66).

4. Estado de guerra

O estado de guerra é quase inconcebível, e no entanto é necessário concebê-lo devido ao surgimento da bestialidade na ordem humana. É pelo desvio da teoria penal que aparece a guerra.

Para Hobbes, o estado de guerra é um estado total, é um estado perpétuo e universal, sem lacuna (visto que essa totalidade é a própria figura da universalidade da essência do vínculo social: luta e temor). A sociedade humana, no fundo, nunca sai do estado de guerra, que só é utilizado para a paz no estado político (sendo a paz produto da guerra, a guerra neutralizada por seu próprio temor, a guerra sublimada na forma de guerra de um contra todos em vez de guerra de todos contra todos). Com Locke o princípio de referência muda radicalmente. É a paz, reinado da lei natural, que constitui a essência última da sociedade. Todo o problema político consiste (em Locke assim como em Hobbes) na organização racional desse princípio fundamental. Mas em Locke esse princípio é a paz. O problema passa a ser: como, no elemento da paz como essência universal do estado de natureza e do estado civil, pensar a guerra?

Pois vemos que essa lei natural pode ser violada. E violada por homens que ou a ignoram porque são loucos, ou a conhecem, mas lhe preferem o desregramento das paixões. Neles a luz da razão é combatida pela confusão dos instintos. Cf. p. 145: "a corrupção e a perversidade de homens degenerados"; p. 144: "embora a lei natural seja evidente e inteligível para as criaturas racionais, os homens impelidos por seus interesses, que *ignoram* essa lei, porque não a estudaram, só são levados a reconhecê-la como lei quando obrigados a aplicá-la a seu próprio caso". E, como cada um tem o direito legítimo de fazer respeitar a lei natural, seguem-se punições e guerras.

Assim, o criminoso que rejeitou a razão é analisado por Locke como um caso-limite. É a inumanidade no seio da humanidade. A razão é assombrada por seu nada radical: a não-razão, cuja figura natural é a bestialidade. É a idéia de uma espécie que tem sua lei imanente, mas tem sua fronteira irrecusável que a distingue daquilo que não é ela. A possibilidade de surgimento da bestialidade é dada já de início como o avesso estrutural da humanidade e da razão. A regressão para a inumanidade sempre é possível e assume a forma de agressão: o criminoso deve ser tratado segundo as regras que comandam o estado em que ele decaiu, ou seja, segundo as regras da violência, da inumanidade. O estado de guerra é definido como agressão, e toda agressão tem como termo a morte (Locke retoma Hobbes, "localizando-o"): a vontade de morte é própria da bestialidade e volta a surgir no tratamento que deve ser aplicado ao criminoso, é preciso aplicar-lhe a morte. A morte é o horizonte-limite de todo castigo, como constatação de uma não-humanidade. O não-humano, ameaça mortal para a humanidade, deve ser reduzido a nada: a humanidade realiza o que é visado pela inumanidade, a morte, e relega o criminoso à sua essência: o nada, a morte.

Locke dá outro exemplo, o do ladrão: posso matá-lo legitimamente, mesmo que ele não tenha atentado contra a minha vida ou não o tenha desejado, pois ele faz uso da força para tomar-me a bolsa... Mas, se ele conseguir me vencer, não tenho razão alguma para supor que, apoderando-se de minha liberdade, ele não se apoderará de todo o resto, uma vez que me tiver em seu poder (do resto, logo de minha vida).

A teoria do estado de guerra é decisiva, pois possibilita pensar o que acontece no estado civil. A morte é a única medida do direito como resposta à agressão mortal, relegação a seu próprio nada. Quem se exclui pela violência deve ser excluído: ele se exclui como que por si mesmo.

Mas então a violência não é a mesma dos dois lados. Em Hobbes guerra é sempre guerra, nunca é dividida em duas guerras, a boa e a ruim, a justa e a injusta. Porque a lei natural é posterior à guerra (e quer ser sua verdade). Em Locke o antagonismo radical entre humanidade e inumanidade se reflete no próprio âmago da violência. A violência é dupla: violência do agressor (inumana), violência do defensor (que é um direito, e um direito humano). Essa distinção é capital para compreender a teoria da escravidão e da guerra no sentido estrito.

a. Escravidão

A escravidão como realidade é resultado da agressão e da defesa. Aquele que me ataca (seja qual for a forma desse ataque, mesmo que para se apoderar de meus bens) na realidade ataca minha liberdade e minha vida (tendo poder sobre mim, nada me garante que ele não atentará contra minha vida... portanto é ela que está ameaçada). Em contrapartida, lançado pela agressão em relações de violência, tenho o direito de me defender pela violência e de matar aquele que me ataca.

A escravidão, portanto, está baseada na violência (a contra-violência). O homem que posso matar e deixo vivo torna-se meu escravo: o escravo é um morto em *sursis*. Tenho o direito de escravizar um homem porque tenho o direito de matá-lo. O direito de escravidão tem como horizonte o direito de matar. Podendo matar um homem eu adio sua morte. A escravidão é uma morte adiada, uma morte suspensa.

Mas esse direito como direito não intervém em toda relação de violência. Intervém apenas quando seu uso é legítimo, quando o vencedor é vencedor numa guerra justa, ou seja, numa guerra defensiva, numa guerra do direito contra a negação do direito. Donde a seguinte teoria paradoxal da escravidão em Locke, teoria unilateral: escravo é aquele que mereceu a morte, ou seja, aquele que violou a lei natural e, merecendo a morte em troca, é poupado. Para ser escravo com justiça, portanto, ele deve ter merecido a morte, ou seja, ter sido apanhado "numa guerra justa" (p. 116), "numa guerra justa e legítima" (p. 177), por um "vencedor legítimo" (p. 78).

A escravidão "nada mais é que o estado de guerra, persistente entre um vencedor legítimo e seu prisioneiro" (p. 78). E se, por acaso, quem vence é o agressor? Então não se trata de puro direito de escravidão. O vencedor também pode adiar a morte do vencido, mas como ele não tem, do ponto de vista jurídico e moral, o direito de matá-lo (a lei natural lhe nega esse direito), ele não tem o direito de escravidão sobre o outro, inteiramente dependente do direito legítimo de matar (visto que o direito de escravizar nada mais é que a restrição do direito de matar).

A escravidão, portanto, não é um contrato, pois tornar-se escravo por contrato é entregar-se ao poder absoluto de alguém – é, pois, dar a um terceiro todo o poder sobre sua própria vida, o que é contraditório: "o homem não é senhor de sua própria vida e não pode aceitar, seja por contrato ou por sua própria iniciativa, tornar-se escravo de alguém nem dar a outrem o poder arbitrário e absoluto de lhe tirar a vida..." (pp. 77-8).

b. Guerra *stricto sensu*

Mais uma vez, dois casos: guerra injusta e guerra justa. A guerra injusta, como animalidade, é a origem de todas as guerras. "Todos haverão de convir que o agressor que entra em estado de guerra com alguém e atenta injustamente contra os direitos de outrem não deve obter, por essa guerra injusta, nenhum direito sobre o vencido" (p. 179). O resultado dessa violência, mesmo vitoriosa, não confere direito algum. E o estado de guerra continua, devendo os vencidos "recorrer ao céu", ou seja, prosseguir na luta por todos os meios, assim que se apresente ocasião favorável.

Em compensação, numa guerra justa vitoriosa, existe uma fonte de direito: "supondo-se que a vitória favoreça o bom lado, procuremos agora saber o que, em conseqüência de uma guerra justa, um conquistador obtém em termos de poder <subentendido: legítimo>[11] e sobre quem ele o exerce" (p. 181). A resposta parece evidente: um povo foi atacado injustamente por outro povo. O povo atacado tem o direito de usar a violência para destruir os agressores. Portanto, tem direito de morte sobre eles. E, por restrição, direito de adiar a morte que pode infligir-lhes, portanto direito de escravizar o povo agressor.

Mas Locke introduz variações nas conseqüências importantes (exigidas pela teoria da escravidão). "Que tipo de poder um conquistador legítimo adquire sobre aqueles que ele subjugou? A meu ver, é um poder puramente despótico. Ele tem um poder absoluto sobre a vida daqueles que, por terem feito injustamente a guerra, perderam o direito à existência, mas não sobre a vida e sobre os bens daqueles que não tomaram parte da guerra, nem mesmo sobre as posses daqueles que efetivamente participaram dela" (p. 182).

1) Não é o povo agressor inteiro que merece a morte. Somente aqueles que atacaram e fizeram guerra. Não os outros. Idéia de que apenas alguns indivíduos saem da lei natural atacando um povo. "O povo de fato não deu a seus governantes o poder de cometer uma in-

11. Trecho entre colchetes acrescentado à mão por Althusser no texto datilografado.

justiça, como aquela que consiste em fazer uma guerra injusta, pois ele mesmo nunca possuiu tal poder" (p. 182). Idéia profunda de que, em seu conjunto, a humanidade não pode sair de sua essência e traí-la, sair da lei de sua espécie. Idéia de que um povo não pode querer a injustiça, assim como um homem não pode querer sua própria morte. A separação entre humanidade e inumanidade, portanto, passa pelo próprio seio do povo que faz guerra contra outro povo. A guerra, portanto, é coisa de alguns. Nunca é geral (sem o que se tornaria neutra, sem norma interna). São esses poucos indivíduos, postos por si mesmos fora da espécie humana, que merecem a morte, podendo, portanto, ser escravizados (despotismo).

2) Mas mesmo esses indivíduos não podem ser desapossados de seus bens pelo vencedor. Porque seus bens não pertencem apenas a eles, mas às suas mulheres e a seus filhos. Ora, estes últimos são inocentes, e neles pelo menos se refugia a espécie humana inocente. O direito do vencedor legítimo à reparação por danos sofridos pára no limiar do direito das mulheres e das crianças, dos inocentes, da parte humana do povo. Assim, essa lógica encontra aplicação no caso-limite, obviamente encarado como muitíssimo improvável por Locke, de "todos os membros de uma comunidade, fazendo parte do mesmo corpo político, terem participado juntos dessa guerra injusta" (pp. 187-8). Nesse caso, o vencedor legítimo tem direito sobre a vida de todos, mas não sobre a vida das crianças, que são inocentes. "Aconteça o que acontecer aos pais, as crianças são livres e o poder absoluto do conquistador só incide sobre os adversários que ele venceu e desaparece com eles. E, caso os governe como escravos..., não tem nenhum direito desse tipo sobre os filhos deles", não tendo, portanto, nenhum direi-

to sobre os bens dos vencidos (uma vez que por destinação natural estão reservados aos filhos).

Em suma, sempre existe um refúgio para a humanidade na própria generalidade da guerra. A lei natural nunca é expulsa da humanidade (ainda que violada por todos os homens, ela se refugia em seus filhos e, por conseguinte, nos bens dos homens).

c. Despotismo e poder absoluto

Percebe-se, por essa dupla teoria da guerra e da escravidão, que o poder absoluto (despótico) só é legítimo em um caso: no caso de uma vitória que ponha termo a uma guerra justa. E, mesmo nesse caso, tem limites: só pode incidir sobre os culpados (aqueles que desencadearam a guerra injusta), e nunca sobre seus filhos, nunca sobre seus bens. No caso de guerra injusta, ele é absolutamente ilegítimo. Donde a teoria do poder absoluto: o súdito é escravo. Nas monarquias absolutas, o poder absoluto é o protótipo da relação do estado de guerra: "aquele que tenta sujeitar outro a seu poder absoluto entra, por esse fato, em estado de guerra com ele" (em outras palavras, poder absoluto = atentado à vida = escravidão não fundamentada). Donde a idéia de Locke: o poder absoluto de um príncipe, numa monarquia absoluta por exemplo, é não o estado de natureza (pois nesse estado reina a liberdade), mas o estado de guerra, pior que o estado de natureza, pois ele anula os benefícios do estado civil e faz reincidir na bestialidade (tema muito desenvolvido, cf. pp. 119-24, 69-70, 151-3, 154, 172). Assim, mesmo que possa ser dissimulado na forma de despotismo no estado civil, o estado de guerra nunca é legítimo. Portanto, é dever dos homens recusar o despotismo: legitimidade da insurreição.

Logo, percebe-se que, nessas três formas, escravidão, guerra e poder absoluto, o estado de guerra é o contrário absoluto do estado de natureza, o contrário absoluto daquilo que define os homens como homens: a liberdade racional da lei natural. Essa razão ontológica última faz que 1) os homens tenham o direito de defender a humanidade contra seu contrário, pelas próprias armas da violência; 2) a violência nunca seja neutra, mas sempre qualificada de humana (justa), ou de inumana (injusta), sempre separada em si mesma pela essência humana; 3) a guerra nunca seja geral. A generalidade da guerra (todos contra todos) em Hobbes e o círculo da guerra tinham como efeito e condição que um ato de violência podia ser tanto cometido por um malvado quanto por um justo, mas sua origem se perdia na universalidade da violência. Em última instância, todo o mundo é agressor, mesmo que por prevenção. A generalidade da guerra, ou melhor, sua generalização marcava o desaparecimento da guerra como acontecimento, da guerra como estado de guerra (o tempo ruim). A guerra é uma guerra sem começo, uma guerra sem agressor designado, uma guerra na qual nunca se sabe onde está o direito e onde a injustiça. Não há justiça nem injustiça na guerra. A violência é anterior à justiça e à injustiça. Em Locke, é teoricamente impossível que a guerra seja geral, ou seja, que ela englobe a essência humana, a espécie humana inteira. A guerra é sempre a negação da espécie humana no âmago da espécie humana, sua não-humanidade localizada. A possibilidade sempre presente de os homens caírem fora da espécie humana. Possibilidade sempre localizada na própria espécie humana. Isso significa que a espécie humana sempre encontra refúgio contra a guerra. Sua duração é limitada: a duração do estado de guerra em

Locke não é a duração do estado de guerra em Hobbes. Para Locke, o que dura realmente é a reivindicação da lei natural (da restauração da lei natural violada), que persiste até a satisfação; o estado de guerra não tem nenhum motivo para perdurar. A duração é a duração da revolta da força com o direito[12].

5. Teoria da propriedade

No estado de natureza apenas liberdade moral e jurídica dos homens. Mas também seus *bens*. A propriedade existe antes da instituição de uma sociedade. Fundamenta-se na *natureza humana*, e não no pacto social. Dedução da propriedade a partir da natureza humana.

Essa dedução perceptível na definição da propriedade em geral dada por Locke; em se tratando de um indivíduo, por propriedade é preciso entender sua *vida*, sua *liberdade* e seus *bens*. Essa ampliação do conceito de propriedade tem o objetivo de fundamentar a propriedade dos bens como o fenômeno da propriedade de um homem sobre si mesmo.

Problema por resolver: o da apropriação. Deus deu a terra "a todos em comum". "Partindo daí, parece muito difícil a alguns explicar como se pode chegar à propriedade desta e daquela coisa." Mesmo problema: "como os homens puderam chegar a apropriar-se por parcelas distintas daquilo que Deus dera a todos em comum, isso sem acordo expresso dos co-proprietários?" (p. 80).

12. As notas datilografadas contêm aqui o esboço de um capítulo intitulado "O pré-político. O infrapolítico". Essas doze linhas estão riscadas no texto datilografado e não têm nenhum correspondente nos apontamentos de classe.

A natureza, seus frutos, fundo comum. De onde vem a apropriação? "Cada homem tem um direito de propriedade sobre sua própria pessoa; e sobre ela nenhuma outra tem direito. Por conseguinte, seu trabalho pessoal e a obra de suas mãos lhe pertencem." "Ora, cada vez que retira uma coisa qualquer do estado em que a natureza a pôs e deixou, ele está misturando seu trabalho a essa coisa, acrescenta-lhe, portanto, um elemento pessoal: por isso, adquire sua propriedade."

Propriedade baseada na ampliação da propriedade do indivíduo sobre si mesmo, sua atividade, seu trabalho.

Espécie de troca: pelo trabalho que é incorporado às coisas, o indivíduo lhes incorpora sua própria substância e, por esse fato, tem o direito de incorporá-las a si (elas são a extensão de seu próprio corpo. Espécie de corpo próprio estendido aos objetos de que ele se apropria). Dois momentos da apropriação.

1) A coleta faz passar os frutos (de todos nas árvores) para a propriedade daquele que os colheu. Ela os tira do estado de comunidade para fazê-los passar ao estado de propriedade privada. Isso é feito sem o consentimento dos homens: "se fosse necessário um tal assentimento, o homem morreria de fome, apesar da abundância dos bens concedidos por Deus" (p. 81). Diz Locke que há mesmo reminiscências daquele momento (o peixe pertence àquele que o pescou)[13].

2) Agricultura. A propriedade se estende à terra lavrada: o espaço cultivado é o limite que o homem lavra, e esse limite se torna um recinto (época dos cercamentos). Em nenhum momento há relação interindividual, mas extensão do corpo individual. Os limites dessa apropriação

13. O texto datilografado de Althusser pára aqui. A seqüência da aula foi estabelecida a partir apenas dos apontamentos de classe.

são definidos pelas necessidades e pela possibilidade de conservação dos bens. Não se apoderar de uma quantidade de bens maior do que aquela que se pode consumir é uma exigência da lei natural. Não há relação entre os indivíduos, pois há sempre espaço (cf. floresta de Rousseau). "O mundo é uma América" (p. 93), espaço inesgotável.

As relações humanas são mediadas pela natureza dos bens sobre os quais os homens trabalham. Os conflitos ocorrerão em conseqüência de uma invenção, a moeda, mas Locke não se interroga sobre ela. Para ele, a moeda é convencional, sobretudo é um bem que não se estraga (≠ produtos naturais). Com a moeda é introduzido o fenômeno da acumulação pensada como entesouramento. Com a moeda, as propriedades se estenderão e ultrapassarão os limites naturais fixados pela lei natural ao campo a que pertence o próprio corpo: as terras serão possuídas por aqueles que não as lavram. A desigualdade da divisão dos bens se baseia na moeda. Esse meio natural, legítimo, que é a moeda, está na origem de uma desigualdade ilegítima.

Tudo isso é anterior ao pacto: as categorias da ordem civil são desenhadas como que em pontilhado. A lei natural é deduzida como fundamental.

B. Contrato social e sociedade civil e política

A gênese das categorias contrapõe relações humanas, sociais, econômicas e jurídicas: o infrapolítico é pensado como autônomo e como essência do político. Locke descobre então que o estado de natureza apresenta inconvenientes que vão induzir a sociedade civil (p. 145). Esses inconvenientes, deficiências, do estado de natureza são o risco da ressurreição da bestialidade:

– O estado de natureza carece de uma lei estabelecida e reconhecida. A lei natural deve tornar-se escrita, objetiva.
– O estado de natureza carece de um juiz reconhecido e imparcial para impor respeito à lei, um único juiz. Também neste caso, juiz objetivo representante do juiz que habita cada um dos juízes.
– O estado de natureza carece de um poder capaz de executar as sentenças do juiz.

Não há mutação entre o estado de natureza e o estado civil: a sociedade será o fenômeno da lei de natureza.

1. Contrato

Ver pp. 119, 125-6. Consiste num consentimento mútuo e numa cláusula majoritária: Locke inclui no contrato o reconhecimento de que as decisões são tomadas por maioria (a maioria é equiparada a uma força física que arrasta o corpo político formado sob sua direção).

O contrato consolida uma comunidade. O objeto desse contrato tem como efeito transferir para a comunidade os dois poderes que pertencem ao indivíduo, o legislativo e o executivo. Nada de novo surge.

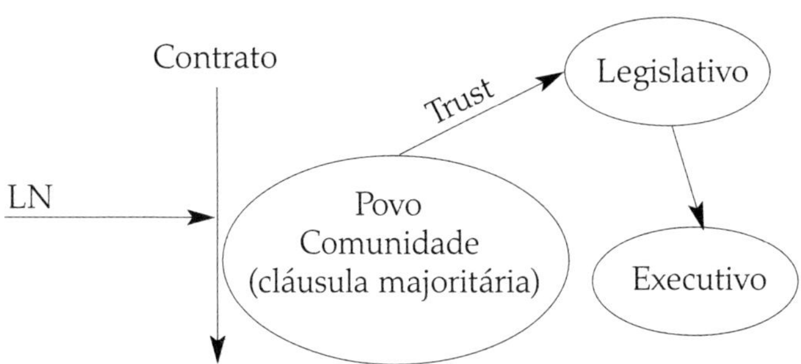

O Legislativo é a capacidade de julgar todo delito em função da lei natural. A sociedade civil é expressão fenomenal de uma realidade existente anteriormente.

A sociedade também precisa adotar o meio material desses poderes. Donde a teoria dos poderes.

2. Poderes

O primeiro ato pelo qual o contrato se manifesta é a constituição de uma comunidade, que é a existência imediata da lei natural. Essa existência imediata da lei natural é o poder supremo do qual todo o resto nada mais é que fenômeno. Aí está em embrião a tese da soberania do povo em Rousseau (p. 203).

Essa comunidade, em que a lei natural se expressa na forma da vontade geral (majoritária), tem como meio o poder legislativo. Este é engendrado por um voto majoritário da comunidade que pode confiá-lo a todos, a um pequeno número de pessoas ou a uma única pessoa. Se houver monarquia, o rei será reconhecido como sede do Legislativo por uma comunidade que lhe dá mandato. O Trust é o mandato expresso. Já não há contrato de submissão, mas de simples associação. O Trust é uma delegação de poder de mão única, e a comunidade confere o poder que constitui sua essência, o poder de enunciar e de pôr em prática a lei natural. A lei natural passa ao poder legislativo na forma de leis positivas. O povo, portanto, possui o poder de revogar o Trust.

O poder executivo é o auxiliar, o executante do poder legislativo ao qual está submetido: o governo executa. Locke considera o caso da monarquia em que o rei reúne em si os dois poderes, mas esclarece que o rei é o executante das ordens que dá a si mesmo como mandatário da comunidade. Tem-se, pois, uma dedução sem possibilidade de retorno. Tudo ocorre no nível do Legislativo. Este não tem poder absoluto, não pode ultrapassar a lei natural, deve respeitar a vida, a propriedade dos indivíduos. O Legislativo não pode emitir decretos arbitrários, mas sim leis estabelecidas e promulgadas por um Executivo reconhecido, ou seja, nomeado pelo Legislativo. Do mesmo modo, o Legislativo não pode delegar a ninguém o poder de fazer leis.

3. Conseqüências

Locke extrai daí conseqüências sobre o problema da dissolução do governo, ponto crucial do sistema: o Legislativo não deve considerar-se igual à comunidade, nem o Executivo ao Legislativo.

Ruptura do elo povo-Legislativo se este último não respeitar a lei natural, se se transformar em Executivo, se não for condizente com sua essência.

Ruptura do elo Legislativo-Executivo caso este lese o Legislativo. O caso mais grave é aquele em que o Executivo concentra em si o Legislativo e desvia este último de sua essência, ditando leis contrárias à lei natural.

Locke considera réplicas a tais perversões: o povo tem o direito de revogar o Legislativo e nomear outro; do mesmo modo, o povo tem o direito de sublevar-se contra o Executivo, é o direito de insurreição.

Rousseau tirará uma lição da importância revolucionária dessa teoria, ao ver no soberano o ministro do poder legislativo. Rousseau radicalizará a lógica de Locke.

IV. ROUSSEAU E A PROBLEMÁTICA DO *DISCURSO SOBRE A ORIGEM DA DESIGUALDADE*[1]

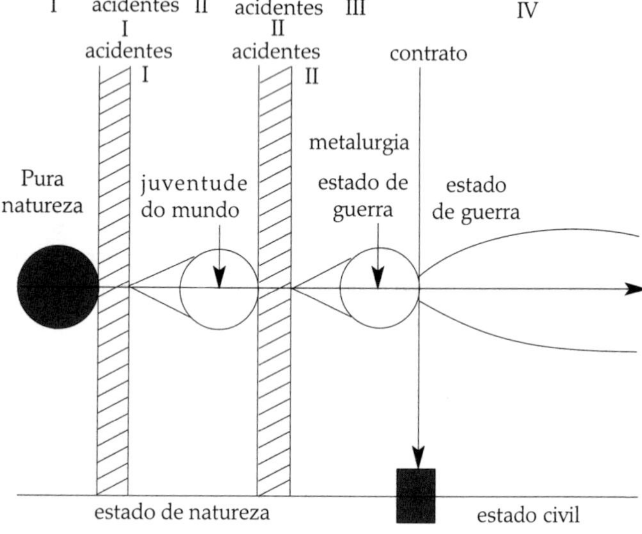

1. Na falta de texto datilografado ou manuscrito de Althusser, este capítulo foi editado a partir dos apontamentos de classe.

Ver também *Confissões*
- Livro VIII ("o homem do homem", "o homem natural");
- Livro IX ("Tudo o que há de ousado no *Contrato social* estava antes no *Discurso*")

A. A posição de Rousseau na ideologia do Iluminismo

Rousseau pode ser considerado um ideólogo do Iluminismo e também um filósofo em oposição à ideologia do Iluminismo em seu próprio âmago. Isso também vale para o Direito interno. É um oponente de dentro. Em toda a problemática dentro da qual ele pensa, sua posição lhe dá grande unidade crítica, mas o obriga a desenvolver sua crítica no próprio seio da ideologia: ele fica preso na contradição que denuncia.

No *Discurso,* Rousseau desposa a mesma problemática que os filósofos do Direito natural e utiliza os mesmos conceitos.

- Mesma problemática: remontar à origem da sociedade para descobrir seu fundamento.
- Mesmos conceitos: estado de natureza, contrato, estado civil.

Em suma, Rousseau parece esboçar uma análise de essência (Prefácio). Mas as aparências enganam: existe uma diferença muito profunda.

A grande diferença decorre do fato de que a gênese comporta duas descontinuidades radicais: a primeira descontinuidade separa o estado de pura natureza do estado de juventude do mundo; a segunda separa esse estado de juventude do mundo do estado de contrato.

– Os primeiros acidentes são catástrofes naturais, inclinação da eclíptica, fenômenos das estações.

– O segundo acidente é a descoberta da metalurgia, descoberta acidental.

A estrutura da gênese é transformada: em vez de apresentar uma redistribuição formal (como em Hobbes e Locke) já dada na origem, em vez de uma única essência dada, em Rousseau as descontinuidades são saltos: o resultado é radicalmente diferente da origem, no fim, a essência não é a mesma do início, e isso em vários momentos. Significa que a natureza do início já não existe no fim, de acordo com um processo de desnaturação (t. I, p. 296, edição Vaughan[2] "em toda parte a natureza desapareceu, em toda parte a natureza tomou seu lugar"). Essa desnaturação, perda da natureza, também será o modelo do contrato social, que por sua vez será a desnaturação da desnaturação (*Emílio,* Livro I: as boas instituições são as que "sabem melhor desnaturar o homem"[3], mudar a natureza humana). Donde uma inversão do esquema em seu sentido – e dos conceitos.

B. Estado de pura natureza e suas conseqüências

Tudo, aliás, decorre do significado do termo inicial, a *"pura natureza"*. Para Rousseau, nenhum filósofo conseguiu remontar à "raiz" do estado de natureza. Aí está um conceito admitido como novo, mal tematizado.

---

2. *The Political Writings of Jean-Jacques Rousseau*, Cambridge UP, 1915. Cf. também Rousseau, *Oeuvres complètes*, Éditions du Seuil, "L'intégrale", t. II, p. 82.

3. Rousseau, *Émile*, I, *in Oeuvres complètes*, Gallimard. "Bibliothèque de la Pléiade", t. IV, p. 249.

Rousseau descreve esse estado de pura natureza como estado de solidão radical, o que faz esse estado fechar-se em si mesmo: é um estado que se repete ciclicamente, não tem história, não é portador de um desenvolvimento.

Donde conseqüências que subvertem toda a problemática.

a) A lei natural se torna problemática (cf. Hobbes), não reina no estado de natureza. O problema será saber como ela se constitui. A solução também será nova: baseia-se num princípio de reflexão, reflexão de uma classe social (≠ Hobbes).

b) O estado de guerra torna-se problemático por não existir na origem, mas sim no fim do estado de natureza e como verdadeiro estado de guerra: o estado de guerra é produto.

c) A gênese inteira muda de aspecto: ela tem aí o sentido de uma gênese real (≠ Durkheim[4]), de uma história real do desenvolvimento da sociedade humana. Um índice disso é o papel do tempo criador. É uma gênese constituinte (que substitui a gênese bíblica). Ver também *Ensaio sobre a origem das línguas.*

Mais precisamente, tem-se um pensamento político que se define em sua distinção com o pensamento existente e que pensa o erro dos outros: Rousseau dá o *conceito de seu conceito e o conceito do não-conceito, ou seja, a teoria do erro de seus predecessores,* em termos que fundamentam a possibilidade de sua própria solução. O princípio do erro dos outros filósofos está em que eles acreditaram pensar o homem no estado de natureza, mas

4. Durkheim, "Le *Contrat social* de Rousseau, histoire du Livre", *Revue de métaphisique et de morale,* janeiro-fevereiro de 1918.

sua descrição não corresponde àquilo que eles queriam. Eles projetaram no estado de natureza estados ulteriores, por projeção retrospectiva.

– Locke projetou o estado civil no estado de natureza.
– Hobbes projetou o estado de guerra no estado de natureza.
– Pufendorf pensou o estado de natureza como estado de miséria, enquanto esta só é pensável no estado de sociedade.

Em suma, toda a ideologia do Iluminismo pensou que a essência interior da história é o desenvolvimento da razão, ou seja, que os homens foram filósofos antes de serem homens. Se toda a história não passasse de desenvolvimento da razão, produto último, não seria concebível que houvesse um desenvolvimento. A razão aparece como produzida. Donde a crítica da filosofia: os filósofos sempre comentaram o presente, ou seja, em definitivo o *justificaram.* Não passam de lacaios do poder existente, da sociedade presente.

Esse círculo se fundamenta no círculo objetivo, o círculo da alienação: está-se diante não só de aberrações lógicas, mas também de uma contradição objetiva que é a contradição da essência da sociedade contemporânea, desnaturação do homem natural. A perda do estado de natureza constitui a essência da sociedade humana. A natureza é encoberta pela não-natureza, pelo artifício. E visto que a origem está ocultada, os teóricos estão alienados e pensam uma essência na máscara. Rousseau chega a dizer que as ciências do homem estão presas no círculo: os livros de ciência só ensinam a ver o homem tal como ele se fez, ou seja, se desfez. Toda ciência do homem é esquecimento de suas origens e perdeu o "puro movimento da natureza, anterior a qualquer reflexão", ou seja, o que foi perdido na própria reflexão. A reflexão só pode produzir aquilo de que ela é o recomeço. É o círculo fundamental da alienação que é refletido teoricamente no círculo teórico dos filósofos.

O próprio Rousseau está preso nesse círculo: ele afirma a necessidade de ir ao estado de natureza e a impossibilidade de atingi-lo por pura reflexão. Sua solução é desconcertante: é o recurso ao coração, contato direto com a origem que, em seu princípio, não passa pela reflexão, origem encoberta que se torna presente no homem, expressando o aquém da sociedade. Ver Carta a Vernes, 18 de fevereiro de 1758: "Consultei a natureza, ou seja, o sentimento interior." Esse sentimento interior é o sentimento da própria natureza. Só se poderá fiar no sentimento interior se aquilo que falar no sentimento interior for realmente a natureza. É esse recurso que possibilita a parte positiva. Mas, atenção, o coração não está em todo lugar, ele permite uma nova utilização das observações científicas por recorrer à verdadeira origem, à pura natureza. O *Discurso* é uma obra da razão, presa ao coração, ou seja, à possibilidade do contato direto com a natureza. O próprio Rousseau apresenta seu discurso como uma história conjectural e racional.

Para resolver essa contradição entre a necessidade de recorrer ao coração para atingir a origem, apresentando o inobservável como fundamento, e toda a argumentação racional de Rousseau, deve-se ver que "o coração" se prende, no trajeto da gênese, a determinações, como por exemplo a piedade. Na teoria, tem-se o aparecimento de um conceito cuja função é desempenhar no raciocínio a função de interruptor. Esse estado de pura natureza é o representante do coração, como inobservável radical e como necessariamente pensável. É inobservável porque já não existe, ao passo que se podem observar resquícios das outras fases. Essa inobservabilidade do estado de pura natureza é fundamental: tudo ocorre no caraíba: o homem menos civilizado que se pode observar, mas que não pertence ao estado de pura natureza.

A seguir, têm-se seqüências de fatos observáveis, separados por lacunas que as conjecturas de Rousseau tendem a preencher. A história conjectural da espécie humana versa sobre toda a história desde a segunda etapa e exclui a primeira etapa que representa, estrutural e formalmente, o lugar de intervenção do coração e seu objeto.

C. "Raciocínio conjectural" e círculos

Rousseau considera a possibilidade de realizar experiências com crianças selvagens (como a de Maupertuis), para determinar o que pode nascer de condições específicas de educação e meio. O método de Rousseau consiste no exame, na observação dos fatos ou na reconstituição dos fatos que faltam entre séries detectadas. Rousseau defende-se de apresentar suas deduções como verdades históricas extraídas da tradição religiosa e explica que se limita a elaborar hipóteses conjecturais "extraídas apenas da natureza do homem". No *Ensaio sobre a origem das línguas*, Rousseau extrai do *Gênese* bíblico o estado de pura natureza como recaída depois da criação do homem por Deus. Para manter esse esquema explicativo perante a narrativa bíblica, Rousseau tenta mostrar que os homens, criados por Deus, já possuidores da linguagem e da agricultura, recaem no estado de pura natureza.

Do mesmo modo, quando Rousseau fala de "examinar os fatos pelo direito", pode-se entender que, diferentemente de Montesquieu, que analisa totalidades históricas empíricas em seus elementos estruturais ("examinar o fato pelo fato"), Rousseau se interroga sobre o lugar da legitimidade, sobre o lugar abstrato da legitimidade.

Encontra-se em Rousseau a manifestação do círculo com outra forma, mas positiva (ver esquema). Há correlação entre o círculo e o surgimento.

Além dos círculos do esquema, temos:

- círculo da língua;
- círculo da razão;
- círculo de invenções.

Rousseau constata a impossibilidade de atribuir origem a um fenômeno novo: correlação entre círculo e origem. O círculo da língua – uma língua é um conjunto de signos que os homens instituíram por convenção, mas ela precisava preexistir para que os homens pudessem instituí-la: os efeitos devem preceder a causa para que a causa nasça. O mesmo ocorre com a razão. O mesmo com a invenção: Rousseau procura saber se o homem pôde ter inventado alguma coisa no estado de pura natureza, e mostra a sua impossibilidade em razão da instabilidade de suas necessidades. Estamos sempre diante da apresentação de um problema, da constatação da impossibilidade de apresentá-lo, pois é preciso enunciar que as condições de aparecimento dos fenômenos apenas produzidos por ele deveriam ser-lhe antecedentes para que ele se produza. O estado de pura natureza (I), o estado de juventude do mundo (II), o estado de guerra são estados que não têm em si nenhum princípio de solução de sua contradição, fadada à perpetuidade: foram necessários acidentes para fazer passar de um estado ao outro. São círculos. Rousseau resolve essas contradições com três tipos de solução:

- solução por acidente exterior;
- solução pela infinidade do tempo;
- solução por iniciativa constituinte.

1. Solução por acidente exterior

Trata-se de A1 e A2. São acidentes naturais ou acidentes humanos.

– *Acidentes naturais* (A1). O que deve ser resolvido é o círculo da pura natureza. Intervirão acontecimentos contingentes, de pura exterioridade: a natureza muda de ritmo, de substância. Rousseau fala de mudança das estações: a natureza torna-se ingrata. Tem-se aí um fato ao qual Rousseau dá várias interpretações. No *Ensaio sobre a origem das línguas,* Rousseau dá três razões:

– Inclinação do eixo do globo terrestre sobre a eclíptica.

– Revolução das estações.

– Dilúvios, terremotos, incêndios.

Tudo isso leva os homens a "aproximar-se" sob o peso de uma coerção exterior (o problema da ilha como espaço fechado).

– *Acidentes humanos* (A2: metalurgia). É um acidente que subverte a existência humana, como limite entre natureza e humanidade. Desencadeia a fase III.

2. Solução pelo infinito do tempo

É apresentada para os problemas mais insolúveis: origem da língua, da razão, dos elementos de sociabilidade na fase II. Apresentam-se dois conceitos:

– o conceito negativo de perfectibilidade humana, conceito vazio;

– o conceito de manutenção das condições: infinidade do tempo (cf. "lenta sucessão das coisas..., solução de uma infinidade de problemas", "poder surpreendente das causas leves quando agem sem trégua"). A infinidade do tempo está encarregada de resolver os círculos da língua, da razão, do aparecimento dos esboços de estruturas sociais. É um conceito fundamental da problemática do século XVIII (cf. Kant).

3. Solução por uma iniciativa humana constituinte: o contrato

A dificuldade do contrato não tem a mesma natureza das outras. O estado de guerra (III) continua no estado civil (IV), mas encarregada de liquidar a guerra. A ameaça é constante.

D. Conseqüências

Do exame desses círculos e de suas soluções decorrem conseqüências teóricas notáveis sobre a estrutura global da gênese.

a) *É uma gênese constituinte, produtiva.* Em cada etapa ocorre algo de novo, que afeta o conjunto, pois se passa do estado de nada social ao estado de sociedade.

b) *É uma gênese dialética,* pois a constituição é descontínua, ocorrendo por saltos, provocando o aparecimento das diferenças radicais. A estrutura dos saltos é diferente para cada um. Cada salto é específico para cada etapa.

c) *É uma gênese das diferenças.* Constata-se, comparando-se a origem desses saltos com seu resultado:

– que para Rousseau toda gênese é a transformação de uma contingência em necessidade: o algo que advém como contingente produz uma necessidade nova irreversível. Toda necessidade, inversamente, tem como origem uma contingência (nas fases II e III, parcialmente na IV). A necessidade é assim afetada por certa precariedade.

– que cada ordem de necessidade é específica, diferente das outras ordens (I, II, III, IV são específicas). Uma lei específica governa cada uma das fases, e é a lei de sua estrutura;

– que essa dialética é irreversível. Só existe um retorno possível, de IV a III. De qualquer modo, não se fala em voltar ao estado de pura natureza nem na fase II, contudo a mais feliz. Caso se queira ir a algum lugar, só se pode ir adiante: o *Contrato social* será a continuação natural do *Discurso*. A lógica latente de Rousseau é progressiva;

d) *A gênese, para nós que estamos no estado IV, refletindo-se no resultado, aparece como a gênese da necessidade à qual estamos submetidos. Toda obra de Rousseau parte dessa necessidade.*

A passagem III-IV é específica, porque o corte tem uma estrutura específica. Como estamos em IV, é importante tematizar a necessidade que nos regra. Estamos diante de um corte efetuado por uma decisão humana acordada. É o tipo de constituição da sociedade por meio do contrato: não suprime a necessidade anterior, mas repousa nela como sobre seu alicerce. Produção de uma transcendência sobre o fundo de imanência de uma necessidade anterior. Tem-se uma relação entre a contingência e a necessidade no âmago da necessidade. Rousseau aí coincide com Hobbes e Locke, mas logo se distingue deles: Rousseau, em oposição a Locke, acredita que sempre se pode recair no estado de guerra; Rousseau, tal como Hobbes, põe em jogo o tema da reflexão sobre o estado de guerra, mas a reflexão já não é a reflexão de todos os homens (o que é contraditório), e sim a reflexão dos ricos, que têm interesse em produzir essa reflexão, pois os ricos são os mais expostos.

e) *Essa gênese põe à mostra como momento essencial a cada uma das fases dois elementos determinantes: as relações dos homens entre si, as relações dos homens com a natureza.* As relações dos homens entre si são governadas pelas relações dos homens com a natureza, inclusive no estado de pura natureza, que é um estado de não-relações humanas: as relações dos homens entre si baseiam-se nas relações dos homens com a natureza.

E. O ponto de partida: estado de pura natureza

Caracteriza-se pelo fato de Rousseau remontar ao estado nulo da sociedade, ao ponto em que a origem = 0. Ele pensa a origem dos homens no nada social radical. O estado de pura natureza é a figura concreta desse estado nulo, objetivo teórico.

1. Animalidade e não-animalidade do homem

O homem é ao mesmo tempo animal e não animal. Rousseau descreve um homem que é animal por ter necessidades físicas puras, ou seja, imediatas (não há mediação da razão nem da imaginação). *Estamos diante apenas do instinto.* Essas necessidades correspondem às relações de imediatidade que o homem mantém com seu corpo (capaz de tornar-se um instrumento). A imediatidade visa à satisfação das necessidades. O sono segue-se à necessidade saciada. *Caso particular do sono*: a morte, o homem não se apercebe dela. Ele é animal por não possuir linguagem, razão, moral. Também é animal por sentir piedade (os animais têm piedade).

Ele é não animal por ser inferior aos animais (no estado de pura natureza, o homem não fala e não tem nenhum órgão para a linguagem, ao passo que existe instinto da linguagem no animal). Não animal por ser superior aos animais: *não tem determinação de seu instinto*; o instinto do homem é não o ter determinado nem específico. Esse nada instintual é posto em correlação com a perfectibilidade que faz do homem um supra-animal. Mas no estado de pura natureza essa perfectibilidade não serve para nada. Por fim, o homem é dotado de liberdade, ou seja, de não-mecanicismo: a liberdade também aqui para nada serve no estado I. Só atua a indeterminação do instinto que garante grande mobilidade espacial do homem em seu meio.

Para que servem então piedade, perfectibilidade, liberdade? Elas existem porque lhes servirão mais tarde: a liberdade fará do homem o cidadão do contrato, a perfectibilidade possibilitará progressos técnicos, a piedade possibilitará reencontrar a lei natural, que ainda está para ser engendrada nesse nível. Esses três elementos representam o coração, ou seja, as características transcendentes à animalidade e que serão recuperadas gradualmente.

2. Solidão humana do homem

O homem não precisa do homem. Isso supõe a teoria das necessidades: as necessidades físicas se distinguem das necessidades sociais e morais que implicam relações humanas. Em vez de reunir os homens, as necessidades físicas os dispersam. A sociedade não se baseia nas necessidades físicas. Apresenta-se então o problema da necessidade sexual: não existe relação necessidade social/necessidade sexual. No estado de pura natureza, a necessidade sexual é puramente física; instantânea, é saciada, e não pode haver um segundo encontro, em razão da estrutura do espaço. O homem não tem razão nenhuma para se ligar à mulher depois do coito. Mas então a mãe e o filho? A fêmea humana carrega o filho consigo: existe aí uma continuidade nas relações mãe/filho. Rousseau se pergunta se a criança não começa a tagarelar. Surge a ameaça de assumir a ideologia utilitarista segundo a qual as necessidades físicas estão na origem da sociedade e da linguagem. Rousseau se safa dizendo que, embora o bebê fale, sua linguagem desaparecerá assim que a criança puder separar-se da mãe. A necessidade sexual está, pois, reduzida à instantaneidade do encontro.

É na forma de encontro acidental que o homem encontra o homem, encontro instantâneo também e sem memória: imediatidade do ser que se abate no nada (cf. Hegel). O homem não tem nenhuma necessidade do outro homem. Tudo isso configura as exigências teóricas de Rousseau que se resumem na recusa da sociabilidade natural.

3. Condição de possibilidade concreta da solidão absoluta do homem

É a teoria da floresta: o mundo é uma vasta floresta. A realidade natural da floresta atende às condições teóricas exigidas.

– *A floresta é um espaço pleno.* É a *Handgreiflichkeit*: oferece ao homem os objetos de que ele precisa – alimento, abrigo, refúgio. Tem-se aí o complemento do instinto indeterminado do homem: o homem pode utilizar tudo o que está em torno dele. A floresta aparece como floresta-mãe superabundante, nessa relação imediata. Não há variação: a natureza é idêntica à lei. A categoria da imediatez domina.

– *A floresta é um espaço vazio.* Ela é o infinito do vazio. Isso atende à condição do nada social: para que os homens não sejam obrigados a encontrar-se, é preciso que a floresta seja um espaço infinito. Condição de possibilidade da não-relação humana do encontro. É um espaço sem lugar, espaço cartesiano.

4. Recusa da sociabilidade natural

Essa recusa é radical.

– Em Aristóteles, o homem é *zôon politikón.* A sociabilidade é alienação natural, dada com a linguagem, como "elo das sociedades", e isso devido à utilidade. A sociabilidade é inclinação natural para a sociedade como lugar do útil e da virtude. As necessidades são de dois tipos: materiais e morais, e a sociedade satisfaz a ambas.

– *Todos os filósofos políticos* retomarão essa teoria. Tem-se de início a corrente utilitarista materialista – Diderot, fisiocratas, Bentham. Nesse caso, os homens são considerados como seres que precisam da sociedade para satisfazer essas necessidades (verbete "Sociedade" da *Enciclopédia*). Precisar da sociedade é precisar de meios para satisfazer as necessidades.

– *Em seguida, tem-se a corrente que insiste no aspecto ético*: a sociedade satisfaz as necessidades de sociabilidade, ou seja, de virtude, benevolência. Pufendorf está desse lado.

Rousseau rejeita a sociabilidade como meio utilitário de satisfazer às necessidades éticas e como tendência ética. Essas duas críticas se articulam em dois momentos:

– teoria das necessidades físicas;
– teoria da piedade.

5. Dupla teoria: necessidade física e piedade

a) *Necessidades físicas*

Ao invés de aproximar os homens, estas os afastam. Rousseau rejeita ao mesmo tempo a possibilidade socializante das necessidades e o conceito de sociedade-meio de satisfazer as necessidades. Essa afirmação cria um problema que parece contradizer a tese do *Ensaio sobre a origem das línguas,* condizente com a teoria aristotélica. Para Rousseau, o que os obriga a aproximar-se é a configuração da natureza (por exemplo, uma nascente de água).

Um fragmento inédito (Vaughan, t. 1, *Discours politique,* p. 351)[5] é fundamental: Rousseau distingue três tipos de necessidades:

---

5. *The Political Works of Jean-Jacques Rousseau, op. cit.* "Nossas necessidades são de várias espécies; as primeiras são as referentes à subsistência, das quais depende nossa conservação. São de tal tipo que todo homem pereceria se deixasse de satisfazê-las: essas se chamam necessidades físicas, porque nos são dadas pela natureza e nada pode livrar-nos delas. Só existem duas dessa espécie: a alimentação e o sono. Outras necessidades tendem menos à nossa conservação e mais ao nosso bem-estar, não passando propriamente de apetites, mas às vezes tão violentos, que atormentam mais do que as verdadeiras necessidades; contudo, nunca há absoluta precisão de saciá-las, e todos sabem muito bem que viver não é viver no bem-estar. As necessidades dessa segunda classe têm como objeto o excesso de sensualidade, a indolência, a

– Necessidades físicas, relativas à nossa conservação. São a alimentação e o sono.
– Apetites que tendem ao nosso bem-estar ou necessidades supérfluas: desejo e vida sexual, sexualidade. Tem-se aí um embrião de sociedade.
– Necessidades que provêm da opinião e que se desenvolvem ao infinito na sociedade. Necessidades artificiais.

As duas últimas categorias só se desenvolvem depois da satisfação das primeiras.

Deve-se notar que Rousseau nunca demonstra a virtude separadora das necessidades físicas: elas afastam porque não aproximam – o status da necessidade física é puramente negativo. É a constatação da ausência de necessidade do homem na necessidade física que dispersa os homens. A causa positiva da dispersão dos homens é a abundância da natureza: a natureza dispensa os homens de ter necessidade dos homens. A não-relação dos homens com os homens passa por certo tipo de relação com a natureza. Mas por que dedicar tanta paixão à recusa do utilitarismo do século XVIII que no caso não comporta nenhuma tese ética relativa à lei moral? Por duas razões:

---

união dos sexos e tudo o que agrada os nossos sentidos. Uma terceira ordem de necessidades, apesar de nascidas depois das outras, não deixam de primar sobre todas; são as que provêm da opinião. Tais são: honrarias, reputação, posição social, nobreza e tudo o que só tem existência na estima dos homens, mas, por meio dessa estima, leva aos bens reais que não seriam obtidos sem ela. Todas essas diversas necessidades estão interligadas; mas as primeiras e as segundas só se fazem sentir quando as primeiras estão satisfeitas. Quando só se está ocupado a procurar a subsistência, pouco se pensa na indolência e ainda menos na vaidade: o amor à glória atormenta poucas pessoas famintas." Esse fragmento também se encontra em Rousseau, *Oeuvres complètes*, "Pléiade", t. III, pp. 529-30.

– Uma razão de princípio: a tese utilitarista supõe a sociedade constituída para tornar-se meio de satisfação das necessidades. Isso precisa ser explicado.

– Uma razão prática: essa tese constitui um contra-senso total sobre a sociedade, pois é otimista e utópica. É a tese da harmonia preestabelecida dos fins e dos meios. Rousseau acredita que a sociedade não pode satisfazer às necessidades reais do homem. Aqui aflora a posição crítica própria de Rousseau.

Rousseau concebe uma idéia original das relações entre o homem a suas necessidades em relação às teses do século XVIII. Assim, enquanto Hobbes exprime a tese da infinitude das necessidades, visto que para ele o homem nasceu para a *infinitude,* Rousseau acredita que o homem se caracteriza por sua *perfectibilidade.* Não é a mesma coisa. A infinitude de Hobbes é o caráter infinito do desejo, presente no direito de todos sobre todas as coisas (Pascal é o duplo negativo de Hobbes). Para Rousseau, o homem perfectível não tem um móbil interior de perfectibilidade: a perfectibilidade é uma simples possibilidade que não possui em si o seu móbil. É de fora que parte a trajetória do infinito ruim: o homem é feito por princípio para permanecer em repouso (estado de pura natureza e sono). Esse repouso tem como essência a identidade entre necessidades e forças: enquanto o desejo permanecer no limite das forças, tudo corre bem; se ultrapassar esses limites, será a catástrofe. Donde uma cisão entre desejos e forças que, uma vez ocorrida, abala a trajetória infinita das necessidades.

No estado de natureza Rousseau acaso não terá suspendido acima da representação da infinitude o modelo de uma finitude afetiva, de uma adequação do homem a si mesmo, que ele procurará retomar no *Contrato social*? Fica a pergunta. Essa idéia é desenvolvida no *Emílio*: o que constitui a felicidade de todos os seres é a adequação de suas necessidades a suas forças. Toda variação de um dos dois termos destrói o equilíbrio. "Criar igualdade perfeita entre poder e vontade"[6], tal como o estado de natureza realiza. A imaginação será uma das principais fontes de desequilíbrio. O que é a força para Rousseau? Força é o excesso das faculdades sobre as necessidades. A inadequação, aliás, é circular e indefinida. O homem não é uma corrida para o desejo infinito, tal como em Hobbes, ele é essa corrida por acidente, a contragosto. A sociedade, produzida por acontecimentos exteriores, torna-se o verdadeiro infinito. O objetivo de Rousseau é organizar esse infinito, esse falso infinito da sociedade. A análise de Rousseau é crítica, dirigida à finitude atual e [à] adequação desejo-força que devem ser realizadas pelo contrato social e pela educação.

b) *Teoria da piedade*

O tema da piedade dá corpo à problematização da lei natural. Como explicar a gênese dessa lei? Para Rousseau, no estado de natureza, a piedade figura no estado de natureza como uma pedra de espera a partir da qual a lei natural poderá desenvolver-se, por ocasião do contrato social. No estado natural, o que vincula os homens à moral é a piedade. A piedade será abafada aos poucos pela lei natural, efeito do desenvolvimento da razão, que atinge um objetivo idêntico ao da piedade, mas que esta não atinge. O desenvolvimento da lei natural é correlativo ao abafamento da piedade.

Essa piedade, presente no estado de pura natureza, está essencialmente ligada à autoconservação. O amor-

6. *Émile*, II, *op. cit.*, p. 304.

próprio, ou vaidade, nasce das lutas pelo prestígio e se desenvolve progressivamente com o impulso da sociedade. Contradiz o amor a si mesmo[7]. A piedade é caracterizada como "sentimento natural" ou "única virtude natural". Como pode haver virtude no estado de pura natureza, aquém desse mundo? A piedade é "o puro movimento da natureza anterior à reflexão". Essa qualidade é comum a homens e animais. No estado de natureza, ela possui as funções da lei natural da qual é substituta. "Dela decorrem todas as virtudes sociais": ela é o fundamento das virtudes que a razão descobrirá. Seu desenvolvimento é antagônico à razão que a abafa, mas ela não desaparecerá totalmente: a virtude ressurge às vezes, por exemplo, numa "grande Alma cosmopolita".

No *Emílio*, essa teoria é central. A verdadeira iniciação à moralidade ocorre por meio do amor. Mas, vista de perto, a piedade precede o amor, forma de sublimação das necessidades físicas sexuais. A piedade é a verdadeira origem da moralidade; e essa piedade se determina originariamente como paixão. A piedade é descrita como um fenômeno de identificação com outrem. Mas, diferentemente do *Discurso*, a identificação só é possível pela imaginação (variações comparativas numa síntese passiva). No *Discurso*, a imaginação não está presente na pura natureza. Identificar-se com um ser que sofre só é possí-

---

7. Cf. *Discours, in Oeuvres complètes*, "Pléiade", t. III, p. 219: "O amor por si mesmo é um sentimento natural que leva todo animal a cuidar da própria conservação e que, dirigido no homem pela razão e modificado pela piedade, produz humanidade e virtude. O amor-próprio não passa de sentimento relativo, factício e nascido na sociedade, levando cada indivíduo a dar mais importância a si do que a qualquer outro, inspirando nos homens todos os males que eles cometem uns contra os outros e é a verdadeira fonte da honraria."

vel com base na experiência originária do sofrimento: a piedade é própria de quem sofre. De quem se tem piedade? Para penetrar na essência da piedade, no *Emílio,* Rousseau raciocina por meio de uma contraposição com a análise da inveja[8]. Rousseau declara que só invejamos aqueles que estão acima de nós; o sentimento de piedade insere-se numa relação inversa: só podem ter[9] piedade aqueles que estão embaixo. Aqueles que estão embaixo também são aqueles que mais sofrem.

Assim, no estado de natureza, Rousseau estabelece o contato entre sentimento natural e piedade. Por que Rousseau fundamenta a moralidade na piedade? A razão profunda disso é a identificação da moralidade com o sofrimento, o fato de figurar na forma desse esboço de moralidade uma figura inserida numa estrutura social, prévia do sofrimento (poderosos e fracos): nem todos os homens são suporte de moralidade.

F. Passagem do estado de pura natureza ao estado de juventude do mundo

Essa passagem decorre de uma contradição, pois não há princípio de desenvolvimento no estado de pura natureza. Seus motores, portanto, são acidentes que afe-

---

8. "A piedade é doce, porque quem se põe no lugar daquele que sofre sente o prazer de não sofrer como ele. A inveja é amarga, pois a visão de um homem feliz, em vez de pôr o invejoso em seu lugar, leva-o a lamentar não estar no lugar dele. Parece que um nos isenta dos males que ele sofre e o outro nos tira os bens de que ele goza", *Émile,* IV, *op. cit.*, p. 504.

9. Por certo "ter" aqui está empregado por engano em vez de "inspirar".

tam a natureza, pois no estado de pura natureza não há relação de imediatidade entre o homem e a natureza, e a natureza do homem só será afetada secundariamente.

Para Rousseau, em conseqüência de cataclismos, a natureza deixa de ser *handbegreiflich* e superabundante. O animal aparece então como perigo, como concorrente. São "as diferenças" ou "obstáculos da natureza".

Os homens devem então modificar seu comportamento em relação à natureza e aos animais: aparecem a pesca e a caça (donde o sentido da nota: não há canibalismo primitivo). São os primórdios das mediações, ferramentas, armadilha, "espécie de reflexão", em outras palavras, primórdios da razão e da linguagem.

O que aparece é "alguma espécie de associação livre, espécie de propriedade, espécie de ligação", ou seja, elos sociais pré-reflexivos, síntese passiva no nível da prática, baseada na necessidade das mediações.

E isso na gênese

- da razão;
- da propriedade;
- dos contratos;
- das noções.

Esses acidentes têm ação física; segue-se a aproximação forçada (cf. toda a literatura do século XVIII que opõe o *tópos* da solidão ao *tópos* da sociedade forçada).

Essa aproximação é explicitada por três teorias: do olhar, do vínculo, das cabanas.

1. Teoria do olhar

No estado de pura natureza, o homem não se vê (nem mediação nem reflexão). No estado de sociedade, presta-se atenção "aos olhares do restante do universo".

Dois momentos do desenvolvimento do olhar:

a) O homem se compara aos outros animais e lança sobre si um olhar de orgulho.

b) Dirige seu olhar para os homens que pode utilizar.

Toda essa teoria é transposta positivamente para o *Contrato social*: ser cidadão será "saber viver sob os olhares do público".

2. Teoria do vínculo

Rousseau fala então de "alguma espécie de associação livre".

Mas no início os consentimentos mútuos são violados pela ressurgência do imediato (caça ao veado e à lebre)[10].

---

10. *Oeuvres complètes, op. cit.*, p. 166. "Instruído pela experiência de que o amor ao bem-estar é o único móbil das ações humanas, ele se achou em condições de distinguir as raras ocasiões em que o interesse comum devia levá-lo a contar com a assistência de seus semelhantes, bem como as ocasiões mais raras ainda em que a concorrência devia levá-lo a desconfiar deles. No primeiro caso, ele se unia com os outros em bandos ou, no máximo, por meio de alguma espécie de associação livre que não vinculava ninguém e só durava o tempo das necessidades passageiras que a haviam formado. No segundo, cada um procurava tirar vantagens, quer pela força ostensiva, caso acreditasse ter poder para isso, quer por meio da habilidade e da sutileza, caso se sentisse mais fraco. Foi assim que os homens puderam, imperceptivelmente, adquirir alguma idéia grosseira dos compromissos mútuos e da vantagem de cumpri-los, mas apenas na medida em que isso podia ser exigido pelo interesse presente e perceptível; pois a previdência nada era para eles e, em vez de se preocuparem com um futuro distante, nem sequer pensavam no dia seguinte. Caso fosse preciso caçar um veado, todos percebiam que precisavam manter-se fielmente em seu posto; mas, se uma lebre viesse a passar ao alcance de algum deles, não se deve du-

Tem-se o nascimento de uma nova temporalidade. O caso da caça confronta dois tipos de temporalidade.

3. Teoria das cabanas

Esse é o momento específico da juventude do mundo. A cabana rompe com o estado de pura natureza, em que o espaço era infinito, sem lugar. Agora, aparecem *tópoi* (o mesmo ocorre com as nascentes de água). A cabana supõe algumas ferramentas e o esboço de uma propriedade.

Mas as primeiras cabanas pertencem aos mais fortes, e os fracos também as constroem, em vez de roubálas. A natureza ainda está presente, suficientemente abundante, e esse é o ponto fundamental, o restante da natureza não pertence a ninguém.

→ *Nascimento de aldeias, de alguma sociedade,* das "primeiras regras de moralidade", ligadas ao aparecimento do olhar.

Mas a imediatidade da violência subsiste nas vinganças, por uma espécie de ressurgimento de um estado de natureza que não podia manifestar-se antes. Essa vingança é ao mesmo tempo antecipação do direito (Locke) e manifestação da violência natural[11].

---

vidar de que ele a perseguiria sem escrúpulo e que, depois de alcançar sua presa, pouco se importaria se os companheiros ficassem sem a sua."

11. *Ibid.*, pp. 169-70: "Cada um começou a olhar os outros e a querer ser olhado, e a estima pública teve um preço... Assim que os homens começaram a avaliar-se mutuamente e a idéia da consideração se formou em sua mente, cada um pretendeu ter direito a ela, e já não foi possível que alguém deixasse de observá-la impunemente. Daí provieram os primeiros deveres de civilidade, mesmo entre os selvagens, e por isso qualquer ofensa voluntária tornou-se ultraje, visto que, com o mal resultante da injúria, o ofendido via o desprezo à sua pessoa, freqüente-

Donde o nascimento de necessidades artificiais. Aparece uma temporalidade artificial, baseada na divisão do trabalho, e perde-se de vista, em ponto extremo, a relação entre meios e fins.

→ *O espaço é subvertido uma segunda vez*: a floresta desaparece aos poucos e, com ela, todos os efeitos míticos.

a) Se pararmos no meio do caminho, veremos uma grande superfície desbravada. Isso exige garantia de terra (quase-posse). Essa garantia, paradoxalmente, é dada pela floresta que resta: ainda há o que desbravar. A natureza permite que o pobre se aproprie de algo.

Nesse nível, têm-se dois setores, a agricultura e a floresta.

b) Quando a floresta desapareceu, "já não era possível encontrar um único recanto no universo onde fosse viável livrar-se do jugo e esquivar a cabeça ao gládio amiúde malconduzido que cada homem viu perpetuamente suspenso acima da sua cabeça". Então os problemas humanos passam a resolver-se entre os homens, e é assim que se chega ao estado de guerra de Hobbes.

Já não se pode resolver o problema das necessidades por meio de um contrato direto com a natureza. Há então a alienação universal das relações humanas (dependência, orgulho, desprezo). Cf. Hobbes: mesmo quando honestos, os homens estão presos no sistema.

Esse processo se esboça em três momentos:

- momento da riqueza e da pobreza;
- momento da força e da fraqueza;
- momento da dominação e da escravidão.

---

mente mais insuportável que o próprio mal. Assim, como cada um punisse o desprezo que haviam demonstrado para com ele de maneira proporcional à importância que atribuía a si mesmo, as vinganças se tornaram terríveis, e os homens, sangüinários e cruéis."

Tudo isso culmina no estado de guerra. Aí, Rousseau se encontra diante do círculo de Hobbes, o círculo das relações senhor-escravo. Dele se sai com um salto original, a reflexão. Mas *enquanto em Hobbes o que reflete é a experiência humana em geral (círculo empirista), aqui é a reflexão determinada dos ricos, inspirada pelo interesse.*

4. Contrato e governo

De fato, além do tema utilitarista corrente, tem-se o ponto capital de que a reflexão não vem dos oprimidos, mas dos ricos: só eles têm o que perder.

Donde o sentido do contrato: os ricos põem em jogo um mecanismo que lhes escapará; um programa sobrepuja as motivações. Esse contrato social tem formalmente um valor: a partir da dependência universal, ele inaugura um novo espaço, o da juridicidade. Portanto, não existe elemento novo: o que muda é a estrutura.

O contrato então aparece como um ato de vontade que tem por objeto aquilo que a vontade dos indivíduos está encarregada de constituir. A vontade dos indivíduos se submete às próprias leis que ela vai ditar. Assim, proveniente da iniciativa dos ricos que tem a adesão dos outros, o contrato está no cruzamento de motivações diferentes. Baseia-se num mal-entendido objetivo. Sua positividade decorre dessa convergência de vontades cujos motivos particulares se acumulam. Essa teoria do consentimento voluntário distingue Rousseau de todos os outros e inaugura a esfera da juridicidade.

Dois momentos sucessivos (aqui Rousseau retoma Locke).

a) *Momento das leis civis, convenções gerais que estabelecem o direito de propriedade.*

Não são leis políticas, e assim é consagrada a distinção fundamental entre pobre e rico.

Essas leis são enunciadas pela "comunidade", espécie de estado misto em relação a Locke. São elementos do estado de natureza e do governo civil.

Para a instituição do poder político Rousseau toma os argumentos que Locke empregava para a passagem ao estado civil. O governo sai de uma experiência negativa.

b) *Instauração do governo.*

É o momento que Rousseau reserva para um exame ulterior, fundamentando a distinção político/civil. Rousseau aqui refuta todos os seus predecessores e dá razão nesse ponto a Locke.

O verdadeiro contrato é o de Locke: é uma obrigação mútua, tanto quanto uma obrigação para com certas leis fundamentais. O povo decide sua constituição que garantirá as leis civis, momento fundamental. Essa obrigação vincula sem exceção.

O magistrado só usará o poder "segundo a intenção dos contratantes". Ele é um delegado do Legislativo, encarregado de impor o respeito às leis civis (cf. Locke). Não pode ir além disso sem arruinar a obediência que lhe foi prometida (direito à insurreição, aqui fundamentado).

Isso define a esfera da legitimidade e a recaída no estado de guerra (notar bem a prudência de Rousseau em relação ao direito de insurreição).

Mas há também a degeneração do governo. Esta nasce do fato de os magistrados transgredirem os limites da legitimidade.

Não se recai num estado de natureza positivo, pois os homens estão entravados nos efeitos da degeneração do governo.

Espécie de ênfase nas premissas do estado de guerra. Torna-se impossível restaurar a legitimidade. Os homens são todos escravos, e retorna-se a um estado pior que o anterior, e, tal como em Locke, esse retorno a um estado anterior não é salvador.

Cf., porém, p. 138[12].

Da juventude do Mundo ao contrato social no segundo *Discurso* de Rousseau[13]

1. A juventude do Mundo

O estado de juventude do mundo ocorre depois das mudanças naturais e transcorre até a invenção da metalurgia. É a mudança da natureza que aproxima os homens. A natureza já não é imediata, há introdução de uma distância. Novos ritmos põem a natureza distante de si mesma: há crescimento no tamanho das árvores, donde as mudanças na atitude dos homens para com os animais. Aparecimento da caça e da pesca para remediar a insuficiência vegetal, ou seja, a concorrência. O estado de juventude é o estado de armadilha. O homem adquire idéia comparativa entre si mesmo e o animal, bem como sobre seus semelhantes por meio da "contração de uma sensação sobre a outra". É o advento do olhar. O homem olha, torna-se capaz de estabelecer uma comparação entre si mesmo, que olha, e aquele que é olhado. O olhar é a mediação das relações sociais.

Donde um desenvolvimento da razão, produzida pelo fim da imediatidade da relação homem-natureza,

12. Trata-se da penúltima página do prefácio do segundo *Discurso*.

13. Esta exposição retoma uma parte das análises do ponto F anterior. Na paginação dos apontamentos de classe, figura imediatamente após estas últimas, das quais está separada por um salto de página, como se se tratasse de uma aula diferente.

que era uma relação de natureza para natureza. Esse desenvolvimento da razão só é possível pelo desenvolvimento da linguagem, poder de realizar operações abstratas. A linguagem remete, aliás, ao movimento social. A partir daí, os objetos vão multiplicar-se para a consciência: pela linguagem o homem conjura a diversidade dos objetos. Os objetos se multiplicam

- porque a natureza, distanciada de si mesma, torna-se diferença, negatividade;
- porque a sociedade que se instaura multiplica as necessidades, portanto os objetos das necessidades.

De fato, nascem as primeiras associações provisórias entre os homens. A figura concreta disso é dada pelo exemplo do veado e da lebre. Para aquele que caça o veado com outros, o interesse da espera não é decisivo, pois para subsistir restam-lhe lebres. Contudo, a construção de cabanas vai modificar o espaço vivido e as associações. Com as cabanas, o espaço se fecha e estrutura: linguagem, famílias, divisão do trabalho no interior da família, comunidade de costumes na qual se anunciam as nações.

Nesse estado, as relações entre fracos e fortes ocorrem sem dificuldade, pois o fraco não tenta tirar as cabanas do forte, pois ele constrói uma própria, e a estrutura da relação inter-humana é pacífica. Os homens podem prescindir uns dos outros, mesmo mantendo relações. É o estado de "comércio independente". Autonomia econômica, relações que não são contaminadas pela dependência econômica. Em vista da abundância de caça na floresta, as bases da concorrência econômica ainda não existem.

2. Estado de guerra

O que encerra o estado de juventude do mundo e inaugura o que vai ser a guerra é um acidente: a metalurgia. Acidente, pois é impossível que o homem invente a metalurgia por si só, pois não sabe produzir, reter ou transmitir processos de produção. O acontecimento, portanto, é radicalmente novo, é ruptura.

A metalurgia introduz a divisão do trabalho e subverte a natureza das relações humanas. Existe alienação, não tanto pelo dinheiro quanto pelas lutas relativas ao ferro e ao trigo, pois a agricultura depende da metalurgia. A desigualdade tem assim uma origem técnico-econômica.

Efeitos dos progressos da metalurgia:

1) Modificação da temporalidade humana, que se estrutura e acelera.

2) Instauração da divisão do trabalho. Aparecimento de metalurgistas, ferreiros, que são sustentados por aqueles que lavram a terra, fornecendo ferramentas aos camponeses. Processo infinito de relações de dependência recíproca.

3) É um processo universal que se desenvolve por si mesmo, processo circular das necessidades e das artes. Ao movimento infinito da divisão do trabalho corresponde o movimento infinito das novas necessidades.

4) Desenvolvimento subseqüente das faculdades humanas: imaginação, linguagem, razão, amor-próprio.

5) Surgimento das regras primitivas de justiça com esboços pré-jurídicos e, sobretudo, direito do primeiro proprietário.

→ Há uma nova natureza como resultado. Passa-se da natureza à natureza cultivada. A relação da natureza cultivada com a floresta é sublimada: o campo cultivado dá ao homem aquilo que a floresta lhe dava; ele tem uma floresta artificial. Relação sublimada, mas também deslocada, pois nesse primeiro momento a floresta só está parcialmente desbravada e transformada em lavoura, de tal modo que coexistem dois setores, o setor do pequeno produtor independente e o setor da divisão do trabalho. Mas vem um segundo momento, aquele em que a floresta desaparece.

O estado de guerra decorre do fim da floresta. Rousseau o deduz do processo universal da divisão do trabalho. De tal modo que o estado de guerra se tornou problemático, diferentemente de Hobbes, que o incluía na natureza humana, em sua essência, tomando-o a sério (≠ Locke). Deve-se notar que não há nenhuma razão para que a guerra cesse. Ela cessa por reflexão dos homens, da qual nasce o estado civil.

3. Contrato social e estado civil

Assim como em Hobbes, sai-se do estado de guerra por reflexão, mas a solução de Rousseau é particular. Isto porque:

– A razão que reflete é determinada, é a razão de um pequeno grupo social, o dos ricos.

– Os ricos elaboram um projeto muito refletido: pedir àqueles que estão submetidos e os ameaçam que transformem a servidão em alienação jurídica para preservar suas liberdades. O contrato, portanto, nasce de um mal-entendido objetivo sobre a proposta dos ricos, logo de uma razão diferencial.

No entanto, o resultado, por astúcia da razão, será racional, pois o contrato tem forma racional, visto ser oriundo de um consentimento voluntário, efetuado sob o signo da liberdade. É a liberdade que se persegue como fim.

Mais precisamente, em Rousseau, no *Discurso,* o contrato é duplo. Há:

- um contrato de associação, leis civis;
- um contrato de submissão ou governo, leis políticas.

Essa teoria do duplo contrato é uma teoria do *Trusteeship,* no sentido de que o Executivo é uma delegação, um mandato (como em Locke), e o contrato de governo, portanto, é revogável.

Mas, constituído o governo, a clivagem ricos/pobres, tornando-se clivagem entre poderosos e fracos, sempre corre o risco de tornar-se clivagem senhores/escravos. O despotismo nasce de uma perversão do Executivo e marca o renascimento do estado de guerra no estado civil.

O status da história em Rousseau[14]

Tudo isso provoca o problema da história e de seu status. Três níveis para Rousseau.

1. No segundo *Discurso*

Rousseau propõe o problema da história, pois o *Discurso* não é uma simples análise de essência da sociedade, como dizem Durkheim e Aron. De fato, o modo como Rousseau recusa a problemática tradicional do estado de natureza descortina um novo campo sobre a história como problema. A problematização dos conceitos fundamentais leva ao resultado de que não é possível responder di-

14. Esta exposição figura imediatamente depois da anterior, sem salto de página, nos apontamentos de classe.

retamente à indagação sobre a essência da sociedade. E é o conceito de essência da sociedade que, por fim, se torna problemático.

Enquanto antes de Rousseau "a natureza humana" bastava para dar resposta direta à questão da essência da sociedade, com Rousseau só há resposta indireta a outra indagação prévia, a da produção da sociedade, ou seja, a da teoria da história, da essência da história. Mas trata-se ainda de conceito da história.

2. No *Contrato social*

Esse novo texto parece reformular a pergunta, em sua relação com o *Discurso*: Durkheim[15] acreditou que era o *Contrato* que respondia diretamente à questão da essência da sociedade. Mas é preciso fazer ao *Contrato social* a pergunta de sua essência, da modalidade de sua análise: ela diz respeito a idéias ou a ideais? Que relação existe entre ela e a história real?

"Idéias"? O *Contrato social* acaso não nos apresenta apenas o conceito que constitui as sociedades como tais? Haverá uma essência de toda sociedade? Esse conceito é ou não idêntico ao conceito dado no *Contrato social*? O conceito de essência de sociedade no *Contrato social* acaso supõe também a passagem por um conceito de história [illegible]mo no segundo *Discurso*?

[illegible]deais"? Nesse sentido teríamos no *Contrato social* [illegible]to de uma "boa sociedade", pura e perfeita, e a [illegible]a relação como conceito de história já não se [illegible] Mas apresenta-se uma nova questão: a da re-

[illegible]kheim, "Le *Contrat social* de Rousseau, histoire du li-[illegible]ysique et de morale*, janeiro-fevereiro de 1918.

lação entre o caráter idealístico do *Contrato social* e a realidade das sociedades históricas. Em outras palavras, o *Contrato social* conteria duas questões em sua relação com a história.

3. Nos diversos *Projetos de Constituição*

Nessas questões, Rousseau trata da história real, e, na variação em relação ao *Contrato social*, pode-se responder à questão referente a idéias ou ideais do contrato social. Contudo, permanece em aberto uma pergunta: qual é a relação entre o conceito de essência da sociedade e o conceito de história?

Recorramos então ao *Emílio* e à *Nova Heloísa*. Esses textos acaso dão modelos ideais ou trata-se de idéias? De qualquer modo, a questão passa a ser a seguinte: em que elemento se move o pensamento de Rousseau? Será uma relação utópica? Relação crítica conceitual?

4. No *Emílio*

Há um elemento de resposta. Diversos textos.

– p. 248. Contradição ou divisão entre o homem e o cidadão[16].

– p. 524[17].

---

16. *Émile*, I, *op. cit.*, p. 248. "Obrigado a combater a natureza ou as instituições sociais, é preciso optar entre criar um homem ou um cidadão: pois não se pode fazer ambas as coisas ao mesmo tempo."

17. *Émile*, IV, p. 524: "Há no estado de natureza uma igualdade de fato real e indestrutível, porque é impossível neste estado que apenas a diferença de homem para homem seja suficientemente grande para tornar um dependente do outro. Há no estado civil uma igualdade de direito quimérica e vã, porque os meios destinados à mantê-la servem para

– Contradição inevitável do homem civil: a igualdade de direitos continua vã e quimérica.
– O jurídico está a serviço do forte contra o fraco, a serviço do interesse particular.
– A sociedade real está minada por uma contradição entre a realidade das relações sociais e a aparência jurídica.

– p. 858. Caráter falacioso do direito. Mas, por astúcia da razão, apesar de sua perversão, a ordem jurídica conserva algo de positivo. Protege efetivamente o homem contra a violência. A existência das leis como tais possui efeito educativo[18].

– p. 484. "Emílio é um selvagem... feito para habitar as cidades."[19] Isso resulta da grande contradição da sociedade real.

Em outras palavras, é preciso partir da natureza da contradição não-dialética da sociedade contemporânea:

---

destruí-la, e a força pública somada ao mais forte para oprimir o fraco rompe a espécie de equilíbrio que a natureza pusera entre eles. Dessa primeira contradição decorrem todas as contradições observadas na ordem civil entre aparência e realidade. A multidão sempre será sacrificada à minoria, e o interesse público, ao interesse particular; os nomes especiosos de justiça e subordinação sempre servirão de instrumentos para a violência e de armas para a iniqüidade: donde se segue que as ordens distintas que alegam ser úteis aos outros na verdade são úteis apenas a si mesmas, às expensas dos outros; por aí se deve julgar a consideração que lhes é devida segundo a justiça e a razão."

18. *Émile*, V, p. 858: "Sempre há um governo e simulacros de leis sob as quais ele viveu tranqüilo. O fato de o contrato social não ter sido observado que importância tem, se o interesse particular o protegeu tal como o teria feito a vontade geral, se a violência pública o garantiu das violências particulares, se o mal ao qual ele assistiu o levou a amar aquilo que era bem, e se nossas próprias instituições o levaram a conhecer e odiar suas próprias iniqüidades?"

19. *Émile*, III, p. 484.

– o indivíduo conservou seu estado de natureza, na concorrência e no egoísmo;
– mas vive sob estatuto jurídico.

Devido a essa justaposição, certos indivíduos podem pôr as leis a seu serviço. Em outras palavras, o estado de legalidade universal continua formal, e o estado real é ainda o estado de natureza na forma do desenvolvimento concorrencial. Cada indivíduo se considera um todo e utiliza tudo, inclusive a legalidade, a seu serviço.

Essa justaposição não é inteiramente negativa, pois a rivalidade é limitada pelas leis, e evitam-se os efeitos devastadores do estado de guerra. Portanto, subsiste uma forma, mesmo pervertida, de contrato. A perversão supõe o reconhecimento do contrato por todos. Assim, por uma astúcia da razão, a ordem jurídica será realizada. O contrato sempre é uma impostura ou uma perversão maior ou menor, mas o essencial é que ele conserva a forma da lei. Teoricamente, o estado atual das sociedades contemporâneas é possível e se insere na análise do segundo *Discurso*.

Pode-se responder à questão do status do Contrato social: a essência do contrato não estaria tanto em sua pureza quanto em sua impureza. O Contrato social teria a pureza de um conceito que contém em si o suficiente para pensar sua impureza, pensar a morte, a decadência que o espreita e que a sociedade contemporânea realiza.

V. O *CONTRATO SOCIAL*[1]

A. Sobre sua leitura

Há duas maneiras de ler o *Contrato social.*

1. Tese clássica (Beaulavon)[2]

O *Contrato social* faz a análise *a priori* das condições de possibilidade de todo governo civil, constrói a estrutura *a priori* do jurídico-político. Essa é a interpretação do próprio Kant.

---

1. Apesar de distinto da aula anterior, esta aula sobre o *Contrato social* não deixa de constituir um prolongamento lógico daquela; figura imediatamente depois dela nos apontamentos de André Tosel, mas seu título não está numerado na continuidade do conjunto do curso, que nesses apontamentos se intitula "A filosofia no século XVII antes de Rousseau". Em vez de publicá-lo como um curso separado, preferimos incluí-lo na seqüência das partes precedentes, considerando-o como a quinta parte daquele curso.

2. Cf. especialmente introdução de Georges Beaulavon à sua edição do *Contrato social*, 5.ª edição revista e corrigida, Paris, F. Rieder et Cie. Éditeurs, 1914.

Kant, de fato, reflete em sua relação com Rousseau e o pensa no modo transcendental. Para ele, Rousseau realizou para a moralidade política aquilo que ele realizou na ordem da moralidade.

Na *Crítica da razão prática,* Kant volta a abordar as condições *a priori* da moralidade, definindo-as fora de qualquer experiência de boa vontade.

Rousseau, no *Contrato social,* mostra que toda sociedade é definida pelo contrato em suas condições de possibilidade, mesmo que o contrato nunca tenha sido enunciado ou reconhecido nos fatos. Para ambos, a presença do "patológico" e da violência, em vez de contradizer o direito, dão testemunho de sua necessária presença.

Pode-se apoiar essa tese no texto do próprio Rousseau: I, 1, 2, 3, 4, em que Rousseau descarta expressamente a natureza, a família, a força, a escravidão, para dedicar-se à busca do fundamento da ordem jurídico-empírica, e onde parece mostrar por essa redução que essa ordem não pode fundamentar-se em nenhum elemento empírico. Do mesmo modo, Kant mostra que a moralidade não pode ser deduzida de nenhuma paixão. Assim, para Kant e Rousseau, o fato não é a refutação do direito, mas testemunha negativamente sua existência e sua essência específica. Portanto, há um *"Faktum"* da legitimidade jurídica ou política, irredutível, cuja facticidade não é empírica. Esse *Faktum* é atinente a uma visada transcendente em relação ao empírico que o envolve, dissimula e revela ao mesmo tempo como seu contrário.

No entanto, haveria uma diferença entre Kant e Rousseau: cada um desses *Faktum* descortina um mundo, político em Rousseau, ético em Kant, e tudo se passa como se

– a moralidade e o direito fossem vivenciados por uma subjetividade irredutível, a subjetividade do homem;

– fossem irredutíveis ao empírico;
– a essência dessa vivência ético-política fosse uma pretensão que abrisse um espaço;
– a elucidação das condições de possibilidade dessa vivência constituísse a essência dessa pretensão;
– se errasse o alvo desse mundo visado, justamente na medida em que é visado, pois só se erra o alvo quando se visa alguma coisa.

Tal interpretação, assim, parece dar conta tanto da normatividade do *Contrato social* quanto do problema das formas impuras.

Mas choca-se com uma objeção fundamental:

– Essa interpretação esvazia completamente a relação entre o *Discurso* e o *Contrato social*.
– Ela constata a pretensão jurídica como já constituída e não formula o problema da produção desse *Faktum*, da constituição desse campo. Realmente, é preciso formular o problema do surgimento da moralidade, do Direito etc.

2. Segunda interpretação

Baseia-se na afirmação inicial de que o *Contrato social* pressupõe toda a análise do *Discurso*. O *Contrato social* começa com a constatação de uma mudança cuja história hipotética o *Discurso* já esboçou: "O homem nasceu livre e em toda parte ele vive agrilhoado." O *Contrato social*, portanto, afirma que a humanidade chegou a um estado tal que já não é possível voltar atrás, estado sobre cujo fundo se destaca tudo aquilo que deve sobrevir ulteriormente, portanto estado irreversível e irrecusável, solo e fundamento.

Se for possível uma solução, será sobre esse solo que ela deverá necessariamente constituir-se. O fracasso de qualquer solução devolverá o homem a esse solo. Está assim designado o vínculo inextricável de toda alienação com esse solo; assim também, o destino de toda tentativa de solução. A natureza dessa necessidade é tal, que não é possível sair dessa necessidade, pela própria necessidade. Rousseau, portanto, pensa do interior de uma contradição que ele reflete como tal.

Isso esclarece a rejeição às teorias de Hobbes e Locke.

– Rejeição a Locke: sua solução é impossível, pois supõe que a solução já substitua o problema. Realmente, é preciso que a lei da natureza já esteja no estado de natureza. Para Locke, nunca há problema real.

– Rejeição a Hobbes: sua solução permanece na ordem que é preciso transformar; ela transfere o problema, pois na solução de Hobbes, poder absoluto, o problema se apresenta de novo.

Para Rousseau o que constitui problema é a lei natural, pois ela não está inscrita na história como sua verdade imanente, e o estado de guerra também não contém em si mesmo solução imanente a seu problema.

Resta uma saída imediata: mudar o sentido anterior da solução ou das relações existentes entre transcendência e imanência. É preciso produzir uma transcendência sobre o fundo de uma imanência, ou seja, constituir o equivalente de uma mutação comparável às duas mutações precedentes. Trata-se de constituir sobre o fundo de uma primeira ordem uma ordem que lhe seja transcendente, distinta da primeira, mas que nem por isso suprima a primeira. A segunda ordem se encontra constantemente espreitada pela primeira ordem e seu fracasso, encerra em si a ameaça constante do fracasso. É a teoria do abismo.

Rousseau considera que esse fracasso pode ser absoluto. E a impossibilidade da solução equivale ao desaparecimento do direito. O que não pode ocorrer em Kant. É a tese da desnaturação do homem.

B. Elementos de uma leitura

1. Teoria do abismo

O fundamento da ordem é aquilo sobre o que ela se constitui, mas é também seu abismo originário, final e atual.

a. Abismo originário

Existe uma necessidade originária do contrato: realmente, Rousseau fala de um "limiar da liberdade". O contrato nem sempre é possível, e um povo de escravos não pode ter pretensões à liberdade.

Assim, para a Polônia, país de servos, Rousseau não aconselha libertar os servos, ao contrário, quer retardar o momento de sua libertação, pois eles não saberiam comportar-se como homens livres.

Portanto, não se podem dar leis a qualquer grupo e em qualquer momento. A instauração da ordem política é contingente em relação à ordem das relações humanas: há problemas sem solução, situações sem saída. Essa instauração só é possível em certas condições.

b. Abismo final

Ver *Contrato social*, II, 8.

Há no governo, no fim das contas, um conflito interminável entre o Soberano e o governo. Só se pode diferir a morte do corpo político. A política de Rousseau consiste em manejar e postergar esse momento de diferença.

c. Abismo atual

De fato, há um abismo constante que ameaça o corpo político, ameaça constante de decadência interna.

Esse abismo é o abismo interior do próprio homem. É preciso um esforço heróico e constante do homem para superar esse abismo interior.

A partir daí, compreende-se a tese da revocabilidade teórica permanente do contrato social: a ordem política nunca está estabelecida de uma vez por todas, ela é revogável porque precária. Do mesmo modo, a duração do contrato social não é plena, é de um instante. O contrato é uma criação contínua ou presente eterno, mas deve ser selado a cada instante, de novo. Supõe sua aceitação a cada instante.

Donde a diferença em relação a Pascal: as leis são [...][3] porque a cada instante se reassumiu a sua origem, elas foram constantemente atuais. O contrato social precisa a cada instante ser reinstaurado na existência porque está constantemente ameaçado de queda.

2. Pacto social[4]

(*Contrato social*, I, 6)

---

3. Palavra ilegível.

4. A partir desse momento do curso, os arquivos de Althusser contêm um texto datilografado de 52 folhas, bastante parecido do curso efetivamente dado, mas com algumas diferenças, pelo menos do modo como esse curso aparece nos apontamentos de classe. Foi a partir desse texto datilografado que Althusser redigiu seu artigo "Sur le 'Contrat social'", publicado nos *Cahiers pour l'analyse*, n.º 8, terceiro trimestre de 1967, publicado novamente na coletânea *Solitude de Machiavel*, PUF, 1998. Como esta última edição já contém, nas notas, as principais variantes que distinguem o curso datilografado do artigo publicado, nesta edição demos preferência à versão dos apontamentos de classe.

Seis partes

1) Proposição do problema.
2) Solução do problema. O contrato social.
3) Mecanismo do contrato. Primeira dissintonia* pertinente. O status da comunidade e suas conseqüências.
4) Mecanismo do contrato: segunda dissintonia pertinente. Alienação total e troca.
5) [5]Vontade Geral e lei. Terceira dissintonia pertinente. Interesse geral.
6) Três últimas dissintonias:
   - Teoria dos costumes.
   - Teoria da religião civil.
   - Condições econômicas do contrato.

Noção de dissintonia

Encontra-se toda uma série de dissintonias em cadeia: uma dissintonia dada é encarregada de resolver o problema criado pela dissintonia anterior, que por sua vez é solução da dissintonia anterior. Donde o conceito de cadeias de dissintonias.

Isso torna inteligível a problemática de Rousseau e seus efeitos ao mesmo tempo teóricos e, sobretudo, técnicos (as disposições jurídicas da constituição do Estado).

Isso torna inteligíveis as interpretações possíveis do *Contrato social* e as interpretações de Kant e Hegel em particular. Rousseau baseia essas interpretações no jogo das dissintonias teóricas. De fato, a interpretação de Kant baseia-se na dissintonia 1, a de Hegel nas dissintonias 2 e 3. Todas se baseiam na leitura da dissintonia como

---

* *Décalage*, em francês. [N. da T.]

5. O texto datilografado de Althusser contém, como acréscimo manuscrito, um item 5 intercalado entre os itens 4 e 5 dos apontamentos de classe: "5) Intermediário: instauração das instituições".

não-dissintonia, na interrupção da cadeia das dissintonias. Eles pensam uma dissintonia como solução, mas não como algo que inaugura uma nova dissintonia para uma nova solução. Essas interpretações interrompem o pensamento de Rousseau e o goram.

Introdução. Que lugar ocupa esse capítulo VI?

Ele sustenta todo o *Contrato social*, pois propõe e resolve o problema do "abismo político". Trata-se de "encontrar uma forma de associação que defenda e proteja com todas as forças comuns a pessoa e os bens de cada associado, forma de associação pela qual cada um, apesar de se unir a todos, obedece apenas a si mesmo e permanece tão livre quanto antes...".

– 1.º capítulo. Anuncia a solução.

– 2.º capítulo. A sociedade política não tem a família como origem.

– 3.º capítulo. A sociedade política não se baseia no "direito do mais forte".

– 4.º capítulo: a sociedade política não se baseia no consentimento aos efeitos da violência.

Não se pode fundamentar o Pacto num elemento natural

– 5.º capítulo. É preciso remontar a uma primeira convenção, anterior em direito a todo contrato de submissão (Grócio) pelo qual o povo elege um rei. Importa "o ato pelo qual um povo é um povo". E ele rechaça uma objeção lockiana relativa ao princípio majoritário naturalista. Para Locke, a lei majoritária tem o status da gravidade, é seu análogo político: e, assim como a gravidade, ela é uma força natural. Para Rousseau, ela é um efeito de convenção. Têm-se aqui dois resultados:

– Antes de qualquer outro contrato (de submissão) é preciso elucidar a questão do contrato originário.

– Esse contrato, ato pelo qual um povo é um povo, só pode ser unânime, pois a lei da maioria só pode atuar com base numa convenção.

a. Proposição do problema

1) *Condições prévias à proposição do problema*

Ver capítulo VI, parágrafo 1[6]

a) "ponto" de ruptura: o estado primitivo não pode subsistir. Há um ponto crítico na história, o da contradição mortal do estado de guerra

b) *"obstáculos"*, "forças dos homens". Esses obstáculos não são exteriores, ou seja, naturais, nem humanos exteriores. São puramente interiores às relações existentes. São as contradições do estado de guerra, os efeitos da alienação universal, resultado da história. Esses obstáculos atentam contra a conservação dos homens, ou seja, o princípio do amor a si mesmo. Esse conceito é acompanhado pelo conceito de *forças.* Esses obstáculos, de fato, são chamados de "resistentes", invencíveis para as forças dos homens. Essas "forças naturais dos homens" são aquelas que cada um utiliza para perseverar no estado de natureza. O homem no estado de natureza é constituído pela pessoa (corpo, atributos físicos, intelectuais) + necessidades (posses devidas ao direito do mais forte) + liberdade (ver I, 9)[7].

---

6. "Suponhamos que os homens tenham chegado àquele ponto em que os obstáculos que prejudicam sua conservação no estado de natureza vençam, por sua resistência, as forças que cada indivíduo pode empregar para manter-se nesse estado. Então esse estado primitivo já não pode subsistir; e o gênero humano pereceria se não mudasse sua maneira de ser."

7. Por exemplo: "Cada membro da comunidade entrega-se a ela no momento em que ela se forma, tal como ele se encontra no momento, ele e todas as suas forças, das quais fazem parte os bens que ele possui."

Existe um conflito obstáculos/forças em que o obstáculo triunfa. Não há nenhuma solução no estado de guerra ou conflito. E é aí o "ponto crítico" em que o gênero humano precisa mudar a maneira de ser. Essa crise em si mesma é mortal, ameaçando toda a espécie. O estado de guerra é um sistema universal de concorrência sem opção. É preciso "mudar" esse estado.

c) mudança da maneira de ser. Terceiro conceito. O estado de guerra afeta diretamente as forças humanas dos indivíduos. As forças dos indivíduos estão aquém, enfraquecidas pelo estado de guerra. A contradição atenta contra as forças humanas. Ver Livro II, capítulo 4: as forças naturais são reduzidas a um estado precário[8]. Deve-se notar que, fundindo-se os componentes das forças, obtém-se o conceito de interesse particular e de oposição desses interesses (II, 1). É a oposição dos interesses particulares que torna necessário o estabelecimento das sociedades. A categoria "oposição dos interesses particulares" possibilita pensar o estado de guerra. A contradição obstáculos/forças pode ser proposta como interior aos indivíduos na forma de interesses particulares.

A categoria "interesse particular" explica a forma assumida na história do homem pelo desenvolvimento do amor a si mesmo: este se transforma em sua própria alienação, em amor-próprio. O que dá sentido aos interesses particulares é a possibilidade de acordo entre eles no conflito. Esse problema não se apresenta no estado de natureza. O interesse particular revela seu sentido conceitual no momento em que se constituem as primeiras associações sociais (cf. lebre/veado). Estado de guerra = conflito dos interesses particulares. Essa equivalência é capital.

---

8. "... em lugar de uma alienação eles fizeram apenas uma troca vantajosa de uma maneira de ser incerta e precária por uma outra melhor e mais segura."

2) *Proposição do problema*

A proposição do problema é precedida pela definição dos limites absolutos entre o problema e sua solução. De fato, 2º §[9]: o campo em que deve ser proposto o problema [faz] que a solução só possa ser encontrada fora dos dados existentes. "Os homens não podem engendrar novas forças." Será preciso modificar os dados da relação existente. Rousseau exclui qualquer solução transcendente por recurso a um terceiro (entre as quais a de Hobbes, que dá poder a uma personagem de fora do circuito). Único caminho: mudar a relação existente entre as forças, ou seja, a "maneira de ser" dessas forças. Vai ser preciso unir essas forças, "fazê-las agir concertadamente" para formar por associação (e não por agregação cumulativa) "uma soma de forças que possa vencer a resistência". Ver II, 7, sobre o Legislador[10]. Rousseau fala de "mudar a nature-

---

9. "Ora, não podendo engendrar novas forças, mas apenas unir e dirigir aquelas que existem, os homens não têm outro meio, para conservar-se, senão formar por agregação uma soma de forças que possa vencer a resistência, pondo-as em jogo por um único móbil e fazendo-as agir concertadamente."

10. "Aquele que ousa empreender a instituição de um povo deve sentir-se em condições de mudar, por assim dizer, a natureza humana, de transformar cada indivíduo, que por si mesmo é um todo perfeito e solitário, em parte de um todo maior do qual esse indivíduo receba, de alguma maneira, vida e ser; de alterar a constituição do homem para fortalecê-la; de substituir a existência física e independente que todos recebemos da natureza por uma existência parcial e moral. Precisa, em suma, retirar do homem suas forças próprias para dar-lhe forças que lhe são estranhas e que ele não possa utilizar sem o socorro alheio. Quanto mais mortas e aniquiladas essas forças naturais, maiores e mais duradouras as conquistas, também mais sólida e perfeita a instituição; de modo que, se cada cidadão nada for, nada puder a não ser por todos os outros, e se a força adquirida pelo todo for igual ou superior à soma das forças naturais de todos os indivíduos, poder-se-á dizer que a legislação atingiu o ápice da perfeição possível."

za humana", ou seja, retirar do homem suas forças próprias, para dar-lhe forças estranhas. Em função das forças e do homem, é preciso dar uma solução.

Intervém um novo termo: o termo liberdade, decisivo[11]. No campo dos limites absolutos da solução, há necessidade de uma solução adequada ao que foi dado e também adequada à realidade da liberdade. A solução deve respeitar ao mesmo tempo a dualidade força-interesse e a dualidade liberdade-dever.

A proposição do problema é enunciada no quarto parágrafo[12]. É preciso atingir uma solução em cinco termos:

- uma forma de associação, de união;
- uma força de associação;
- bem de cada indivíduo;
- liberdade de cada indivíduo;
- interesse de cada indivíduo.

Ficou-se nos limites absolutos.

b. Solução do problema

Trata-se de um contrato específico, e Rousseau sabe que esse contrato é bem particular. Ver *Emílio,* V[13].

"Essas cláusulas bem entendidas reduzem-se todas a uma só, a saber, a *alienação total* de cada associado com

11. *Contrato social,* I, 6, § 3: "como a força e a liberdade de cada homem são os primeiros instrumentos de sua conservação, de que modo ele os utilizará sem se prejudicar e sem negligenciar os cuidados que deve ter para consigo?".

12. "Encontrar uma forma de associação que defenda e proteja com todas as forças comuns a pessoa e os bens de cada associado, forma de associação pela qual cada um, apesar de se unir a todos, obedece apenas a si mesmo e permanece tão livre quanto antes."

13. "O pacto social é de uma natureza particular e peculiar, visto que o povo estabelece contrato apenas consigo mesmo...", *op. cit.,* p. 841.

todos os seus direitos a toda a comunidade": definição-chave do § 5.º; contém todo o contrato social em seus efeitos.

O cerne da definição é o *conceito de alienação* (ver capítulo sobre a escravidão)[14]. Alienar é dar-se:

– dar-se = dar-se gratuitamente sem receber nada em troca;

– ≠ vender-se = dar-se com contrapartida, em troca.

A alienação é aí entendida como um ato de autodoação gratuita, sem contrapartida. Há oposição entre

– alienação com troca;

– alienação sem troca, única considerada aqui. Ver I, 4 onde o povo se dá por inteiro, inclusive sua liberdade. E é um crime contra a razão e a liberdade, "é renunciar à sua qualidade de homem", sem retorno. A alienação total é uma contradição em termos, um crime em relação à natureza do homem. Ora, é isso o que exige o *Contrato social*: toda a pessoa, seus bens, sua liberdade.

Existe uma situação na qual uma alienação elimina a outra: o contrato social é solução por meio da alienação para o problema da alienação. O conceito de alienação designa aqui os efeitos do estado de guerra e seu processo. É um conceito próprio de Rousseau. Os homens estão submetidos a seus próprios efeitos, escravos

---

14. *Contrato social*, I, 4: "Se um indivíduo – diz Grócio – pode alienar sua liberdade e tornar-se escravo de um senhor, por que todo um povo não poderia alienar a sua e tornar-se súdito de um rei? Tais palavras são equívocas, precisariam de explicação, mas nos restringiremos à palavra *alienar:* alienar é dar ou vender. Ora, um homem que se faz escravo de outro não se dá, vende-se, no mínimo por sua subsistência. Mas um povo, por que vender-se? Um rei não fornece subsistência a seus súditos; muito pelo contrário, tira a sua deles... Os súditos, portanto, dão suas respectivas pessoas, com a condição de que lhes tomem também os bens? Não percebo o que lhes resta para conservar."

dos produtos de sua atividade. Tem-se o elemento de uma alienação involuntária, inconsciente (e os homens ainda se acreditam livres). *Para essa alienação total, uma única solução, uma alienação total,* numa outra modalidade[15]. Encontra-se na solução a condição dos limites absolutos da solução. A solução não pode vir de fora, só pode basear-se na maneira de ser da alienação. É a possibilidade de transformar alienação involuntária e inconsciente em alienação voluntária – não necessariamente consciente (tácita) –, também total. Voluntária = livre. A ação de modificação da maneira de ser da alienação atua sobre sua modalidade, transformando a alienação em voluntária e livre.

Mas como uma alienação total pode ser livre? Não será essa uma contradição absoluta? As cláusulas do contrato social movem-se nessa contradição. Rousseau leva ao auge essa contradição, na forma de um paradoxo insustentável, respeitando seu princípio de imanência. É

15. A versão datilografada de Althusser contém a seguinte explicação: "Evidentemente, Rousseau não utilizou o termo alienação (sim!) em nosso sentido, que, no entanto, é oriundo de sua problemática e mesmo de sua terminologia, através de Hegel e Feuerbach, para designar os 'obstáculos' dos efeitos do estado de guerra, para designar o processo produtor desses efeitos. Somos nós que o empregamos. No entanto, temos razões para poder empregá-lo, pois nessa alienação estamos realmente diante de homens que se *entregam por inteiro, submetem-se a seus próprios efeitos, sem contrapartida.* A escravidão do homem no estado de guerra é uma verdadeira alienação *involuntária e inconsciente,* que os homens sofrem, na inconsciência, ou seja, acreditando-se ainda na posse de si mesmos, *livres,* independentes, ao passo que são escravos, que se tornaram escravos por si mesmos, sem o desejarem, sem o saberem. Se assim é, para essa alienação total não há outra solução senão uma *alienação total.* Mas consciente e voluntária." Essa versão foi retomada (sem referência a Hegel e Feuerbach) no artigo "Sur le '*Contrat social*'", *op. cit.*

do mal que se deve extrair o remédio. Só a exacerbação do patológico possibilita instaurar uma nova normalidade.

A alienação total livre assenta na proposição rigorosa do problema. Só se sai da alienação pela alienação, por sua conversão em alienação total livre.

c. Mecanismo do *Contrato social*. Primeira Dissintonia pertinente: o status da comunidade. Segunda parte contratante.

Deixou-se de lado a outra parte contratante, a comunidade e aquilo que esta dá em troca da alienação total dos indivíduos. É preciso que haja duas partes contratantes e uma troca, se houver contrato. O contrato supõe dois contratantes, que dão, para receber.

Deve-se notar:

- PC1: Parte contratante número 1: os indivíduos tomados isoladamente.
- PC2: Parte contratante número 2: comunidade.
- Aspecto número 1 da troca: aquilo que PC1 dá em sua alienação total.
- Aspecto número 2 da troca: aquilo que PC2 dá no ato da convenção do contrato.

Tem-se a equação do contrato:

- PC1 dá tudo.
- PC2: ?

Não se sabe quem é PC2, nem o que ela dá em troca. Todo o paradoxo do contrato social está na natureza de PC2. Se PC1 está definida ("cada associado com todos os seus direitos"), PC2 permanece vaga. O paradoxo do contrato é pôr face a face duas partes contratantes, das quais uma existe anterior e exteriormente ao contrato e a outra não existe antes do contrato, mas é o próprio objeto que o contrato está destinado a produzir. PC2 não é um sujeito do contrato, mas seu produto.

De fato, a comunidade consiste nos mesmos indivíduos, mas em outra forma, a forma que o contrato deve produzir. "O povo só contrata consigo mesmo." PC1 que contrata com PC2 são os mesmos indivíduos que contratam com os mesmos indivíduos, existindo

1) na forma de uma agregação;
2) na forma de uma associação, de uma união.

Tem-se uma circularidade na qual o efeito (PC2) precede a causa (PC1). E Rousseau viu isso: "Seria preciso que o efeito pudesse tornar-se a causa."[16]

O que pode significar *essa identidade das duas partes contratantes*? O contrato social é uma convenção firmada entre duas partes contratantes, das quais a segunda é constituída como efeito do contrato. Será possível falar de contrato se uma das duas partes não existe antes do contrato? *Este não é um ato de troca entre duas partes contratantes constituídas, é a constituição da segunda parte contratante,* a comunidade. A troca é posterior a esse ato de constituição da segunda parte contratante. Tudo está nesse ato de constituição, anterior a qualquer possibilidade de troca. É a primeira *dissintonia pertinente*: o contrato é pensado sob o conceito de troca, mas seu conteúdo não consiste no conceito de troca, pois ele é constituição de um dos termos que faz a troca. É sobre essa primeira Dissintonia que se baseia objetivamente a tese de Kant.

---

16. "Para que um povo nascente pudesse usufruir as máximas saudáveis da política e observar as regras fundamentais da razão de Estado, seria preciso que o efeito pudesse tornar-se causa; que o espírito social, que deve ser obra da instituição, presidisse à própria instituição, e que os homens fossem, antes das leis, aquilo que devem tornar-se por meio delas" (*Contrato social*, II, 7).

Kant: se o contrato é aparência de contrato, é porque os indivíduos "só contratam consigo mesmos...". É um contrato entre o indivíduo e ele mesmo. Aquilo que deve ser constituído é o indivíduo comunitário, geral, moral (≠ natural, particular, sensível). É uma autoconstituição do indivíduo moral. Pode-se interpretar o contrato como um ato de conversão à moralidade (da naturalidade à moralidade). Isso se baseia em certos textos de Rousseau, em especial *Economia política* ("a voz do dever que fala nos corações")[17]. Essa interpretação se generaliza assim: o contrato social destina-se a instaurar uma comunidade que, sob a aparência de comunidade política, nada mais é que comunidade dos sujeitos morais, comunidade do reinado dos fins (ver Cassirer)[18].

Mas, em vez de conceber o contrato social como conversão da sensibilidade à racionalidade, Rousseau quer unir a utilidade e o dever, o que não é kantiano. O interesse privado não desaparecerá do contrato, ele é o móbil da moralidade. Os homens com as paixões, para Rousseau, são o real invariável. Ademais, *o conceito de liberdade em Rousseau é tal* que na cidade o homem será obrigado a ser livre[19]. A violência é meio de realização da liberdade, não é a esfera kantiana da moralidade.

---

17. "É então que os chefes são obrigados a substituir a voz do dever que fala nos corações pelo grito de terror ou pelo engodo de um interesse aparente com que eles enganam suas criaturas", *Discours sur l'économie politique, in Oeuvres complètes, op. cit.*, t. III, p. 253.

18. E. *Cassirer*, "L'unité dans l'oeuvre de Jean-Jacques Rousseau", *in Bulletin de la Société française de philosophie*, abril-junho de 1932.

19. *Contrato social*, I, 7: "Portanto, para que esse pacto social não seja um vão formulário, encerra tacitamente o único compromisso que pode dar força aos outros, ou seja, que quem se recusar a obedecer à vontade geral será a tanto coagido por todo o corpo; isso significa sim-

A interpretação de Kant, objetivamente possível, é insustentável do ponto de vista teórico. Só se poderá interpretar assim se encerrarmos aí o *Contrato social*, ou seja, se essa resposta for definitiva – isso é supor que a própria dissintonia contém sua solução. Ora, ela é uma pergunta que se volta a formular numa seqüência antes de receber sua não-resposta definitiva.

No entanto, *Rousseau ganha alguma coisa com esse status ambíguo* da comunidade. Ele ganha responder ao escandaloso problema representado pela alienação total dos indivíduos no contrato. Permite acertar as contas com as objeções e dificuldades de Hobbes, escapando às aporias da filosofia política clássica.

Rousseau responde ao problema da alienação total. São os mesmos homens que figuram duas vezes no contrato. A alienação total é possível e não contraditória, pois permanece interna. Possível e necessária, porque o homem só se dá a si mesmo e, por esse fato, não é uma doação gratuita. Essa alienação é feita em proveito da comunidade, cujos membros são autores da própria alienação. Nos contratos clássicos, as duas Partes Contratantes são diferentes, e é um verdadeiro contrato de troca, troca, aliás, sempre parcial e não total. O indivíduo só cede uma parte de seus direitos. Em Rousseau, o paradoxo é que o indivíduo deve dar tudo para receber algo em troca. Para receber esse algo em troca, é preciso que não haja troca, mas alienação total. Por trás da troca e como condição de possibilidade, necessidade de uma alienação

---

plesmente que ele será obrigado a ser livre, pois tal é a condição que, dando cada cidadão à pátria, o garante de toda e qualquer dependência pessoal, condição que constitui o artifício e o jogo da máquina política, única que torna legítimos os compromissos civis que, sem isso, seriam absurdos, tirânicos e sujeitos aos mais enormes abusos."

total. É no nível de um contrato de doação total sem troca que se encontra a condição *a priori* de possibilidade e necessidade de toda troca. E é aí que Rousseau se aproxima de Hobbes.

Este também evidenciou a não-troca do contrato social: ele viu que o contrato social também produz a segunda Parte Contratante (que não é realmente Parte Contratante), que essa produção também se faz por meio de uma alienação total, e que a alienação é a condição *a priori* de toda troca (é a teoria do poder absoluto como essência absoluta do poder). Mas o drama de Hobbes é que sua tentativa radical é contraditória: o contrato social repousa numa alienação na exterioridade – constituído pelo contrato, o Príncipe é um terceiro que dele recebe o benefício, é *constituído como efeito exterior* ao contrato. O Príncipe, segunda Parte Não-Contratante, terceira Parte Beneficiária, é realmente, fisicamente distinto de PC1. Donde uma série de problemas insolúveis:

– Problema das relações entre Príncipe e Povo e do conflito possível. É esse conflito entre duas partes das quais uma não é contratante, já que o Príncipe não se comprometeu a nada perante o Povo.

– Problema dos deveres do Príncipe.

Tudo isso é diferente em Rousseau. É próprio do contrato excluir qualquer alienação na exterioridade, fora do contrato. O contrato é firmado com uma segunda Parte Contratante que é constituída por ele, que, em vez de ser exterior à PC1, é idêntica a ela. Portanto, os homens se alienam a si mesmos, por meio de uma alienação interior. O ato do contrato social

– constitui uma ordem transcendente à ordem natural;

– e a constitui sem recurso a uma transcendência. Há mudança de modalidade. Transcendência sobre fundo de imanência.

– o resultado é a criação de uma união que tem todos os atributos dos indivíduos naturais. Esse "eu" comunitário, produto do contrato, possui todas as categorias atribuídas por Hobbes ao Príncipe. Mas aí não se trata de um indivíduo real (este homem que é o Príncipe, ou aquela assembléia), mas da pessoa moral constituída pela alienação total dos indivíduos. Essas categorias são:

- O caráter absoluto do poder soberano, que não está vinculado por nenhum compromisso para com um outro indivíduo e para consigo mesmo. Ele é aquilo que deve ser.
- O poder é inalienável. Não pode ser dado gratuitamente.
- É indivisível.
- Não pode errar.

Rousseau se distingue de Hobbes no que se refere ao problema da garantia do contrato. Quem arbitra entre o povo e o príncipe em caso de conflito? E não é uma questão de fato. Em Rousseau, desaparece o problema da arbitragem. Hobbes soube formular o problema, mas não pôde solucioná-lo, pois a alienação é exterior; e ele transferiu esse problema para o indivíduo, que é o príncipe. Rousseau viu que a transferência do problema não é sua solução, e que sua solução é sua supressão. Supor um terceiro árbitro entre duas Partes Contratantes é supor que a sociedade civil não existe, que se permaneceu no elemento anterior ao contrato, em que se trata do direito por meio do fato. O problema do terceiro homem é índice da má proposição da essência da sociedade civil, é signo de um malogro em evidenciar o jurídico-político. É supor que se permaneceu na esfera da violência natural. Em Rousseau, não há necessidade de árbitro, de terceiro, pois não há segundo – os indivíduos só contratam consigo mesmos, visto que a alienação é interior. O Soberano são os próprios indivíduos, mas existindo na forma da união.

d. Mecanismo do *Contrato social*. Segunda Dissintonia pertinente. Alienação total e troca.

Aqui mais uma vez se evidencia que não estamos na esfera da moralidade concebida como existência da moralidade em ato. A alienação total não é uma troca, mas produz uma troca, e essa troca produzida é parcial. É a segunda Dissintonia pertinente que contém a resposta à indagação da primeira Dissintonia, o status de PC2. Essa nova Dissintonia contém uma resposta na forma de nova indagação, ou seja, de uma terceira Dissintonia.

Ver I, 9: "o que há de singular nessa alienação é que, mesmo não aceitando os bens dos particulares, a comunidade os despoja de tais bens, apenas lhes garante a legítima posse deles, transforma a usurpação em verdadeiro direito e o gozo em propriedade... por assim dizer, eles adquiriram tudo o que deram...". Os homens que contrataram adquirem o que deram, mais a transformação da posse em propriedade. Conservam o que têm, mas na forma da propriedade, e não mais na de posse.

Em II, 4 lemos: "Admite-se que tudo aquilo que cada um aliena, pelo pacto social, de seu poder, seus bens, sua liberdade, é apenas a parte de tudo aquilo que importa para a comunidade, mas também é preciso convir que o Soberano é o único juiz dessa importância."

A alienação total, condição absoluta, cláusula única do contrato social produz o resultado paradoxal de ser ou uma não-alienação total, no caso dos bens, ou uma alienação parcial, no caso da liberdade; e em todos os casos ela produz, como resultado, uma troca ou, mais precisamente: a transformação que ela produz em minha "maneira de ser" é uma troca. Cf. I, 8: "Do estado civil", em especial o desconto da troca: "Reduzamos esse saldo a termos fáceis de comparar. Aquilo que o homem perde pelo contrato social é sua liberdade natural e um direito ilimitado a tudo aquilo que o tenta e que ele pode atingir; o que ele ganha é a liberdade civil e a propriedade de tudo aquilo que ele possui. Para não haver engano nessas compensações, é preciso fazer a distinção entre liberdade natural, cujos únicos limites são as forças do indivíduo, e liberdade civil, que é limitada pela vontade geral; e a distinção entre posse, que é tão-somente efeito da força ou direito do primeiro ocupante, e propriedade, que só pode basear-se num título positivo."

Essa troca produzida é uma mudança da maneira de ser, e vantajosa. Como uma alienação total, que não é uma troca, pode assumir imediatamente a forma de troca? Como essa troca pode ser mudança? Tem-se aí um mecanismo de auto-regulação e de autolimitação da alienação, produzido pelo respeito escrupuloso às cláusulas do contrato. O respeito às cláusulas garante essa auto-regulação.

– "*Visto que cada um se dá por inteiro, a condição é igual para todos; e, sendo a condição igual para todos, ninguém tem interesse em torná-la onerosa para os outros.*" A igualdade resulta da alienação total em que cada um dá tudo o que é e o que possui. A troca é justamente vantajosa para aquele que possui mais, aquele que está ameaçado de perder mais se permanecer no estado de guerra. Sobre o fundo dessa igualdade formal, o interesse surge como condição e conseqüência desta. Quem quisesse tornar essa igualdade onerosa para os outros torná-la-ia automaticamente onerosa para si mesmo. É o interesse de cada indivíduo que garante a reciprocidade igualitária do contrato social. O conteúdo do contrato social é essa reciprocidade igualitária. Toda decisão é recíproca em função da igualdade do contrato. A alienação total desempenha o papel de fundamento da igualdade (como em Hobbes o medo à morte por mão humana). Essa reciprocidade se baseia no interesse particular de cada indivíduo, e é ele o princípio profundo de regulação. A igualdade de direito e a noção de justiça derivam da preferência que cada um dá a si mesmo, ou seja, do amor por si, do interesse particular.

– *O conteúdo dessa igualdade decorre da natureza dos compromissos.* O suporte da reciprocidade é o interesse particular; o jogo do interesse particular, submetido às condições de reciprocidade universal, confere conteúdo ao resultado da alienação total[20]:

---

20. Cf. *Contrato social*, II, 4: "Os compromissos que nos vinculam ao corpo social só são obrigatórios porque mútuos; e é tal a natureza deles, que, cumprindo-os, cada um só pode trabalhar para outrem trabalhando para si mesmo. Por que a vontade geral é sempre reta, e por que todos querem constantemente a felicidade de cada um, senão porque não há ninguém que deixe de apropriar-se das palavras *cada um* e que não pense em si mesmo ao votar por todos? Isso prova que a igualdade de direito e a noção de justiça que ela produz derivam da preferência que cada um dá a si mesmo e, por conseguinte, da natureza do homem; que a vontade geral, para ser realmente geral, deve sê-lo em seu objeto assim como em sua essência; que ela deve partir de todos para aplicar-se a todos, e que ela perde sua retidão natural quando tende a algum objeto individual e determinado, porque então, julgando aquilo que nos é estranho, não temos nenhum verdadeiro princípio de eqüidade a nos guiar..."

– produção da vontade geral ou do interesse geral;
– autolimitação da alienação total em alienação parcial, em troca vantajosa.

Há auto-regulação porque na alienação total o interesse particular é sumamente ativo. Não há conversão moral do interesse particular. Isso faz que cada indivíduo queira conservar aquilo que possui e deva desejar o mesmo para os outros, a fim de desejá-lo para si. O interesse particular limita a alienação total como alienação parcial. O conteúdo da alienação total cabe no direito natural dos indivíduos, que implica uma troca parcial e ao mesmo tempo uma mudança de estado.

Donde os efeitos: ninguém se dá a ninguém. O contrato produz uma troca porque ele mesmo não é troca. Ele escapa à regra inflexível segundo a qual dar-se gratuitamente é contrário à natureza humana. Essa alienação total não é contrária à natureza humana, porque o homem não se dá a um terceiro e dá-se em troca de resultados que ultrapassam aquilo que ele dá. E, como só se dá a si mesmo, ganha mais do que dá. Mas aqui tem início uma terceira Dissintonia pertinente; ela diz respeito ao problema do interesse particular e do interesse geral, ou seja, ao problema da lei.

e. Realidades políticas, objetos do contrato social[21]

Trata-se do estabelecimento de conceitos:

1) *Realidades políticas constitutivas: o próprio contrato*

Ele é único, é o contrato constitutivo do ser povo do povo. Pode ser explícito ou tácito, mas é sempre unâni-

21. As análises contidas nesta parte não são retomadas no artigo "Sobre o *Contrato social*". O estabelecimento do texto aqui foi realizado principalmente a partir do texto datilografado de Althusser.

me: os oponentes se excluem por si mesmos da cidade; e, se ficam, admitem desmentir o voto. Ele constitui a essência interna de todos os atos da cidade (desempenha o mesmo papel que a lei natural em Locke). É revogável.

Constitui um corpo político entre os contratantes. É realidade objetiva, embora moral. Trata-se de um corpo dotado de alma, de entendimento, de cabeça (o Soberano, o esclarecimento público, o governo). Considerado como passivo, esse corpo é o Estado; considerado como ativo, é o Soberano, Poder quando comparado aos outros Estados.

2) *O Soberano*

É o povo reunido em corpo, respeitando a situação originária do contrato social e tomando decisões ao enunciar sua vontade. Confunde-se com a vontade geral. O soberano é o poder legislativo, que se opõe ao executivo, seu ministro, seu delegado (cf. Locke). A atividade do Soberano é declarar as leis, registro da vontade geral.

Tem-se aí o essencial da concepção de Locke: identidade povo, vontade geral, Legislativo, e o caráter subordinado e instrumental do governo. Mas o que distingue Rousseau de Locke é a identificação do Legislativo ou Soberano com o Povo reunido, identificação de direito. Em Locke, há delegação do Legislativo pelo povo a titulares, que podem ser uma assembléia de representantes eleitos, um pequeno grupo de homens, ou um único homem. O Legislativo é distinto do povo. Ora, em Rousseau, todo poder é republicano, e o Legislativo constitui um todo com o povo reunido, que não pode delegar a ninguém o poder soberano.

Essa diferença importante acarreta outra conseqüência, é o famoso problema clássico das diferentes formas de governo que não é proposto no mesmo nível por Locke e Rousseau. Para Locke, soluciona-se a diversidade existente entre democracia, aristocracia ou oligarquia e a monarquia no nível da atribuição do poder legislativo. É a natureza dos detentores do legislativo que fixa a distinção. Para Rousseau, ao contrário, o Legislativo não pode ser objeto de nenhuma delegação ou atribuição. Todo poder é republicano. É no nível do governo que ocorre e se fundamenta a distinção: conforme o poder executivo seja atribuído ao povo todo (democracia), a um grupo (aristocracia ou oligarquia) ou a um único homem (monarquia), ou ainda a unidades mistas (governos mistos). Para Rousseau todo corpo político implica a legislação do povo pelo povo e para o povo, mas nem todo corpo político implica o governo do povo por e para o povo. Somente a democracia satisfaz esse requisito.

3) *O problema das leis fundamentais*

Constituído o povo como Soberano, para que sua união viva, é preciso uma estrutura, uma constituição política das leis fundamentais. Essas leis são leis políticas, leis civis, leis criminais. Essas leis devem ser fixadas e aceitas pelo Soberano, livremente.

A solução de Rousseau aí é paradoxal: não é o Soberano que fixa o conteúdo das leis fundamentais, é uma terceira pessoa, miraculosa (pois deve ser mais que homem para dar leis aos homens)[22]: o legislador. O Soberano cumpre sua função ao examinar e aceitar as leis que o legislador propõe. É o legislador que redige essas leis. Essa invenção de Rousseau terá razões práticas e teóricas?

---

22. Cf. *Contrato social*, II, 7: "Seria preciso que deuses dessem leis aos homens."

Essa invenção do legislador ocorre porque essa personagem está encarregada de resolver um problema típico de Rousseau: o problema aporético de um círculo que deve ser rompido. Aqui há irrupção da história. A questão aí se prende à intervenção de uma realidade nova na história. Dar leis é uma irrupção. Necessidade impossível. A história (na forma de contingência constitutiva do campo de uma necessidade – aqui mais uma vez somos remetidos a uma estrutura familiar do segundo *Discurso*) aflora no problema da fixação das Leis fundamentais na forma do momento justo, das circunstâncias justas que devem ser escolhidas para dar Leis a um povo: um povo será capaz em dado momento de receber leis? Nem todo grupo humano está destinado a qualquer momento à vocação e ao destino de tornar-se povo, de receber leis. Rousseau cita exemplos contemporâneos que devem permanecer no estado de selvageria até que essas condições excepcionais sejam atendidas. O exemplo mais famoso é o da Rússia: quiseram transformá-la em povo cedo demais. A Rússia, portanto, é um exemplo duplo: exemplo da necessidade de manter na selvageria uma multidão de seres humanos; exemplo dos efeitos catastróficos da escolha do mau momento, prematuro, em que alguém (Pedro, o Grande) tentou dar-lhes leis. A Córsega, essa "pequena ilha que surpreenderá o mundo"[23], ao contrário, tal como a Polônia, está madura para receber Leis. A instituição de um povo, a constituição de um povo em povo pela doação (e aceitação) de Leis, portanto, tange diretamente à história, nos termos em que Rousseau concebe seu conceito.

23. *Contrato social*, II, 10: "Tenho um pressentimento de que essa pequena ilha surpreenderá a Europa."

O legislador antecipa-se à história dos homens ao dar as leis necessárias para que o povo tenha o espírito legislativo: "Para que um povo nascente pudesse usufruir as máximas saudáveis da política e observar as regras fundamentais da razão de Estado, seria preciso que o efeito pudesse tornar-se causa; que o espírito social, que deve ser obra da instituição, presidisse à própria instituição, e que os homens fossem, antes das leis, aquilo que devem tornar-se por meio delas." Aí também se tem uma solução externa. Como é indispensável recorrer à exterioridade, o legislador é dotado de todos os atributos possíveis da exterioridade: ser mais que homem, semideus, "o mecânico que inventa a máquina"[24]. Ele está fora da natureza humana. Ademais, o legislador deve ficar fora da máquina que ele institui: ele não figura no governo, nem no Soberano! Deve estar fora da união para dar leis à união. "O legislador é, sob todos os aspectos, um homem extraordinário no Estado. Devendo ser extraordinário por seu gênio, nem por isso deixa de sê-lo por seu emprego. Não é magistratura, não é soberania. Esse emprego que constitui a república não entra em sua constituição (...) pois, se aquele que comanda os homens não deve comandar as leis, aquele que comanda as leis tampouco deve comandar os homens" (exemplo: Licurgo, que "abdicou da realeza").

Última figura dessa exterioridade: intervenção concomitante da religião e do legislador. A religião intervém para resolver um segundo círculo, que, estando desta vez

---

24. *Contrato social*, II, 7: "Se é verdade que um grande príncipe é um homem raro, que dizer de um grande legislador? O primeiro só precisa observar o modelo que o outro deve propor. Este é o mecânico que inventa a máquina; aquele é o operário que a monta e a põe em funcionamento."

no nível do próprio povo, não passa de repetição do primeiro. A ausência de espírito social impede que um homem pertencente a um povo pense as leis: pois esse espírito social só pode ser produto das leis. Só um homem de fora pode pensar e dar essas leis no momento justo. Mas a mesma razão entra em jogo para que haja intervenção da religião: não mais para pensar essas leis, mas para aceitá-las, para ver que são boas, para reconhecer nelas sua vontade geral, o povo deveria possuir precisamente o espírito social, a virtude cívica, o esclarecimento, em suma, os costumes que, justamente, em função de nosso círculo, as leis estão destinadas a produzir. Para aceitar e ratificar livremente as leis que lhe são propostas, o Soberano também precisa antecipar-se à sua própria formação política: essa antecipação é propiciada pelos prestígios da religião. Essa já era a solução de Rousseau no Segundo *Discurso*, mas lá era apenas afirmada sem que o problema fosse proposto. Aqui os termos do problema estão nitidamente propostos e definidos. "Outra dificuldade que merece atenção. Os sábios que quisessem falar em sua linguagem ao vulgo, em vez de falar a linguagem deste, não poderiam ser entendidos. Ora, existem mil espécies de idéias que é impossível traduzir na língua do povo. As visões genéricas demais e os objetos demasiado distantes também estão fora de seu alcance (...) Por isso, como o Legislador não pode empregar a força nem o raciocínio, é mister que ele recorra a uma autoridade de outra ordem, que possa arrastar sem violência e persuadir sem convencer. Foi isso o que obrigou em todos os tempos os pais das nações a recorrer à intervenção do céu e a honrar os deuses com sua própria sabedoria, a fim de que os povos submetidos às leis do Estado e às da natureza, reconhecendo o mesmo poder na formação do homem e na formação da cidade, obedecessem com liberdade e portassem com docilidade o jugo da felicidade pública." Não é por acaso que os dois círculos redundam no mesmo resultado, ou melhor, são resolvidos na exterioridade pelo mesmo meio: o legislador é uma espécie de Deus e deve invocar Deus para ser entendido pelos homens.

4) *Instituição do governo*

O soberano aceita as leis propostas pelo legislador. Mas é preciso que a cidade tenha uma cabeça para executar as leis: é o governo. Essa questão da instituição do governo é delicada para Rousseau: de fato só pode tratar-se de um contrato. "De acordo com que idéia, portanto, se deve conceber o ato pelo qual o governo é instituído? Observarei, em primeiro lugar, que esse ato é complexo ou composto por outros dois, a saber: o estabelecimento da lei e a execução da lei. Pelo primeiro, o soberano estatui que haverá um corpo de governo estabelecido desta ou daquela forma; e está claro que esse ato é uma lei. Pelo segundo, o povo nomeia os chefes que serão encarregados do governo estabelecido. Ora, como essa nomeação é um ato particular, não é uma segunda lei, mas apenas uma continuação da primeira e uma função do governo."[25] Rousseau põe em ação a distinção entre lei, que incide sobre um objeto geral, e ato de governo, que incide sobre um objeto particular.

E cá estamos de novo diante de um círculo! "A dificuldade é entender como se pode ter um ato de governo antes que o governo exista!" Rousseau se sai dessa aporia (mais uma vez, um problema de gênese) com a se-

---

25. *Contrato social*, III, 17.

guinte disposição: "É mais uma vez aqui que se descobre uma das espantosas propriedades do corpo político, graças às quais ele concilia operações contraditórias na aparência; pois esta ocorre por uma conversão súbita da soberania em democracia, de tal modo que, sem nenhuma mudança perceptível e apenas por uma nova relação de todos para todos, os cidadãos, tornando-se magistrados, passam dos atos gerais aos atos particulares e da lei à execução."

Mas, se é assim, se toda nomeação dos chefes de governo passa por um ato, propriamente um decreto proferido por essa forma particular de governo que é a democracia, isso significa duas coisas:

– Não só que todo poder é republicano, todo regime repousa no poder legislativo do soberano, ou seja, do povo reunido, mas que a nomeação dos chefes de todos os governos supõe pelo menos a existência originária momentânea da democracia. Todo governo não democrático, para ser provido de seus titulares, supõe a existência originária de um governo democrático, por mais breve que seja. Portanto, há uma prioridade essencial da democracia (entendamos do governo democrático), mas sob a aparência contrária de todas as outras formas de governo.

– Isso significa, em seguida e em compensação, que a democracia, para poder prover seus postos de magistrados de seus titulares, não precisa de um governo anterior a ela: ela é constituída e seus postos são providos pelo mesmo ato. No caso da democracia, a lei que fixa o governo democrático e o decreto que provê os postos de seus titulares confundem-se num único e mesmo ato da vontade geral: "A vantagem do governo democrático é poder ser estabelecido de fato por um simples ato da vontade geral." Na instituição da democracia, tem-se um decreto que é uma lei, ou seja, que tem um objeto geral. Essa coincidência é possível porque, na "conversão súbita" do soberano em democracia, há identidade entre os membros do soberano e os magistrados: cada membro do soberano torna-se, no ato, magistrado.

Percebe-se aí a preocupação principal de Rousseau: preservar a qualquer preço o papel exclusivo do poder soberano do povo reunido e manter a definição da lei como ato do legislativo incidente sobre um objeto geral, por oposição ao decreto. Tomadas em seu rigor tético, essas duas exigências redundam na descoberta de uma forma particular de governo, a democracia, papel absolutamente privilegiado em relação a todas as outras formas de governo: na democracia, Legislativo e Executivo coincidem.

5) *As outras instituições*

O Legislativo e o Governo, portanto, estão instituídos. Deixo de lado um problema técnico ao qual voltaremos: ele diz respeito à proporção necessária entre o número de magistrados (governantes) e o número de cidadãos. Rousseau desenvolve (III, 1 e 2) toda uma teoria da proporcionalidade, inteiramente baseada na teoria do interesse particular dos grupos humanos e do interesse geral do Estado. Também deixo de lado o problema do modo de escrutínio na assembléia do povo, pois essa questão também está ligada ao problema da relação entre interesses particulares e interesse geral. Menciono simplesmente três instituições próprias à cidade: o tribunato, os censores e a religião civil.

O tribunato é um conselho que, segundo diz Rousseau, não pertence propriamente à constituição, estando fora dela, pois não é feito para declarar as leis nem para as aplicar. É feito para protegê-las (IV, 5).

Os censores são feitos para "declarar o juízo público" (IV, 7), ou seja, para cuidar das opiniões, que formam os costumes. Como as opiniões se relacionam com a constituição política, da qual são efeito, os censores têm como único objeto "conservar os costumes" em seu bom estado primitivo e cuidar para que eles não se degradem.

Enfim, a religião civil (cf. adiante)[26].

f. Terceira dissintonia pertinente: interesse particular e interesse geral; vontade particular e vontade geral; teoria da lei

Temos, pois, duas ordens de realidade:

- uma fundamental: o contrato e o soberano;
- uma secundária e subordinada: o governo e seus atos.

A essência das realidades fundamentais é a generalidade; a essência das realidades secundárias é a particularidade.

O que é uma lei?[27] É um ato de soberania, geral em sua forma – ato da vontade geral – e em seu conteúdo – versa sobre um objeto geral. "Mas, quando todo o povo estatui sobre todo o povo, ele só considera a si mesmo; forma-se então uma relação, entre o objeto inteiro de um

26. Essa remissão à "religião civil", presente no texto datilografado de Althusser e nos apontamentos de classe, não é seguida de nenhuma análise.

27. Nos apontamentos de classe, esta análise é introduzida por "1. A vida do soberano. A lei". Como esse 1 não é seguido de nenhum 2, preferimos eliminá-lo. A seqüência do texto foi estabelecida principalmente a partir do texto datilografado de Althusser.

ponto de vista e o objeto inteiro de outro ponto de vista, sem nenhuma divisão do todo. Então a matéria sobre a qual se estatui é geral tal como a vontade que estatui. É a esse ato que dou o nome de lei. Quando digo que o objeto das leis sempre é geral, entendo que a lei considera os sujeitos em corpo e as ações como abstratas, nunca um homem como indivíduo nem uma ação particular."[28]

– Forma da lei: a generalidade da lei é a generalidade de sua forma. Todo o povo expressa sua vontade na lei. Generalidade da lei = vontade geral = interesse geral.

– Conteúdo: a generalidade também é generalidade de seu objeto: o povo só considera a si mesmo. Generalidade do objeto = interesse geral.

Nos dois casos, o interesse geral é o resultado. Mas enunciar esse conceito é enunciar ao mesmo tempo o conceito que ele supõe: o interesse particular. Podemos escrever:

– de um lado: vontade particular, interesse particular (...) decreto;

– de outro: vontade geral, interesse geral... lei.

Tudo decorre do entendimento desses conceitos, que se intercambiam, no jogo de suas equações. Tomemos aqui o conceito de interesse geral. Essa categoria é o dublê de todos os conceitos do *Contrato social*. O fundamento do contrato social é idêntico ao fundamento da vida política de uma sociedade. O interesse geral é o que há de comum a todos os interesses particulares. "Se a oposição entre os interesses particulares tornou necessário o estabelecimento das sociedades, foi o acordo entre esses mesmos interesses que a possibilitou. O que há de comum nesses diferentes interesses forma o vínculo social; e, se não houver algum ponto no qual todos os in-

28. *Contrato social*, II, 6.

teresses concordem, nenhuma sociedade poderá existir. Ora, é apenas com base nesse interesse comum que a sociedade deve ser governada."[29]

Que relação existe entre o interesse particular e o interesse geral? O princípio fundamental nos é dado por um texto que já mencionamos ao tratarmos da alienação do contrato: "Por que a vontade geral é sempre reta, e por que todos querem constantemente a felicidade de cada um, senão porque não há ninguém que deixe de apropriar-se das palavras *cada um* e que não pense em si mesmo ao votar por todos? Isso prova que a igualdade de direito e a noção de justiça que ela produz derivam da preferência que cada um dá a si mesmo."[30] Ora, essa preferência é identificada com o interesse particular num outro texto extraído do *Manuscrito de Genebra*[31]: "como a vontade sempre tende ao bem do ser que quer, e como a vontade particular sempre tem por objeto o interesse privado, e a vontade geral, o interesse comum, segue-se que esta última é ou deve ser o único e verdadeiro móbil do corpo social... pois o interesse privado sempre tende às preferências, e o interesse público, à igualdade".

O paradoxo apresentado pela comparação desses dois textos é que a preferência, ou interesse privado, é apresentada ao mesmo tempo como fundamento do interesse geral e como seu contrário. Pode-se concluir daí que há duas formas de existência da preferência, uma que abre caminho para o interesse geral e outra que lhe fecha o caminho. Em outras palavras, existem um bom interesse particular e um mau interesse particular. É bom o

29. *Contrato social*, II, 1.
30. *Contrato social*, II, 4.
31. *In Oeuvres complètes*, *op. cit.*, t. III, p. 295.

interesse particular que na alienação dá o interesse geral, e esse bom interesse particular é o amor por si mesmo, oposto ao mau interesse particular, o amor-próprio.

Como agir para que se faça essa discriminação? Como agir para que a vontade geral seja declarada, portanto para que reine o interesse geral na cidade? Esse problema ocupa lugar central nas reflexões de Rousseau e é abordado e examinado em vários níveis, a propósito de várias disposições da constituição da cidade: não só a propósito dos sufrágios, mas também a propósito da proporção que deve ser respeitada entre o número de magistrados e o número de cidadãos, a propósito do tribunato e da censura etc. Ficaremos apenas com o exemplo dos sufrágios.

Como proceder para conhecer a vontade geral, cuja declaração é a lei? O princípio fundamental é dado em IV, 1: "a lei da ordem pública nas assembléias não consiste tanto em nelas manter a vontade geral quanto em fazer que ela seja sempre interrogada e sempre responda". A vontade geral, diz Rousseau, sempre existe, em forma pura, mas nem sempre pode ser declarada. É o problema da declaração.

Para declarar a vontade geral, são necessárias três condições:

– É preciso que seja formulada uma indagação pertinente, uma indagação que lhe diga respeito, precisamente uma indagação que verse sobre um objeto geral, e não uma indagação que verse sobre um objeto particular.

– É preciso que essa indagação lhe seja feita nas formas pertinentes da interrogação da vontade geral, que são precisamente as regras dos sufrágios. Respeito à generalidade da vontade e de seu objeto.

– É preciso que a vontade geral esteja em condições de responder a essa indagação, ou seja, que ela não seja muda, ainda que existente, como por exemplo quando "o vínculo social se rompe nos corações".

Essas três condições fazem parte de um problema prévio, o da existência indestrutível e pura da vontade geral.

As condições que garantem a generalidade da vontade são abordadas em II, 3. Trata-se das condições de deliberação do povo, mecanismo de apreensão da vontade geral por eliminação das pequenas diferenças[32]: a vontade geral é o resíduo comum das vontades particulares, o interesse geral é o resíduo comum dos interesses particulares. Para que esse mecanismo de resíduo funcione, é preciso respeitar condições[33]:

– Que o povo seja esclarecido. Problema de educação política, civil, moral, religiosa.

– Que não exista no Estado nenhuma "conspiração" particular: supressão dos grupos subordinados, partidos. Cada cidadão deve opinar por si mesmo. A vontade geral deve ser interrogada em cada indivíduo, sem comunicação com outros, sem consideração dos interesses que os ligam a outros homens (classes, partidos, clãs, or-

---

32. "Eliminando-se dessas mesmas vontades os mais e os menos que se destroem mutuamente, resta como soma das diferenças a vontade geral."

33. "Se, quando o povo suficientemente informado delibera, os cidadãos não tivessem nenhuma comunicação entre si, do grande número de pequenas diferenças sempre resultaria a vontade geral, e a deliberação sempre seria boa. Mas, quando há conspirações, associações parciais em detrimento da grande associação, a vontade de cada uma dessas associações se torna geral em relação a seus membros e particular em relação ao Estado: pode-se então dizer que já não há tantos votantes quanto são os homens, mas quantas são as associações."

dens). A manifestação do interesse particular é correlativa à manifestação das pequenas sociedades. E corre o risco de eludir à vontade geral, ao interesse geral. Podem ser formuladas ao homem, tomado nesses grupos particulares, perguntas cujo objeto já não é geral, mas particular ao grupo.

Agora poderemos evidenciar a terceira Dissintonia pertinente no próprio âmago do pensamento de Rousseau. Para isso, precisamos ter em mente dois pontos:

– O mecanismo da declaração da vontade geral ou do interesse geral está inteiramente subordinado à existência indestrutível e inalterável da vontade geral, ou seja, do interesse geral. E sabemos que a instituição de toda sociedade se baseia nessa existência. A existência do interesse geral, portanto, é a condição de possibilidade absoluta de existência de todo Estado, primeiramente do próprio contrato social e, em segundo lugar, de toda a declaração da vontade geral, ou seja, da própria vida do corpo político em sua alma, o Soberano ou poder legislativo. Logo, primeiro ponto: afirmação absoluta da existência e da retidão absoluta da vontade geral, ou seja, do interesse geral.

– As condições de possibilidade, não da existência, mas da declaração e da retidão da declaração da vontade geral resumem-se em duas cláusulas: que o povo seja esclarecido e que não existam grupos de interesses, associações, conspirações etc.

A dissintonia está no primeiro ponto. Encontra-se unicamente nessa declaração de existência absoluta do interesse geral. Que a existência do interesse geral seja necessária é uma exigência absoluta para Rousseau. Que essa existência seja absoluta, porém, permanece como desejo de Rousseau. Não é necessária uma observação particularmente sagaz para perceber, a partir desse fato ideológico, que Rousseau acredita na existência do interesse geral, ao passo que esse interesse geral é um mito, correlato exato de outro mito: a identificação da vontade particular no sentido forte e preciso do termo com o interesse do indivíduo isolado.

A prova pelo fato de que o IG é um mito não está contida somente na afirmação de sua existência absoluta e pura, quando a vontade geral é reduzida ao silêncio e eludida, portanto, na afirmação de sua não-destruição, da impossibilidade de sua não-existência, no deslocamento do conceito de não-existência para conceito de mutismo e elisão – ela também está contida, ao mesmo tempo, na denegação ideológica da realidade que é eludida sob os conceitos especulares do interesse particular e do interesse geral, na denegação dos grupos de interesses. Sob a aparência da elaboração das condições rigorosas de interrogação do rigor da vontade geral, o que se tem propriamente é uma denegação, ou seja, o reconhecimento de uma realidade na forma da afirmação de sua não-existência ou de sua não-pertinência. Nos grupos de interesses, econômicos, políticos ou outros (por exemplo, religiosos), Rousseau encontra uma realidade que ele submete a dois tratamentos: um tratamento prático que consiste em suprimi-la como aberrante, anômala; um tratamento teórico que consiste em pensá-la nas categorias do par especular interesse particular–interesse geral. Todo grupo humano, ou melhor, todo subgrupo humano no interior da cidade, é pensado como dotado de um interesse geral (que só é interesse geral analogicamente: pois Rousseau evita afirmar que ele é sede de uma vontade geral indestrutível e pura) e é dotado de um interesse muito particular, ouso dizer, pois esse interesse particular não é pensado no conceito anterior de interesse particular (que só tem sentido para um indivíduo), mas num conceito também analógico de interesse particular, desta vez aplicado a um grupo!! Portanto, quando Rousseau tenta pensar o status dessas realidades dos grupos de interesses, dos grupos humanos interiores ao Estado, por um lado tenta aplicar-lhes os conceitos especulares que definem seu campo e seu objeto teórico, os conceitos de vontade geral e vontade particular, de interesse geral e de interesse particular, mas, por outro lado, é obrigado a submeter esses conceitos a uma singular torção teórica, cujo ponto teoricamente mais fraco está exatamente situado no nível do uso do interesse particular para designar esse fenômeno impensável dos grupos de interesses.

Ao dizer que o interesse geral é um mito ideológico, ao dizer que as categorias especulares do interesse geral e do interesse particular são mitos ideológicos que se refletem especularmente, ao dizer que Rousseau afirma a existência absoluta de sua crença na forma de afirmação da existência absoluta e pura do interesse geral e da vontade geral, digo simultaneamente, como no caso de toda concepção ideológica, que Rousseau, em sua teoria ilusória, faz alusão a algo real: a existência dos grupos de interesses dos grupos humanos, digamos das classes sociais ou dos partidos políticos, ideológicos ou outros. Mas esse real assim designado em seu pensamento é forçosamente remetido em seu pensamento para o pensamento das categorias gêmeas especulares do interesse geral e do interesse particular. Aparentemente, as referidas categorias se safam sem danos; realmente, por trás de sua existência aparentemente intacta, podemos detectar uma torção interior e a inadequação dos conceitos à realidade visada, em especial a inadequação fundamental do conceito de interesse particular para pensar a existência do interesse de um grupo humano subordinado.

Esse desconhecimento teórico é acompanhado, como disse, por uma denegação prática: os grupos de interesses, em outras palavras, as classes sociais e os partidos políticos e ideológicos devem desaparecer, devem ser destruídos, por incompatíveis com as categorias gêmeas, incompatíveis com o jogo da relação entre elas. Percebe-se que o teórico e o prático se confundem <para grande satisfação, espero, daqueles que pregam a unidade entre teoria e prática>[34] – pois a relação teórica entre interesse particular e interesse geral é idêntica ao procedimento do ato legislativo, do voto pelo qual o interesse geral é parido pelo atrito abrasivo dos interesses particulares.

Concluo: a dissintonia teórica pertinente aparece aqui pela primeira vez com toda a sua amplidão, concernindo não a este ou àquele ponto da teoria, a esta ou àquela contradição, tampouco concernindo ao status singular da segunda Parte Contratante no contrato, nem ao paradoxo de uma não-troca condição de troca – ela aparece dessa vez como Dissintonia global entre teoria e realidade, que a teoria designa em sua própria denegação. Essa Dissintonia é simplesmente a existência mítica como tal dos conceitos teóricos básicos, é o fato de que a teoria repousa na existência de um mito, o mito

---

34. Na época em que redige esse curso, ele está escrevendo um livro sobre a "união entre teoria e prática", que ficará inacabado. Pode ser consultado no IMEC.

do interesse geral correlativo deste outro mito: o interesse particular.

Chegados a este ponto, poderíamos e, naturalmente, deveríamos retomar tudo ao inverso, ou seja, situar nesse espaço mítico os conceitos que Rousseau vincula de fato a esses conceitos míticos, como por exemplo o conceito de vontade = liberdade, o conceito de amor a si mesmo etc. E sem dúvida descobriríamos coisas muito interessantes, sobretudo se pensarmos no segundo *Discurso,* no qual, por exemplo, o conceito de liberdade não desempenha nenhum papel comparável àquele que desempenha aqui no engendramento da vontade geral a partir da vontade particular, e, em contrapartida, o conceito de grupo social está no cerne da conclusão do contrato social, pois é o corpo dos ricos que toma a iniciativa dele etc. Poderíamos comparar o campo teórico do segundo *Discurso* ao campo teórico do *Contrato* e medir a distância entre eles como distância na qual se move o pensamento de Rousseau. Mas não posso dedicar-me a isso no momento.

Chegado a este ponto, gostaria apenas de evidenciar, mais uma vez, a nova translação teórica que acaba de ser provocada pela fixação dessa terceira Dissintonia, translação teórica que vai produzir uma nova Dissintonia, produzindo-a, sem que percebamos, naquilo que nos é revelado por nossa atual Dissintonia. Eu disse que essa translação diz respeito ao segundo ponto, a saber, a supressão prática da existência ou dos efeitos da existência dos grupos de interesses. É aí que a nova dissintonia se situa, e o notável é que ela assumirá necessariamente uma forma prática, pois diz respeito desta vez diretamente à realidade.

g. Nova Dissintonia: antecipação* na ideologia, regressão** na economia[35]

Trata-se de criar condições que suprimam os grupos intermediários, classes, partidos. Há duas soluções em Rousseau.

– *Primeira solução* (verbete "Economia política" da *Enciclopédia, Emílio)*: fuga para a frente na ideologia. Rousseau não ataca as causas da existência dos grupos, mas seus efeitos. Constrói uma propedêutica que tem em vista destruir esses efeitos, provocados pela existência dos grupos particulares. Donde uma teoria pedagógica generalizada. São as leis que formam as opiniões, as opiniões que formam os costumes. Mas grupos particulares perturbam as leis, perturbam todo o processo. [Para garantir][36] a pureza das leis, há três tipos de intervenção:

– uma direta, do legislador sobre as leis;

– uma sobre a opinião (educação, cerimônias privadas e públicas, religião civil);

– uma sobre os costumes (os censores).

* *fuite en avant*, em francês. [N. da T.]

** *fuite en arrière*, em francês. [N. da T.]

35. O texto datilografado de Althusser fala em "regressão na realidade". O artigo "Sobre o Contrato social" fala em "regressão na economia".

36. Palavra ilegível.

– *Segunda solução*: intervir nas causas reais da existência dos grupos. Na economia. É uma fuga para trás, que regride para o passado. É preciso limitar a riqueza dos cidadãos (moderação dos bens para os ricos, moderação da avareza para os pobres). É preciso eliminar os efeitos da desigualdade econômica, e, no *Contrato social*, Rousseau restaura o sonho da independência econômica, capital no segundo *Discurso*, anulando todos os efeitos da divisão do trabalho, ou seja, todos os efeitos da história. Desejo vão, Rousseau bem o sabe. Ele quer simplesmente regular a força das coisas, subir à origem da corrente da força das coisas. Rousseau trabalha com a idéia de uma regressão econômica para um modo de produção que existiu no momento da dissolução do modo de produção feudal (pequeno artesanato).

A prova dessa dissintonia é dada naquilo que é designado por Rousseau como realidade:

– a religião existente;

– a economia e suas instituições.

A partir daí não há fuga possível. Chegamos ao termo de todas as dissintonias. Rousseau atinge a tarefa de pensar suas contradições.

Rousseau tem o recurso de tomar consciência da vanidade dessa dissintonia definitiva. Reflete sobre isso no *Contrato social* quando estuda as condições excepcionais (tempo, lugar, costumes) para instituir um povo como tal. Deparamos com a história e o legislador, com o conceito de história de Rousseau. É difícil instituir um povo, pois a reunião das condições beira o milagre; milagres também o legislador e a manutenção do povo. Precariedade fundamental do contrato social e da constituição, da qual Rousseau teve consciência. A concepção política de Rousseau é temperada por seu conceito de história, no qual ele depositou sua maior consciência. A precariedade da história, idêntica a seu conceito, nada mais seria que a consciência aguda da história dessa precariedade.

HOBBES
(1971-1972)

I. INTRODUÇÃO

Hobbes está para a ciência política como Galileu está para a ciência física: "ele nos dá lunetas".

A. Método de Hobbes

"É preciso retirar a areia que envolve o corpo civil"; cf. metáfora da leitura: "O homem deve ler o livro de suas paixões"; "lê em ti mesmo"; trata-se de uma "*epokhé*" das qualidades sensíveis para descobrir a verdade. Cf. Descartes, 1643, A.T., IV[1], p. 66.

B. Antropologia

Cf. fórmulas "homo homini lupus", "homo homini homo", "homo materia et artifex" (*Leviatã*). Há denúncia

---

1. Trata-se de uma carta a um jesuíta não identificado, em que se fala de Hobbes. A referência é a edição Adam-Tannery das obras de Descartes.

da teoria da alma. O que escandaliza – exemplo Vaughan[2]: Hobbes desviou o contrato social de seu objetivo, que é a democracia – é que o materialismo de Hobbes fundava uma perspectiva monarquista absolutista, ao passo que os pensadores absolutistas se vinculavam a Grócio e Pufendorf. Isso propõe o problema: como é possível conciliar absolutismo, materialismo e individualismo (liberalismo)?

C. Direito

Cf. *A ideologia alemã*, edição Costes[3], VII, p. 143: "Stirner... apresentava a força como fundamento do direito, o que o emancipava da moral." Há uma inversão da teoria de que o direito se baseia na vontade. *Para Marx, a redução do direito ao direito privado deve ser relacionada com a fundamentação do direito na vontade e na moral.*

Há duas séries:

a) Direito privado – vontade – moral.

b) Força – poder – política, e o direito nada mais é que seu fenômeno.

Cujos dois núcleos são:

a) direito privado;

b) poder político.

Nesse sentido, Hobbes é um ponto sensível na história das idéias políticas.

2. Cf. introdução de Vaughan à sua edição dos escritos políticos de Rousseau (*The Political Writings of Jean-Jacques Rousseau*, Cambridge, 1915).

3. Karl Marx, *Oeuvres philosophiques*, t. VII, edição Costes.

D. Artifício

Encontra-se em Hobbes um entrelaçado de temas em torno da *indagação antropológica: o que é próprio do homem?* Resposta: *é o artifício* (cf. *Leviatã*, início): o Estado não passa de "animal artificial", "corpo artificial". *O homem, como tal, é capaz de artifício. Qual é o artifício-tipo que caracteriza o homem?* É a linguagem, a *palavra*: o poder *arbitrário de utilizar marcas arbitrárias*. Esse tema filia-se à sofística (cf. Isócrates). Aristóteles também disse que a natureza deu a linguagem ao homem, que a linguagem é o bem de todos os homens (*Política, Ética nicomaquéia*); mas, enquanto para Aristóteles a linguagem e a sociabilidade são naturais, para Hobbes a linguagem é o arquétipo de todos os artifícios. Nesse sentido, Hobbes é o primeiro teórico do arbitrário do signo. Há dois aspectos dessa arbitrariedade do signo:

a) estado de natureza (aspecto secundário): não há nenhum nexo natural entre significado e significante, não há relação entre a palavra e a coisa designada.

b) aspecto principal: arbitrariedade da instituição do corpo de marcas; donde a recusa a propor o problema da origem da linguagem e a negação da origem do significante no significado.

O homem dota as coisas de marcação, para as reencontrar–reconhecer, ao passo que os animais são incapazes disso. Donde dois temas:

a) a linguagem tem destinação prática: não perder, poder reencontrar o objeto (cf. utilitarismo);

b) a linguagem rompe a imediatidade: marcar possibilita reencontrar-se no passado. O homem só pode marcar demarcando-se do presente ao pensar no futuro. O passado só é reencontrado no futuro contemplado: o homem marca em vista do futuro. *Assim, o futuro do homem é o artifício de sua linguagem*: artes, ciências, indústrias. Donde a seqüência: artifício – linguagem – artifício do futuro.

As artes se alicerçam nas palavras: o homem marca em vista do futuro. *O campo do artifício e da linguagem propõe a razão*. Esta, portanto, não é *luz transcendente, nem luz natural* (Descartes). A razão é "cálculo sobre as palavras", cálculo justo sobre palavras justas: razão = raciocinação. O cálculo das palavras (subtração, abstração...) autoriza a ciência. O discurso verbal da ciência não é fantasia; assim como o cálculo das palavras, possibilita atingir o conhecimento das causas e dos efeitos; a ciência é ciência das conseqüências.

A demarcação de palavras é diferente da marcação dos pensamentos. Na demarcação de palavras, a marca se torna independente da singularidade daquele que marca, para atingir o universal. A ciência é ciência por palavras universais. A natureza da marca condiciona a falsidade (lugar do embuste, da impostura): só há ciência na linguagem, mas a questão é não se enganar com as marcas. Não se deve cometer erro de subtração ou adição – por exemplo: corpo incorpóreo, livre-arbítrio. A demarcação da marca autoriza todas as imposturas, que são apenas verbais: o erro é próprio do homem que fala. Hobbes, assim, é contrário a todas as falsas doutrinas metafísicas, superstições religiosas, falsas concepções políticas.

Donde a seqüência: homem → artifício → linguagem → futuro ciência → engano.

Haverá aí uma gênese? A linguagem põe a natureza entre parênteses; não se trata de gênese, no sentido de série. Pensar no futuro supõe um cálculo antecipador e supõe a linguagem. Donde o círculo: a linguagem supõe o cálculo antecipador do futuro.

Quais são os efeitos filosóficos desse círculo?

1. negação da naturalidade no campo definido pelo círculo;
2. recusa de qualquer questão de origem do conjunto constituído por esse campo;
3. afirmação da autonomia do campo definido;
4. recusa de qualquer ressurgimento da naturalidade a partir da gênese dos elementos, o que equivale a questionar a própria possibilidade de antropologia.

II. A TEORIA POLÍTICA DE HOBBES

Dois estados: o estado de natureza e o estado civil estão separados pelo contrato.

A. Estado de natureza

Dois momentos:

1) *Estado de natureza propriamente dito = estado de guerra.*

2) *Lei natural: não é um momento que comporta uma "realidade"*, é o estágio da reflexão sobre o estado de natureza.

1. As seis propriedades do estado de natureza

a) *É um estado de relações inter-humanas, e não de solidão, como em Rousseau.*

Não há obrigação jurídica, moral e política, mas há *relações inter-humanas*; cf. *De cive*, prefácio[1], em que Hob-

1. *De cive* é citado na tradução francesa de Sorbière, hoje disponível *in* Hobbes, *Le Citoyen ou les Fondements de la politique*, Garnier-Flam-

bes submete a cidade atual a uma *epoché* para trazer à tona o tecido essencial; essa essência não deve ser lida como uma anterioridade histórica. *O estado de natureza é a natureza humana presente em estado puro.* Cf. *Léviathan* XIII, p. 125[2]: o temor, assim, está presente no estado civil e no estado de natureza. *Trata-se de uma redução do fenômeno à essência.*

b) *É um estado de liberdade* (*De cive*, I)[3].

A liberdade não caracteriza especificamente o homem; é definida como o movimento livre de um ser vivo em desenvolvimento ou de um corpo que se move num espaço livre, sem ser tolhido por um obstáculo; inversamente, o que não é passível de movimento não é livre. A liberdade, portanto, é a necessidade do movimento; teoria materialista que recusa o livre-arbítrio; a liberdade "voluntária" nada mais é que o desenvolvimento e a satisfação das paixões e do desejo. A liberdade está em relação com o espaço disponível para os seres; ser livre é evoluir, mover-se, desenvolver-se num espaço vazio de obstáculos, tema do individualismo utilitarista. Mas a liberdade colide com o limite de sua essência, pois o meio não é naturalmente vazio; é a presença dos homens que faz o espaço livre, no sentido de que o meio está cheio de homens iguais que querem um espaço vazio para cada um.

---

marion, 1982. Althusser refere-se especialmente ao seguinte trecho: "na busca do direito do Estado e do dever dos súditos, ainda que não seja preciso romper a sociedade civil, é preciso considerá-la como se estivesse dissolvida" (p. 71).

2. Citado na tradução francesa de François Tricaud, edições Sirey, 1971.

3. A "Primeira Seção" do *De cive* intitula-se "A liberdade"

c) *É um estado de igualdade.*

A igualdade não é ideal nem moral; *é a igualdade do poder, da potência: "são iguais aqueles que podem a mesma coisa"*. Por outro lado, essa igualdade de potência do corpo e do espírito contradiz a desigualdade natural dos homens na ideologia feudal. *É uma igualdade das faculdades do espírito e do corpo. A igualdade comporta uma contradição mortal, comporta sua própria negação: o mais fraco pode matar o mais forte*; igualdade diante da morte infligida por mão humana, morte que é realização do meio vazio e a realidade de uma outra liberdade que procura me eliminar; rivalidade de duas liberdades incompatíveis, iguais.

d) *É um estado em que reina o direito natural.*

É preciso distinguir entre:

– direito natural = paixões individuais;

– lei natural = resultados, preceitos produzidos pela reflexão sobre os efeitos desastrosos do direito natural.

O direito natural é a identidade entre direito e potência sob o princípio da utilidade material:

1) cada um conserva seu ser;
2) esse fim justifica todos os meios, e o indivíduo é o único juiz desses meios;
3) cada um pode possuir o que lhe aprouver.

Portanto, seqüência: poder → direito → paixões. Assim, esse *direito não é uma norma jurídica, mas efeito de uma potência;* todas as noções de moral só aparecem com o estado civil.

O elemento "direito" do direito natural permanece fictício, inútil porque sem segurança; ele se nega como igualdade (cf. Rousseau, *Contrato social*, I, capítulo 3)[4]. *Esse*

4. Trata-se do capítulo "Do direito do mais forte".

direito é apenas potência; ora, são precisamente esse fracasso e essa autonegação que manifestam sua realidade de não-direito na guerra de todos contra todos. *Essa concepção catastrófica do direito natural que se autonega é contrária à concepção de Locke.*

Hobbes recorre a essa contradição do direito para reafirmar o verdadeiro fundamento do direito.

e) *É um estado de guerra generalizado.*

	rivalidade	⟶	bens	
causas	desconfiança	⟶	poder	alvos do estado de guerra
	glória	⟶	prestígio	

Cf. *Léviathan,* capítulo XIII, p. 123:

1) Rivalidade: ofensiva em vista do *lucro, concorrência.* O alvo do conflito nesse nível é um bem material; há enfrentamento de dois desejos.

2) Desconfiança: *segurança.* Quando se passa da rivalidade à desconfiança, passa-se da forma geral de toda guerra, de todo conflito – sua animalidade, por assim dizer – para uma forma segunda, derivada, de guerra. Na desconfiança há translação do bem material como alvo para alvo do poder dos combatentes; então, a forma do combate muda: trata-se de atacar. *O homem desconfiado ataca porque antecipa o futuro; antecipa o ataque do outro atacando.* A guerra tornou-se humana. *Toda guerra humana, portanto, é por essência preventiva;* então o alvo já não é um bem; luta-se para dominar, submeter o adversário como tal. O bem material é suspenso porque não é o verdadeiro alvo da guerra. O cálculo do futuro faz passar do bem como alvo para o poder do adversário.

3) Glória: regulação. Novo deslocamento: a luta pelo prestígio; não se trata de uma luta de consciências, mas

de uma luta entre os signos exteriores do poder. Tudo ocorre no nível da comparação dos signos exteriores do poder da opinião (méritos etc.); acaba-se por travar guerra pela glória de ser reconhecido como o mais forte. É uma guerra fictícia que se torna guerra real.

Problema: status dessa seqüência. Trata-se de uma *gênese fictícia:* não há causalidade do primeiro momento sobre o segundo, do segundo sobre o terceiro: é *uma análise, não uma gênese.* Em todos os momentos, há rivalidade por um alvo; mesmo que esse alvo mude, continuará a rivalidade.

– imediatidade do conflito: formas primárias;

– reconhecimento: elemento já inscrito na primeira forma (mediação do cálculo); só se faz descobrir a imediatidade da guerra preventiva;

– descobre-se em seguida a luta pelo prestígio; é a abstração do segundo momento.

É uma forma bastante parecida com a lógica hegeliana: *do abstrato à universalidade concreta;* conservação e superação; nada é suprimido: a concorrência é mantida. *Deve-se notar o papel do futuro nessa falsa gênese; é levar em consideração o futuro que faz passar da forma 1 à seguinte;* esse cálculo do futuro está ligado à instituição das marcas. Assim, toda a dialética do desejo repousa na materialidade: a guerra de concorrência material condiciona as outras.

Características dessa guerra: ela é *universal* e *perpétua.*

1) *Universalidade. Não há nenhuma exceção.* A guerra é por essência *ofensiva* e *preventiva*: "nada é mais razoável do que tomar a dianteira"[5]; é a própria guerra que

5. *Léviathan*, p. 122.

toma a dianteira: nunca se sai da *guerra*. Donde: a gênese é abolida de vez na primeira presença do resultado da guerra, que não tem gênese efetiva visto que nunca se sai da *guerra* que existe *desde sempre*.

A teoria da guerra em Hobbes marca *a rejeição a todo e qualquer psicologismo*: a guerra não é uma cisão entre bons e maus; as particularidades dos indivíduos não desempenham papel algum na guerra. Não são as paixões que a explicam; elas só podem explicar sua *forma*, mas não se explicam a si mesmas; não dão razões de seu caráter belicoso. *As paixões, no sentido de Hobbes, não têm estatuto psicológico.*

2) *Perpetuidade.* A guerra é um *estado*, um "tempo ruim"[6] que sempre pode sobrevir; é a prevenção que faz a guerra durar; *esta não tem começo nem fim*. Os homens não podem subsistir e não podem sair do estado de guerra, *a não ser transformando o estado de guerra em Estado*. A doutrina política de Hobbes versa sobre a produção da guerra como Estado (cf. Rousseau, *Contrato*, I, capítulo 4: os homens "não são naturalmente inimigos": a guerra é uma relação de Estado para Estado). *O estado de guerra*, em Hobbes, é uma *relação constante, é um status, uma lei universal que sela todas as determinações*. É um sistema que não tem exterioridade, no qual todos os homens estão presos; sistema *imanente, sem origem nem fim*; sistema sem refúgio: o homem está condenado à liberdade da e na guerra. Ele só pode recompor as relações, recombinar as relações na guerra, da guerra: isso será o Estado.

Ora, o Estado não pode ser transcendente, religioso, nem moral; ele está situado no mesmo sistema que o estado de guerra, que é uma relação constante. Para Rous-

6. *Ibid.*, p. 124.

seau, toda guerra ocorre entre Estados: ela pressupõe a propriedade e começa com ela. Para Hobbes, pode haver estado de guerra antes da propriedade, no âmbito de relações constantes.

f) *É um estado de miséria e de temor.*

A guerra acarreta miséria e temor; não há lugar para a indústria. Cf. *De cive,* "liberdade infrutuosa": relações do estado de natureza e seus efeitos. Os efeitos do direito natural, no estado de natureza, engendram o próprio direito natural; essa contradição entre os princípios e sua realização trará a salvação; reflexão sobre a miséria: o homem quer seu bem e "reflete" sobre o estado de guerra para encontrar a paz: etapa de reflexão. Na guerra de todos contra todos, a liberdade se contradiz incessantemente, se limita; o que acontece com a essência da liberdade?

Status do estado de natureza em Hobbes:

1) Contradiz completamente a tese aristotélica da sociabilidade natural; *os homens se reúnem por acidente;* a associação provém do temor; portanto, não tem nenhum fundamento moral. A noção de estado de natureza opõe-se a qualquer teoria de desigualdade natural, fundamento da desigualdade social; ela se contrapõe à projeção do moral na natureza.

2) A teoria do estado de natureza é uma caução ideológica ao liberalismo econômico: mito do meio sem obstáculo reencontrado na forma do tema da liberdade como movimento no vazio e que é expressivo da vontade de desenvolvimento infinito do indivíduo. O utilitarismo de Hobbes é um liberalismo universal. O estado de natureza exprime o liberalismo e o individualismo.

Por que essa identificação entre estado de natureza e estado de guerra generalizado? Porque a contradição entre a liberdade do indivíduo e seu meio, entre o desenvolvimento do indivíduo e o espaço em que ele se move é reflexo, projeção das contradições das relações comerciais universais. A concorrência é o espaço e a condição da liberdade: tema da corrida na vida humana. A metáfora da concorrência é a morte; a ruína é a morte na guerra. Assim, a morte é ao mesmo tempo:

- metáfora da concorrência econômica;
- luta violenta: guerra civil, luta de classes.

Concorrência econômica e luta de classes ocorrem na forma de uma teoria da luta política entre grupos, da guerra de todos como condição das relações humanas. Donde o problema: Hobbes acaso não pretende conservar o capitalismo individual no plano econômico, encontrando ao mesmo tempo uma solução para a luta violenta de classes? Como resolver o problema da luta de classes?

2. Lei natural

Para Hobbes, ela não representa nada real; é o momento reflexivo. É o excesso de mal do estado de guerra que desencadeia a reflexão sobre a miséria. Os preceitos da lei natural são necessários para sair do estado de guerra. Hobbes procura as condições da lei natural:

- ela não é transcendente;
- não é uma luz natural;
- não é um consenso estóico;
- é o conjunto das conclusões do raciocínio sobre as marcas, as palavras;
- são as máximas que a reta razão nos dita.

Que movimento faz passar da paixão à razão? "São certas paixões e a própria razão"[7]; isso vem do íntimo: do temor da morte, da procura dos bens da paz.

a) *A morte*

Não remete a nenhum além da vida: remete à própria vida; não é passagem do fenômeno à essência; é um mal na vida: "o maior dos males". É a verdade do nada e não o nada da verdade; há aí a inversão do argumento ontológico e da perspectiva platônica sobre a morte, *pois filosofar é aprender a não morrer.* A filosofia é um apelo da própria vida: *lutar contra a morte por meio do estudo e do cálculo do futuro.* A morte é um acontecimento por vir e assumir a morte *obriga a antecipar; ora, antecipar é pensar.* Toma-se distância em relação à imediatidade das paixões devido à paixão mais forte: o temor da morte. A morte está ligada à razão, ao futuro; ela é violenta; assim como advém por intermédio dos homens, também é pelos outros homens que passa a possibilidade de conservação do indivíduo.

b) *O contrato*

Os preceitos da lei natural fornecem as condições da paz:

- buscar a paz;
- reconhecer o conteúdo humano da liberdade humana; esse reconhecimento implica abandonar uma parte da própria liberdade e transferi-la para outrem: o outro tem direito sobre certas coisas às quais eu renuncio. Trata-se aí de limitar formalmente minha liberdade; isso introduz a distinção entre o meu e o teu.

---

7. *Ibid.*, p. 127.

Donde a necessidade formal do contrato, ato que implica o concurso de duas vontades. Ele versa sobre o futuro por meio do raciocínio, da linguagem e das marcas; não se pode contratar com o que não fala (pedras, crianças, Deus). Esse reconhecimento é formal e imanente. O contrato é um ato do raciocínio que não se separa do interesse privado nem do temor. Esse par interesse privado–temor é imoral: o contrato é efeito do interesse privado, que se revela na esfera do temor. Por isso Hobbes dirá que o contrato pode ser instaurado pela violência: devido ao temor da morte, a escravidão pode funcionar como contrato, ao contrário de Rousseau. *A morte é a verdade-limite de todo temor: o temor da morte funda o contrato.*

O contrato possui aí uma essência puramente formal: trata-se de garantir a *relação, mais que a eqüidade do contrato.* Donde a desigualdade do conteúdo do contrato; uma vez que a cláusula formal de igualdade deve ser respeitada, a *igualdade formal corresponde à desigualdade do conteúdo, o que é a forma do liberalismo concorrencial.* As outras leis garantem a validade formal, nas formas, do contrato: cumprir a palavra, evitar a ingratidão, não dividir o que não pode ser dividido. Donde a necessidade de um árbitro para dirimir os conflitos. Cf. sobre o contrato: *Léviathan,* capítulo XVII, pp. 177-8; *De cive,* VI, 20.

Essa lei natural se converte em seu contrário: "consentir em abdicar": trata-se da abdicação mútua ao direito registrado no contrato. *Direito não se dá; todo homem possui todos os direitos; alguém pode abdicar de seu próprio direito.* Para deixar de obstar à liberdade de outrem: renúncia mútua a servir de obstáculo ao outro. Há empecilhos que provêm de terceiros e constituem ameaças à lei natural.

– Em *De cive*: a lei natural é condição da sociedade.
– Em *Leviatã* ela remete às prescrições da razão; essas leis são apenas conclusões ou teoremas: "As leis naturais não são leis propriamente ditas."[8] O termo "lei" é impróprio.

1) Ela não é natural. A lei natural não provém da natureza; é resultado de uma *atividade artificiosa*, de um *cálculo feito com base em marcas, para lutar contra a morte.*

2) *Não é uma lei.* Não é transcendente: não exerce nenhuma coação; é diferente da lei moral. Hobbes opõe-se a Locke. A lei natural é um cálculo sobre as relações no estado de guerra: trata-se de uma redistribuição dos elementos do estado de guerra.

É um cálculo universal da razão. Esse cálculo desenha em pontilhado as condições de um direito desprovido de coerção. A lei natural, em Hobbes, é o inverso do imperativo categórico; é um imperativo hipotético: se queres a paz, deves ter os meios para tanto. O respeito é o meio atribuído à realização de um fim não moral.

A moral é um momento subordinado ao desenvolvimento do indivíduo, de seu poder. Hobbes considera a *moral* como *a ciência dos meios*; é *uma moral imanente e calculada, em nada transcendente*; é efeito da luta e da concorrência.

Mas dois tipos de razão podem tornar impotente esse imperativo hipotético:

– nem todos os homens são dotados de razão;
– os outros são bastante racionais para travarem a guerra.

8. Cf. *Léviathan*, XXVI, p. 285.

Não há o menor fundamento para a coerção; para obrigar, a lei natural deveria ser transcendente. Mas não há essa imitação da natureza como em Rousseau. A lei natural é a verdade imanente da guerra; donde os homens refletirem sobre uma ordem possível. A lei natural é uma relação do possível com o impossível. A impotência em coagir, própria da lei natural, funda o poder do sistema de Hobbes. Forma da lei: *a obrigação está ausente.* Há em Hobbes a recusa de procurar fora do mundo real o fundamento da obrigação; recusa da lei moral e de Deus. O único plano é o plano deste mundo.

B. Estado de sociedade

1. Soberania

A reflexão sobre a lei natural exige uma garantia prévia: os homens tentarão transgredir a lei, logo é preciso encontrar uma garantia no nível das próprias *paixões*. O que vem em socorro da lei natural é o *temor*, essência do estado de guerra. O temor impede o jogo das diferentes paixões; ocorre a repressão das paixões particulares por uma paixão universal. É preciso obrigar os homens a ser racionais por meio do temor. Há duas possibilidades para se obter uma garantia, que difere da união voluntária dos homens:

- uma pequena liga: será esmagada pelos inimigos;
- uma grande liga: não bastará; os homens se oporão dentro da liga: acordo sobre os fins, e não sobre os meios[9].

9. Cf. *De cive*, II, 5, 3-4, p. 141.

Todo consentimento encerra contradições; não existe solução imanente ao acordo: "é preciso um poder... que mantenha os particulares no temor"[10]. Essa é uma diferença fundamental em relação ao contrato rousseauniano. O acordo reincide no estado de guerra; portanto, é preciso um temor transcendente a esse acordo, que impeça a sua transgressão.

Donde um contrato entre particulares, que tenha como conteúdo o poder absoluto.

A tese do contrato de submissão é rejeitada (cf. argumento do terceiro homem); recurso ao estado de guerra.

2. Recurso de Hobbes ao contrato

Cf. *Léviathan*, p. 177 "unidade de cada um com cada um"[11].

a) As partes contratantes desse contrato. São os particulares tomados um a um: cada particular firma um contrato com cada particular, ou seja, uma *multidão de contratos simultâneos*: "*fiat* humano". Isso ocorre num *instante*. Essa determinação elimina *o contrato de soberania: o príncipe não é parte no contrato, está fora do contrato*; não respeita nada, pois não tem o que respeitar. A finalidade do contrato é o soberano. O soberano é o "deus mortal", o *mudo, o Outro.*

---

10. *De cive*, p. 143.

11. "Trata-se de uma unidade real de todos em uma mesma pessoa, unidade realizada por uma convenção de cada um com cada um, firmada de tal modo que é como se cada um dissesse a cada um: 'autorizo este homem ou esta assembléia e entrego-lhe meu direito de autogoverno, com a condição de que tu lhe entregues teu direito e autorizes todas as ações deles da mesma maneira'."

b) A cláusula

Há duas obrigações; cláusula-obrigação que vincula dois indivíduos, obrigação recíproca. Obrigação formal que remete a uma obrigação material: doação de direito ao soberano. O contrato não é um contrato de troca; os indivíduos não são beneficiários do contrato; a possibilidade de contrato de associação está excluída. Pois cada um se obriga em relação ao *terceiro*, ou se obriga a obrigar-se. O contrato não vincula os indivíduos entre si.

Essa doação de direito é transferida a um homem ou a uma assembléia: é uma alienação total para um terceiro que está fora do contrato. Doar um direito é "sair do caminho". O espaço, portanto, fica vazio diante da liberdade do soberano, que vai realizar a liberdade do estado de natureza.

c) Constituição do poder absoluto do soberano.

A alienação no contrato é total: esse contrato é único, o poder do soberano é absoluto. Hobbes tentará elaborar modelos jurídicos (cf. Davy[12], Direito civil contemporâneo: "garantia de vida"). Esse contrato é dissimétrico, não recíproco, e feito com uma alienação total, sem ressalvas. O poder soberano é resultante de múltiplos contratos. Mas não será necessária uma garantia prévia, donde o círculo? Na verdade, é preciso tomar a sério o "*fiat*" do contrato: tudo ocorre num instante. Todas as partes do contrato formam um todo. Não se deve pensar o contrato na temporalidade. O contrato é uma figura teórica. Qual é a relação entre os elementos? O contrato interindividual é a doação a um terceiro. As obrigações

12. Discípulo e colaborador de Durkheim, Georges Davy trabalhou especialmente com a gênese do direito contratual.

formal e material são a mesma, mas o que vem primeiro é a obrigação material. O resultado do contrato é seu princípio: o poder político absoluto é condição e resultado dos contratos interindividuais que o produzem. *Esses contratos são consentimentos a um poder absoluto. Portanto, sobre toda a noção de contrato voluntário prevalece a teoria do consentimento a um estado político.* Contrato tácito.

Os contratos interindividuais não produzem o soberano, não o criam, mas o *reproduzem*. O contrato não é a causa *ex nihilo* do poder político, pois, ao contrário, há um prévio absoluto ao contrato, uma garantia ao contrato, que é o próprio soberano. O contrato é efeito do poder político absoluto. *O contrato tem um papel jurídico: é um reconhecimento pelo direito do poder político soberano.* A política é o poder soberano absoluto, é a força que precisa do direito para ser exercida. O soberano precisa de um consentimento jurídico, que é como que sua renovação pelo direito. O direito é como que condição de exercício da força. Para Hobbes, tudo é político: *o direito é o fenômeno do político*; o político, a essência, precisa de seu fenômeno para manifestar-se (no jurídico). A política caminha com duas pernas, uma mais curta que a outra.

Constituição de um poder absoluto: *a essência de todo poder é ser absoluto.* A multiplicidade dos indivíduos (átomos) opõe-se à unidade do soberano. Cf. distinção entre

– multidão: turba;

– povo: aquele que governa (cf. *De cive*)[13].

Multidão é uma dispersão de vontades singulares; o povo se reúne numa só pessoa; esse povo é a pessoa que o representa, ao contrário de Rousseau. Essa teoria tem

---

13. *De cive*, Prefácio, p. 69: "Há diferença entre multidão e povo. Ver cap. 6."

como objeto a vontade de um único homem, tida como vontade geral.

3. Teoria da pessoa

Cf. *Leviatã*, capítulo XVI.

Persona: ator, representante de outrem. O soberano é ator, representante dos autores: a unidade da pessoa cria a unidade do representado. O soberano é livre; está no estado de natureza em relação a seus súditos. A liberdade do sujeito soberano é decuplicada em relação ao estado de natureza. A desigualdade do estado civil funda o poder do soberano como sua liberdade no estado de natureza. O soberano tem nas mãos todos os poderes: guerra, justiça, legislação. Em Hobbes, a unidade do soberano apresenta-se em duas etapas:

- *De cive*: a multiplicidade dispersa da multidão opõe-se à unidade do povo[14];
- *Leviatã*: teoria da pessoa fictícia[15].

Essa teoria da pessoa fictícia é uma novidade na questão à qual ela responde. Hobbes descobre o problema das condições de possibilidade do corpo político, ou seja, as relações entre união e unidade no corpo político. A solução de Hobbes não é um contrato de associação nem um contrato de submissão, pois nesses dois tipos de contrato o problema da relação união/unidade do corpo político não é apresentado; e, por outro lado, os sujeitos jurídicos se comprometem reciprocamente por meio de uma doação mútua: ficam no estágio da união

---

14. *De cive*, VI, 1.

15. O capítulo XVI do *Leviatã* é intitulado "Das pessoas, dos autores e dos seres personificados".

do corpo civil. Exemplo, o contrato de associação em Locke. Ora, segundo Hobbes, o problema não é a união; o contrato resolve o problema da união. O problema, para Hobbes, *é que a unidade não seja apenas um atributo herdado da união.* É a redução do problema político da unidade à esfera jurídica (direito privado) da união, através do acordo das vontades individuais. O direito pode constituir a união, mas como extrair daí a unidade política do Estado?

Retomemos o *contrato hobbiano*; ele comporta duas obrigações:

a) *Obrigação formal entre indivíduos.* Entre dois indivíduos, não há propriamente obrigação mútua incidente sobre um objeto material. Nesse nível, comprometo-me a comprometer-me em relação ao soberano. Não há união – comprometo-me com cada indivíduo a comprometer-me em relação ao soberano – nem unidade – a repetição dos contratos não constitui uma unidade. Nesse estágio, fica-se na multidão sem unidade. Mesmo na hipótese de poderem prescindir do soberano, esses contratos não assentam em nenhuma troca.

b) *Obrigação material*: desaparece em Hobbes. Ora, a obrigação material interindividual, no direito clássico, é o próprio motor da união dos indivíduos, numa esfera jurídica, esfera intermediária. O escândalo de Hobbes consiste em abolir a esfera intermediária da união dos indivíduos na obrigação material do contrato interindividual. De fato, em Hobbes, a obrigação material é uma doação total de direito de cada indivíduo ao soberano, por contratos separados. A multidão dispersa das doações separadas, nos contratos entre indivíduos e soberano, tem uma função política já de saída.

Como cada um doa, a doação é total e igual para cada um. A função própria desse contrato não é apresentar uma esfera material ao âmbito do direito, bens individuais, mas *constituir o poder soberano.* A repetição dos contratos individuais da multidão poderia constituir a unidade sem passar pela união. Na verdade, esse contrato contrapõe dois termos: a multidão e a unidade do soberano; *o contrato constitui, pois, a unidade política do soberano, esvaziando a mediação da obrigação material, do contrato interindividual, logo esvaziando a essência do direito clássico: a união.*

A evolução do *De cive* ao *Leviatã* é que o soberano e seu poder precisam de um direito, mas não do direito privado. A política não tem necessidade do direito privado. *Falta poder pensar a união, mas na unidade do soberano.* Ora, como pensar a unidade do soberano como unidade da multidão no soberano? Resposta do *De cive*: a multidão não é uma pessoa natural. *Hobbes inverte a ordem tradicional: a esfera do direito privado (a união) fundamentava a política (a unidade); com Hobbes, a união torna-se efeito da unidade. O Soberano é a unidade da multidão.* Donde a série de oposições: multidão / união / pessoa natural // povo.

> – Pessoa: todo indivíduo a quem se pode imputar a responsabilidade de seus atos ou de suas palavras.
> – Multidão: dispersão anarquista (estado de guerra).
> – Povo: união das vontades. Transfiguração: o povo é o soberano.

A união é a unidade do soberano, cuja vontade é tida por vontade geral. A união do povo é a vontade do soberano; a multidão está excluída. Na expressão "a vontade do soberano é tida por vontade geral", o que quer dizer "tida por"? É a teoria da pessoa fictícia: trata-se de pensar a união não a partir da associação, mas da unidade. A pessoa é o ator que oferece como representação as suas palavras ou as de outra pessoa fictícia.

- No sujeito jurídico, ator e autor coincidem: sou o representante de minha vontade.
- Na pessoa fictícia – o soberano –, os papéis se desdobram.

Esta funciona como ator, mas representa outras vontades, não a sua; representa as ações de outro; a vontade do ator representa e implica o autor. A unidade da vontade do soberano, como ator, representa as vontades separadas dos indivíduos que representam a multidão. Sua unidade é pensada pela representação pelo ator que é o soberano. O que constitui a pessoa é a unidade daquele que representa, e não a unidade do representado, diferentemente do contrato de associação, no qual há múltiplos autores e um único ator. *Aqui, é a unidade do ator que cria como efeito a união dos autores na cidade. A essência do político é a representação.*

A representação é o reconhecimento da vontade de cada um na vontade do único ator. *A unidade do representante precede* a *função de representação*; aquela é a condição de possibilidade da representação.

4. Observações

a) A essência de todo poder é a absolutez. O poder está desvinculado de qualquer lei moral, religiosa, cívica anterior. O poder absoluto é pressuposto pelo contrato. *O poder é a forma* a priori *de todo contrato, de toda lei; é a forma da unidade. Forma* a priori, *mas não execução.*

b) Há uma racionalidade do poder absoluto. É o contrário em Montesquieu, para quem o despotismo é o cúmulo do irracional; para ele, Hobbes é "o apologista da tirania"[16]. Mas, para Hobbes, todo poder é tirânico em essência; o poder absoluto é o auge da necessidade e da razão, segundo a teoria da pessoa fictícia e da unidade da representação. A racionalidade do poder absoluto é constituir a unidade da representação. *A essência do poder garante a representação, como forma* a priori *que unifica a diversidade da multidão no corpo político. O que constitui a síntese da multidão é a unidade de um Eu penso, que é um Eu quero.* Têm-se assim relações, não entre indivíduos isolados[17], em face da força do príncipe.

O soberano está como no estado de natureza (*De cive*). O estado de natureza desequilibrado por sua estruturação produz, com esse desequilíbrio, um mecanismo suplementar, o Eu artificial que é o soberano. As pessoas individuais são categorias do direito, o que não é possível no estado de natureza. O sujeito jurídico é a representação de si por si. Para que isso seja possível, *precisa existir a forma* a priori *da representação, ou seja, a pessoa fictícia, como condição de possibilidade de toda pessoa jurídica.* Essa forma só pode ser fictícia; portanto, devemos sair do estado de natureza, do direito natural, mas sem recorrer à transcendência. Saímos do direito natural por meio do redobramento de uma ficção; é o poder absoluto da ficção (na pessoa fictícia): o homem apenas reconhece aquilo que é.

---

16. No verbete "Hobbismo" da *Enciclopédia*, escrito por Diderot, encontra-se a seguinte frase: "As circunstâncias fizeram sua filosofia; ele tomou alguns acidentes momentâneos por regras invariáveis da natureza e tornou-se agressor da humanidade e apologista da tirania."

17. Parece estar faltando um pedaço de frase.

c) *Afirmação do primado da política sobre o direito*

Há um primado da política sobre as formas jurídicas do direito privado, do qual, aliás, não se podem deduzir as outras formas jurídicas. Isso não significa que o poder político dispense o direito: ele requer alguma coisa como um direito público. Donde o primado do direito público sobre o direito privado.

O direito público não é um direito econômico, mercantil, empírico. *É uma razão, uma estrutura, uma instância, o centro nodal do poder, presente e ausente, real e fictício, tal como a pessoa dupla que é o soberano.* Pois o soberano é, ao mesmo tempo, uma pessoa natural e uma pessoa fictícia, responsável por todas as vontades. Nele, a instância fictícia é a pessoa fictícia. "O Estado sou eu": expressão da pessoa fictícia pela qual se pode dizer "eu". A pessoa fictícia é maior que a pessoa natural, no soberano. A figura soberana da política é uma figura manca.

5. Características gerais do poder absoluto

A unidade é a condição de possibilidade da união.

a) O poder é irrevogável. Não se pode atentar contra a vida do soberano; este está fora de todo e qualquer contrato. Tudo o que o soberano faz é o povo que faz; portanto, não pode haver oposição ao soberano.

b) O poder é indivisível. Hobbes recusa a divisão dos poderes.

c) O poder é perpétuo, indivisível no tempo. É preciso montar a eternidade artificial; donde a teoria da sucessão. Há um esquematismo da sucessão: não é a natureza que designa o sucessor. Trata-se de pensar a unidade como condição de possibilidade da união.

– Situação do soberano em relação à lei natural. *O soberano é o instrumento para ser posta em prática a lei natural.* A lei natural e o soberano não estão no mesmo plano: a razão da lei natural nada mais é que a razão do possível; *a lei natural é o plano do possível. É a esfera da razão possível,* comparável à da estética transcendental. A teoria da representação é como a analítica transcendental; a sucessão seria o esquema.

– Extensão dos poderes do soberano.
– Garantir a paz dentro e fora.
– Fazer guerra no exterior.
– Dentro:
– poder legislativo: definir o direito civil;
– poder judiciário: fazer que o direito seja respeitado;
– poder ideológico: definir as verdadeiras doutrinas.

O poder legislativo consiste em elaborar as leis, em prevenir os litígios por meio de leis, que são gerais e públicas. Esse poder fixa definições: lugar do universal e do limite; tudo repousa em definições; é a diferença entre o estado civil e o estado de guerra. No estado de natureza, as pessoas não estão de acordo sobre as definições; as definições fazem passar do nominalismo subjetivo ao nominalismo objetivo. *Só o poder pode dar definições*: as opiniões são matéria para o governante. A lei está por inteiro no poder do príncipe. A lei não se pauta pela matéria sobre a qual versa; obedece-se à lei em função da vontade do príncipe. Todo consentimento pressupõe a vontade do soberano; *a lei é uma obrigação devida ao temor.* Donde a diferença em relação às leis fundamentais feudais. A lei é diferente do direito natural: a lei é obrigação, o direito é liberdade. A lei não se fundamenta na matéria nem no consentimento, nem no direito natural; ela é um direito diferente do direito natural. O príncipe não pode ser vinculado ao contrato.

– Três tipos de leis são os mais importantes:

– Propriedade.

– Segurança.

– As leis contra as falsas doutrinas. Para Hobbes, a religião é parte da política; o rei tem poder de comando sobre a vida política e religiosa, para dominar sedições, conturbações e guerras civis. Compete ao príncipe definir e governar as opiniões: ele assume a causa das discussões no corpo político. Para Hobbes, não basta definir as opiniões justas, é preciso regularizar seu ensino.

Dois problemas:

1) Os deveres do soberano. Como se proteger da arbitrariedade? Poder absoluto não é arbitrariedade, pois é ele que possibilita sair do estado de guerra, este sim arbitrário. O poder absoluto é a realização da lei natural. O soberano tem interesse em defender o interesse de todos e em ouvir a reta razão, em obedecer à lei natural para garantir a paz, para garantir o direito natural de todos, a livre indústria. É um absolutismo para o liberalismo: "afastar as perturbações das guerras civis e externas para que cada um possa gozar os bens que adquiriu com sua livre indústria"[18].

2) Relações entre lei civil e liberdade. *As leis civis desenvolvem a lei natural; o temor torna-se um meio para outras empresas.* Na perspectiva econômica, as leis devem

18. *De cive*, XIII, 6, p. 231. O adjetivo "livre" não está presente na tradução de Sorbière utilizada por Althusser.

deixar o maior espaço possível indeterminado; por isso deve haver o menor número possível de leis (cf. Locke: que o Estado intervenha o menos possível).

Conclusão: os desígnios políticos de Hobbes

Paradoxalmente, Hobbes concilia absolutismo e liberalismo, sendo o liberalismo a finalidade do absolutismo. As funções do absolutismo são "impedir a guerra civil" (as facções), a concentração do poder, o poder ideológico, pôr fim às lutas violentas de classe, garantir a liberdade individual no plano econômico. No estado de natureza, há dualismo entre morte e concorrência; trata-se de garantir a concorrência rechaçando a morte, favorecer a concorrência sob a ameaça de morte, desenvolver a independência econômica individual graças ao escudo político. Hobbes garante o triunfo do liberalismo pelas armas do absolutismo. O Estado tem dupla função: poder absoluto para eliminar a luta de classes e intervir o menos possível no plano econômico.

A teoria do poder absoluto opõe-se assim às ideologias do poder feudal, como a de Bossuet.

Por que Hobbes se opõe a Locke no que tange ao absolutismo do poder? Teve medo do liberalismo político? Sua teoria destina-se a resolver as contradições da guerra civil. Hobbes foi quem primeiro elaborou a ditadura revolucionária de uma classe ascendente: ele garante as condições da segurança da classe burguesa (antes de Robespierre). Foi rejeitado por todos; a burguesia não conseguia desligar-se do feudalismo.

Orgrafic
Gráfica e Editora
Fone: (11) 6522-6368